BARASHADA NAXWAHA AF SOOMAALIGA
A Somali School Grammar

Università degli Studi di Roma TRE
Dipartimento di Linguistica

BARASHADA NAXWAHA AF SOOMAALIGA
A Somali School Grammar

ABDALLA OMAR MANSUR
ANNARITA PUGLIELLI

HAAN Associates, London

Barashada Naxwaha Af Soomaaliga
ISBN 1 874209 03 0

© A. Puglielli and A. O. Mansur

First published 1999 by
HAAN Associates Publishing
P.O. Box 607, London SW16 1EB

Printed and bound by Professional Book Supplies Ltd., Abingdon

All rights reserved. No part of this publication may be reproduced, stored in a retrieval system, or transmitted in any form or by any means, electronic, mechanical, photocopying, recording or otherwise without the prior written permission of the publisher.

This edition of *Barashada Naxwaha Af Soomaaliga* is published by arrangement with the Dipartimento di Linguistica Università degli Studi di Roma Tre.

Waxaa jirta qayb gaar ah oo ku qoran furaha layliyada (*Furaha Layliyada Barashada Naxwaha af Soomaaliga* ISBN 1 874209 53 7). Waxaana akhristaha lagula talinayaa in furaha uu eego keliya kaddib markii uu sameeyo layliga.
The Keys for the exercises in this book are available in a separate booklet (*Furaha Layliyada Barashada Naxwaha af Soomaaliga* ISBN 1 874209 53 7). We recommend that they be used only after the exercises have been tried.

Preface

This Somali Grammar is one of the 'scientific products' of the research project known as 'Studi Somali', carried on within the larger project of Italian Technical Co-operation with the Somali National University and the Academy of Arts and Sciences in Mogadishu, financed by the Italian Ministry of Foreign Affairs. The project in Somalia ended with the outbreak of the civil war in 1991, but our work is still going on.

The idea of this book was conceived when the school system in Somalia was such that high school students had very little training in their language or in 'grammar', yet with their diploma they could be sent to teach in primary schools. At the time, there was no grammar book available for any level of instruction. We thought then that the best thing to do would be to begin by giving a framework for linguistic analysis, and a description of the basic mechanisms of Somali for those who would eventually become either elementary school teachers or students at higher levels of learning. The next step would have been the production of textbooks for elementary schools, which would have enabled those teacher who had the training we were planning to provide effective language education right from the primary level.

This book of grammar was ready for production in Italian in 1991, but given the situation in Somalia at that time, most people would probably have left the book where it was on a bookshelf. Even if the situation in Somalia had settled, and if we had had the book in its Italian version, it would still have reached a limited number of Somalis i.e. only those literate in Italian. Consequently, and for a number of good reasons, we thought it was more important to produce a Somali version of the grammar. First, especially in the early 90s, we were hopeful that the situation would settle down and basic structures like schools would start to function again, and hence there would be a need for a school grammar book. Afterwards, even though we realised that that possibility was remote, we still thought that it was important to produce the Somali version of the grammar for all Somalis interested in knowing more about their language, in particular that variety of the language used for radio broadcasts since 1942 and then officially transcribed in 1972.

Given the actual situation that prevails today, we think that for Somalis in the diaspora it becomes even more important to have a book of this type, which will be a tool for keeping alive and cultivating the knowledge of their language among younger generations of Somalis. Since language is culture and at the same time is the basic instrument for accessing other cultural aspects, so language becomes extremely important as a means for young Somalis in the diaspora to have access to their original culture, and to their roots.

Finally, by continuing our work on the Somali language we keep alive our hope that one day, in the not too distant future, a new effective school system will start up again in Somalia, and our book may be useful in that context.

Annarita Puglielli
Rome, December 1998

Gogoldhig

Buug naxweedkan waxaan ugu tala galnay in uu ahaado mid koobaya qaybaya naxwaha af soomaaliga, oo ku qoran af fudud oo la wada garan karo. Dulucdiisuna waxay tahay in uu waxtar weyn u yeesho ardayda iyo dadweynaha soomaliyeed meel kasta oo ay joogaan.

Maadaama haatan ka hor, siiba 1990 wixii ka horreeyey, aanay suurtoobin in ardayda dugsiyadu ay helaan buug ay ka bartaan naxwaha afkooda hooyo iyo macallimiin loo diyaariyay maaddadaas, waxaanu fekernay in marka hore buuggan loo dhigo ardayda dugsiyada sare iyo macallimiinta luqadda qaabilsan, si iyaguna markooda ay ugu gudbiyaan aqoontooda ardayda dugsiyada hoose/dhexe.

Waxaan isku taxallujinnay in hab qoraalka buuggan la waafajiyo tub cilmiyeed horay loogu soo tijaabiyay afaf badan oo dhaqan u lahaa qoraalka, isla markiina ka jawaabi kara baahida kala duwan ee ardayda iyo dadweynuhu ay u qabaan barashada naxwaha af soomaliga.

Dhibaha aan kala kulannay diyaarinta buuggan badankoodu waxay ka yimaadeen xagga af soomaaliga oo aan weli ahayn af xasilay. Sida laga warhayo waa af lagu hadli jiray keliya oo aan qornaan jirin. Afafka in badan qornaa waxaa aalaa ay leeyihiin labo qaab afeed: mid qoraal ahaan loo adeegsado iyo mid dadweynuhu ku hadlo oo qaab lahjadeed aan ka maqnayn. Haddaba af soomaaliga maadaama qoristiisu ay dhowayd (1972) weli uma kala bixin af qoraal iyo af tiraab. Taasaana keentay in weli qolo walba ay mooddo in af soomaaligeedu uu yahay heer sare, kuwa kalena afguri.

Annagoo raadinayna in laga sara maro gobolaysi iyo afguri ku mintid aan guul lahayn, waxaan isku daynay in macluumaadka buuggaan aan ku soo gudbinno af soomaaliga guud ee la wada garan karo, yacni midka ay shisheeyuhu ku magacaabaan "standard", oo aan ku wadno in uu yahay midka ay soomaalidu caadaysatay in lagu qoro buugaagta iyo wargeysyada, laguna baahiyo wararka raadiyaha iyo telefishenka.

Maadaama buuggani uu yahay, sida aan filayno, midka ugu horreeya ee kooba naxwaha soomaaliyeed oo loogu tala galay, gaar ahaan ardayda, shaki kuma jiro in uu yeelan karo daldalool, waxaanse rajaynaynaa in qorayaasha dambe ay sii hagaajiyaan. Walow ay dhici karto in qof uu u qaato qalad waxaan qalad ahayn, sida horayba loo jiri: "hal nin la toosani, nin la tuur leh".

Arrinta kale ee dhibaatada lahayd waxay ahayd sidii aan u bayaanin lahayn mawaadiic ama fikrado ku adag in lagu gudbiyo af soomaaliga, maxaayeelay waxay u baahan yihiin ereyo gaar ah oo naxwaha loo adeegsado, kuwaasoo af soomaaligu aanu dhaqan u lahayn. Haddaba, si akhristaha loogu fududeeyo fahamka qoraalka, ereyo naxweedyada aan u adeegsannay buuggan waxay dhammaantood ku taxan yihiin, igagoo leh sharraxooda qeexan buugga dhammaadkiisa. Waxayna ka kooban yihiin:

— kuwo hore u jirey sida: magac, magacuyaal, fal, qodob iwm.;

— kuwo badan oo aan hore u jirin oo loo bixiyey magacyo cusub;

— kuwo tiradoodu yar tahay oo laga beddelay magacyadii hore ee ay lahaayeen.

Waxaa kaloo gadaal ugu lifaaqan furaha layliyada buugga. Waxaase habboon oo ardayga u wanaagsan in uusan eegin furaha isagoo marka hore aaan ka shaqaynin layliga.

Qorayaasha

Mahadnaq

Waxaa mahadnaq weyn mudan oo hawsha buugga gacan weyn ka geystay, siiba marxaladii koobaad ee qormada buugga ay socotay:
— Maxamed Macallin Xasan Maxamed oo ku takhasusay cilmi-afeedka (heer Ph.D.);
— Muuse Axmed Saalax oo ku takhasusay cilmi-afeedka;
— Prof. Giorgio Banti oo ah cilmi-afeedyahan aad ugu xeeldheer afka iyo dhaqanka soomaaliyeed (Jaamacadda Napoli).

Waxaa sidoo kale mahadnaq ballaran mudan:
— Dr. Saalax Maxamed Cali "Shariif Saalax" oo khibrad dheer u leh afka iyo dhaqanka soomaaliyeed, kaddib markii uu akhriyay buuggan ka bixiyay talooyin wax ku ool ah;
— Dr. Ibraahim Jaamac Cabdullaahi oo si fiican uga qayb qaatay sixitaanka qoraalka buuggan;
— Prof. Axmed Cabdullaahi Axmed oo ku takhaasusay cilmi-afeedka oo isna laga helay talooyin wax ku ool ah;
— Mara Frascarelli oo cilmi-afeedyahan ah oo talooyinkeeda ka sokow gacan weyn ka geysatay xagga hawsha kombiyuutarka.

Ereyo la isku gaabiyey iyo astaamo

bog.	=	bogga
dh.	=	dheddig
diir	=	diiradeeye
F	=	fal
fa.	=	faahfaahiye
h.	=	hab
hor	=	horyaale
iwm	=	iyo wixii la mid ah
isr.	=	isrogrog
j.	=	jawaab
k.	=	keli
KF	=	Koox Faleed
KHM	=	Khabar Magaceed
l.	=	lab
lah.	=	lahaansho
LY	=	layeele
m.	=	magac
m.m.	=	magacuyaal mideeya
m.s.	=	magacuyaal sooca
mu.	=	magacuyaal
OF	=	Oraah Faleed
OM	=	Oraah Magaceed
qod.	=	qodob
qof.	=	qofka
s.	=	su'aal
sh.	=	shaqal
shi.	=	shibbane
tif.	=	tifaftire
til.	=	tilmaame
tus.	=	tusaale
w.	=	weer
wa.	=	wadar
y.	=	yeele
*	=	astaan muujinaysa qalad
/	=	astaan muujinaysa codkac
´	=	astaan shaqal culus
≠	=	astaan cagsi
Ø	=	astaan eber

TUSMADA BUUGGA

Preface i
Gogoldhig iii
Mahadnaq v
Ereyo la isku gaabiyey iyo astaamo vi

BAABKA KOOWAAD

0. LUQADDA IYO FEKERKA 3

1. EREYADA (QAAMUUS) 6

1.1 Erey abuurid 9
   1.1.1 Farac 9
   1.1.2 Micno ballaarin 11
   1.1.3 Sammi 12
   1.1.4 Lid (cagsi) 14
   1.1.5 Lammaanin 16
1.2 Dhawaaqyada 19
   1.2.1 Shaqallada 22
   1.2.2 Codkaca 23
   1.2.3 Shibbanayaasha 23

BAABKA LABAAD

2. SARFAHA MAGACYADA 29

2.1 Magacyada 29
2.2 Cayn magac 32
   2.2.1 Weli iyo caynta 35
2.3 Tirada 37
   2.3.1 Dibkabayaasha wadarta sameeya 40

3. SARFAHA TIFAFTIREYAASHA 46

3.1 Qodobbada 46
3.2 Tilmaamayaasha 51
3.3 Weyddiimaha 54
3.4 Tifaftireyaal lahaansho 56

4. SARFAHA MAGACUYAALLADA 61

4.1 Magacuyaallo ebyoon 61
4.2 Magacuyaallo dhimman 62

4.3 Magacuyaallo tifaftireyaal ah 64
5. SARFAHA TIRADA 70
6. SARFAHA ISKUXIREYAASHA 74
6.1 Horyaalayaasha 75
   6.1.1 Horyaalayaal iskudhafan 78
6.2 Xiriiriyeyaal 82
7. SARFAHA FALALKA 88
7.1 Sarfaha falka 88
   7.1.1 Nadooc faleedka 89
      7.1.1.1 *Qofka* 89
      7.1.1.2 *Tirada* 90
      7.1.1.3 *Caynta* 91
   7.1.2 Amminka falka 93
   7.1.3 Muuqaal faleedka 96
   7.1.4 Hababka falka 99
7.2 Noocyada falalka 104
   7.2.1 Noocyada sarfaha leh 104
      7.2.1.1 *Falalka dibkabayaasha leh* 104
      7.2.1.2 *Falal sifo* 107
      7.2.1.3 *Falal horkaabayaal leh* 109
   7.2.2 Noocyada falkaaliyeyaasha 111
7.3 Qaabka iyo micnaha falka 115
   7.3.1 Shaqada fal gudbaha iyo fal magudbaha 115
   7.3.2 Falal ku farcama sal ballaarin 117
      7.3.2.1 *-in* 117
      7.3.2.2 *-an* 119
      7.3.2.3 *Lifaaqyo kale* 122
   7.3.3 Magacyo ka soo farcama falal 128
8. HOGATUSKA BARADIGMAYAASHA FALALKA 133
8.1 Falalka dibkabayaasha leh 133
   8.1.1 Habka ebyoon 133
   8.1.2 Habka dhimman 139
   8.1.3 Hab talo 141
8.2 Falal sifo 142
   8.2.1 Hab ebyoon 142
8.3 Hab dhimman 144
8.4 Falal horkabayaal leh 145
   8.4.1 Hab ebyoon 145
   8.4.2 Hab dhimman 150
   8.4.3 Hab talo 152

BAAKBA SADDEEXAAD

9. WEER FUDUD **157**

9.1 Khabarka 157
   9.1.1 Weli iyo khabarka 161
   9.1.2 Mawduucyada weerta fudud 165
   9.1.3 Rugaha warka 169
9.2 Qurubyo diiradeedyada: rugahooda 172
   9.2.1 Baa/Ayaa 172
   9.2.2 Weli iyo baa/ayaa 178
      9.2.2.1 *Xeer* 179
   9.2.3 Waa 181
      9.2.3.1 *Xeer* 182
9.3 Magacuyaallo dhimman 184

10. DHISMAHA ORAAH MAGACEEDYADA (OM) **192**

10.1 Weli iyo oraah magaceedka (OM) 196

11. WEERTA ADAG (BALLAARAN) **202**

11.1 Weer dhammaystir 205
   11.1.1 Weli iyo weerta dhammaystirka ah 209
11.2 Weer faahfaahineed 211
   11.2.1 Qaab dhismeedka weer faahfaahineedda 211
   11.2.2 Qaabka falka weer faahfaahineedda 216
11.3 Weli iyo weer faahfaahineedda 222
11.4 Weer faahfaahineed oo dheeraad ah 225
11.5 Weer faahfaahineed oo la xariirta falkaab 229
   11.5.1 Waqti 229
   11.5.2 Shuruud iyo inkasta 230
   11.5.3 Sabab 230
   11.5.4 Hadaf (Qasdi) 231

12. NOOCYADA WEERAHA **234**

12.1 Weli iyo weer tebineedda 235
12.2 Weer weyddiimeed 240
   12.2.1 Weyddiimeedyada haa/maya 241
   12.2.2 Weli iyo weero weyddiimeedyada haa/maya . 245
   12.2.3 Weero weyddiimeedyada -EE 250
      12.2.3.1 *Weyddiimada wata "ma"* 251
      12.2.3.2 *Weyddiimada wata "-ee"* 255
      12.2.3.3 *Ereyo weyddiimeedyo kale* 258
      12.2.3.4 *Weyddiimo dadban* 259
12.3 Weer diidmo 262
   12.3.1 Weero diidmeedyada wata diirad magaceed . 262
   12.3.2 Weero diidmeedyada wata diirad faleed 264
   12.3.3 Diidmada weeraha khabar magaceedka leh . 266

12.4 Weero weyddiimeed oo diidmo ah 269
12.5 Weero amareed 273
12.6 Weer talo 274

Raadraacyada ugu muhimsan 277

EREYFURKA 279

BAABKA KOOWAAD

0. LUQADDA IYO FEKERKA

Bulsho kasta waxay leedahay luqad ay isku fahanto, luqadduna waxay ka mid tahay waxyaabaha gundhigga u ah jiritaanka binii-aadanka. Hadalku wuxuu dadka ka caawiyaa soo gudbinta fekerka, aad bayna u adag ahay in la mala-awaalo fekerka ayadoon lagu muujin luqad. Ayadoon la guda gelin xiriirka ka dhaxeeya luqadda iyo fekerka ayaa waxaan muujin karnaa in luqaddu ay aad u caawiso fekerka.

Haddi aad u fiirsataan degaanka aad ku nooshihiin, waxaad ogaaneysaan in wax kasta ay leeyihiin magac, kaas oo aad madaxa ku haysaan, isla markaasna ugu yeertaan magacaas. Sidaas daraaddeed, waa caadi in la yiraahdo *miis, kursi, guri, dugsi, geri*, iwm; aadna ku fekertaan waxa magacaas loo yaqaan. Mar kasta oo aad la kulantaan shay idinku cusub waxaad filaysaan in aad u heshaan shaygaas magac lagu aqoonsado oo aad ku tilmaansataan.

Waxaan magacyada u adeegsannaa in aan ku kala saarno ashyaa'da. Magacyadu waxay kaloo tilmaami karaan waxyaabo aan la taaban karin lana arki karin. Waxaana ka mid ah: *jaceyl, nacayb, rajo, mushkilo*, iwm.

Erayada qaarkood waxay u oggolaadaan binii-aadanka in uu ku kooxeeyo, kuna direeyo waxyaallo kala duwan, hase-ahaatee wadaaga hal ama dhawr astaamood.

Tusaale ahaan ereyga *geed* waxaa hoos yimaada ereyo badan oo ay ka mid yihiin: *qurac, yaaq, qansax*, iwm. Dhanka kalana, ereyada aan kor ku xusnay iyo kuwo kalaba waxaa lagu fasiraa in ay yihiin *geed*.

Tusaale kale an u soo qaadanno ereyadan isku kooxda ah:

1) *xayawaan*
- *naasley* [*dameer, lo', bisad*, iwm.]
- *shimbir* [*gallayr, qoolleey*, iwm.]
- *xamaarato* [*mas, yaxaas, mulac*, iwm.]
- *kalluun* [*yuumbi, tarraaqad, yaxaasbadee*, iwm.]
- *cayayaan* [*kaneeco, diqsi, quraanjo*, iwm.]

Erayadu waxay xitaa tilmaami karaan dabeecado u gaar ah ashyaa'da qarkood sida: *weyn, yar, dheer* ama fal sida: *cabbee, joog, cun, qor*, iwm. Marka aynu adeegsanayno luqad ma aha in aan ku hadlayno ereyo keliya, maxaayeelay ereyadu waa sida bulukeeti oo kale oo aan ku dhisno waxyaabo isku dhafan, yacni weero. Weeraha, oo ah ereyo isku rakiban, waxaan u adeegsannaa si aan u samayno caddaymo sida:

2) *moosku waa miro*:

si aan ku muujinno aaraa'

3) *nooluhu waa dhintaa*:

si aan u samayno xiriir labo shay ama in ka badan:

4) *Cali baa ka duqsan Axmed*
5) *Axmed baa ka duqsan Nuur*
   haddaba
6) *Cali baa ka duqsan Nuur*

Luqaddu xitaa laf ahaanteeda ayay iska hadli kartaa: ereyada sida *magac*, *fal*, *sifo*, *horyaale* iyo kuwo kalaba waxaa loo abuuray in lagu direeyo ereyada ay luqadi leedahay iyo isku xirkoooda. Fikradahaan dib baan si faahfaahsan ugu falanqayn doonnaa, innagoo baarayna markaas hababka kala duwan ee loo direeyo.

Haddaba, waxaan raadinaynaa dariiqii aan ku sharxi lahayn dabeecadaha guud ee luqadi ay leedahay gaar ahaanna kuwa af soomaaliga.

Kumanaalka af ee ka jira adduunka inkastoo ay u eg yihiin in ay aad u kala duwan yihiin, haddana waxay wadaagaan dabeecado badan. Waxay giddigood leeyihiin waxqabad isku mid ah: waxay dadka u suurtaggeliyaan si ay isku fahmaan, isku wargeliyaan amaba isugu gudbiyaan fikradahooda. Dhammaantood waxay adeegsadaan codad ay isu geeyaan si ay u sameeyaan erayo macno leh, kuwaasoo markii la isu geeyo iyaguna sameeya weero loo adeegsado wargelin kasta.

Qalabka ama waxyaabaha aan u adegsanno sifaynta luqad kasta ee dunidan loogaga hadlo waa isku wada mid. Dabcan marka si tifaftiran loo sifaynayo luqad gaar ah waan in la muujiyaa astaamaha u gaarka ah luqaddaas.

LAYLI
1. Maxaan ugu wada yeeri karnaa ereyadaan: *birta*, *dahabka*, *dheemanka* iyo *qalinka*?

2. Taxa ereyada hoos iman kara kuwan soo socda: *hu', gaadiid* iyo *maacuun*, idinkoo ka doodaya habka loo adeegsaday kooxaynta ereyadaas.

3. Ereyada soo socda waxay ka kooban yihiin magacyo ku saabsan *xoolo, dhir, cunno*. Haddaba isku daya in aad saddex koox u kala saartaan, iskana jira ereyada qaar ayaa labo macno yeelan kara:

   canjeero, deero, bun, jeer, babbaay, tiin, cambuulo, lebi, qalanjo, sarreen, kalluun, carsaanyo iyo *daango* .

4. Ma ka soo saari kartaan shan magac oo dareenka ku saabsan taxanahan:

   dagaal, caro, hurdo, ciil, sanboor, tiiraanyo, denbi, sadaqo, naxariis, kalgacayl, argaggax.

5. U kala saara magacyada soo socda hadba dirta ay ku abtirsadaan, kana dooda waxa aad ku salayseen direyntiinnaas:

   ari, libaax, abeeso, gorgor, hoonboro, digaag, dagiiran, dhiqle, qallajis, geel, fiidmeer, fiin, ayax, jeedar, wiil, abootoluga-dheer, biciid.

6. Ereyada soo socda waxaa loo kala saari karaa dhawr dirood iyadoo ku xiran hadba dhinaca laga eegayo. Markaa isku daya in aad u kala qaybisaan inta dirood ee suurtaggalka ah, kaddibna taxa idinkoo mar walba sharxaya waxa aad ku salayseen direyntiinna, si wadajir ahna uga dooda:

   caano, qalin, rooti, buug, sambuus, kabaab, warqad, mastarad, sabbuurad, bambeelmo, sharaab, oodkac, laabis, soor, cinjir, cambuulo, solay, suqaar, timir, jeeso, murcood.

1. EREYADA (QAAMUUS)

Ereyadu waxay la mid yihiin alaabta loo baahan yahay marka guri la dhisayo (sida *bulukeeti*, *shamiinto*, *looxaan*, iwm.). Haddii alaabtaas hal hal loo qaado ma noqon karaan guri, waxaase guri la dhisi karaa marka alaabtaas la isugu habeeyo qaab loogu tala galay. Sidaas oo kale marka ereyada hal hal loo adeegsado ma samayn karaan luqad, waxaase loo baahan yahay in la isugu habeeyo ereyadaas si waafaqsan xeerar laysla ogyahay. Wadajirka ereyadu waxay sameeyaan qayb muhiim ah oo ka mid ah luqadda, laguna magacaabo **qaamuus**. Waxaa kaloo jira sharciyo habeeya isu-keenidda ereyada si ay u sameeyaan weero, waxaana loo yaqaannaa **weereyn**.

Si aan si fiican ugu muujinno waxa ay luqadi ka kooban tahay bal u kuur gala jaantuskaan. Koobaabyadu waxay matilaan ereyada (ama qaamuuska), ganahana xeerarka isku xira ereyada (waa weereyntee). Markaan hadlayno, ereyadaan oo isku xirxiran waxaa soo saara qof (**tebiye**) waxaan maqla qof kale (**maqle**).

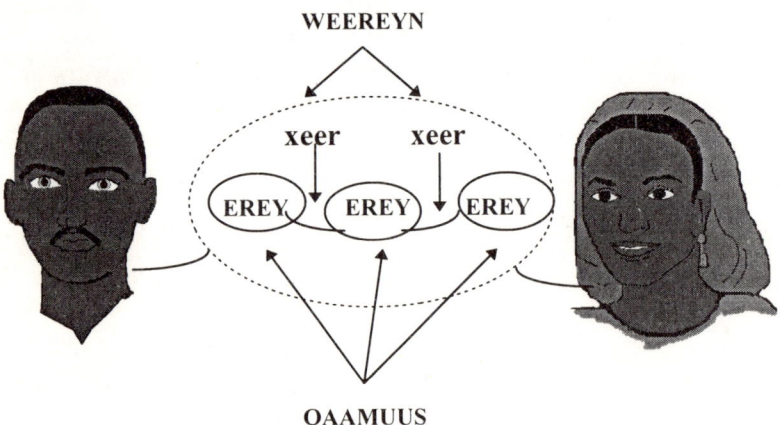

Si loo derso qaabka ay luqadi u shaqayso waxaa lama huraan ah in loo fiirsado dadka hadlaya, waxa ay ka hadlayaan, ereyada ay u adeegsanayaan, iyo qawaaniinta la isugu keeno ereyadaas. Marka la hadlayo way adag tahay in la kala faquuqo arrimaha aan kor ku soo xusnay, haddana si loo fahmo waxqabadkooda waxaa loo baahanyahay in mid mid loo baaro. Baabkaan waxaan xoogga saari doonnaa qaybta **ereyada**.

Qof kastoo luqad ku hadla waxaa qasab ku ah in uu ereyo badan ka yaqaan luqaddaas, in kastoo aysan ku filnayn keligood si loo hantiyo af. Markaad haysato ereyo badan waa sida adigoo haysta alaab fara badan oo guri lagu dhiso, laakiin aan weli guri fara ku haynin. Waxaadse dhisi kartaa guri weyn, raaxo leh, aadna u fiican, kaddib markaad barato qawaaniinta looga baahan yahay dhismaha.

LAYLI

1. Weeraha soo socda waxaa ku jira qalad, waxaana keenay erey micna ahaan aan ku habboonayn weerta uu ku dhex jiro, erey qoraalkiisa khaldan iyo ereyo isku xiggoodu aanu qummanayn. Haddaba ka soo saara ereyada qaladka keenay, kana dooda asbaabaha keenay qaladaadkaas

   1.1 *Maxamed buug buu cabbay*

   1.2. *Muuna hooyadeed bay u taktay*

   1.3. *Aadan waxaa buu dareemay*

   1.4. *Aabahayga ayaa iska leh gurigaas*

   1.5. *Fadlan, maad naga xirtid dariishadta*

   1.6. *Qalin caas laga ma qoro warqad*

   1.7. *Sagal Cali iyo guriga ayay aadeen*

   1.8. *Ardaygaan digsiga aadin aqoondarro ayaa u danbaysa*

   1.9. *Agoon la'aani waa ilays la'aan*

   1.10. *Dad ninkii ku gubta danbastiisuu ka baqaa*

2. Ereyada soo socda qaarkood si fudud ayaan u fahmi karnaa oo adeegsigooda ayaa nagu badan. Qaarka kalese waxay nagu abuurayaan shaki, siiba marka aanu ku dhex jirin hadal noo fududaynayo fahankooda. Marka, calaamadeeya xarafka ka horreeya qeexidda saxda ah:

2.1 *balli*	a. *geedka meseggada ama galleyda*
	b. *dhul yare godan oo kolkii roob da'o biyuhu fadhiistaan*
	c. *berkad*
2.2 *yididdiilo*	a. *himilo*
	b. *wadiiqo*
	c. *waddo weyn oo haloosi ah*
2.3 *caabbin*	a. *xajin*
	b. *cabsiin*
	c. *la dagaallamid*

2.4 *fanto* a. *cudur xun oo jirka ku dhaca*
 b. *sharaab dhalo ku jira*
 c. *qofta dadka iska dhawrta*

2.5 *faq* a. *hadal hoos laysugu sheego ama laysugu qarsado*
 b. *wada hadlid*
 c. *hadal laysugu sheego meel aan dadka u muuqan*

2.6 *duluc* a. *danta iyo ujeeddada dhabta ah ee uu hadalku u dhacaayo*
 b. *dalool*
 c. *labbis ay haweenku qaataan*

2.7 *gallayr* a. *shinbir weyn oo baqtiga cuna*
 b. *shinbir beycad ah oo majaha iyo afka ka cas oo hilibkana cuna*
 c. *shinbir madow oo hilibka cuna*

2.8 *garanuug* a. *ugaarta jaad ka mid ah oo geeso dhaadheer oo toosan leh*
 b. *nooc xayawaanka xamaaratada ah ka mid ah*
 c. *ugaarta jaad ka mid ah oo sur aad u dheer leh*

2.9 *hagardaamo* a. *qof indhaha la' wadid*
 b. *luggooyo*
 c. *tiiraanyo iyo ciil*

2.10 *heeryo* a. *rarada awrta kolka la rarayo dusha laga saaro inta aan alaabta kale la saarin*
 b. *qalab reer miyigu cuntada ku cuno*
 c. *gumeysiga*

2.11 *istaaqfurow* a. *xilliga xagaaga*
 b. *xilli dabayl badan leh*
 c. *dembidhaaf*

2.12 *jiilaal* a. *xilliga waqtigiisu yahay 21ka Maarso-21ka Juun*
 b. *xilliga waqtigiisu yahay 21ka Disembar-21ka Maarso*

		c. *xilliga waqtigiisu yahay 21ka Juun -21ka Sebtembar*
2.13	*duumo*	a. *kaneeco*
		b. *xayawaan la dhaqdo*
		c. *cudur qandho daran leh oo badanaa soo laba kacleeya*
2.14	*qaansheeg*	a. *mag*
		b. *waraaq caddaynaysa qiimaha alaabta la soo gatay*
		c. *kalluun*
2.15	*eysin*	a. *ilmo aad adeer u tahay*
		b. *wiilka ama gabadha walaashaa dhashay*
		c. *ina abti*

1.1 Erey abuurid

Ereyada ay luqadi leedahay inta badan waa qani; ereyo badan ayaa waxay ka farcami karaan ereyo hore u jiray ama kuwa cusub ayaa waxay ka samasymi karaan laba erey ama in ka badan oo laysu geeyey. Habab badan ayaana ereyo lagu abuuri karaa.

1.1.1 Farac

Wax kasta ama fikrad kasta waxaa loo allifay erey matalaya, maskaxdeennana midkaasaan ku haynaa. Mabda' ahaan erey kasta waa in uu kaga duwanaadaa ereyada kale, haba yaraatee qayb, si aan la isugu qaldin. Haddii ereyga *nal* loo adeegsaday shay la iftiinsado ( ) oo laysla ogyahay, isla ereygaas looma isticmaali karo shay kale, haddii kale waa lagu wareerayaa. Si aanu u dhicin wareerkaas waxaa loo baahan yahay in xarfaha uu ka kooban yahay ereyga *nal* ugu yaraan mid ka mid ah isbaddelo:

1) *nal*
2) *dal*
3) *gal*
4) *bal*

Innagu haddase waxaynu danaynaynaa in aynu u kuurgalno ifafaalayaal kale sida ereyada cusub oo ka soo farcammay ereyo kale:

5)	*fardoole*	oo ka soo farcamay	*fardo* + ***le***
6)	*dukaanle*	oo ka soo farcamay	*duukan* + ***le***
7)	*caruurnimo*	oo ka soo farcamay	*caruur* + ***nimo***
8)	*geesinnimo*	oo ka soo farcamay	*geesi* + ***nimo***
9)	*bare*	oo ka soo farcamay	*bar* + ***e***
10)	*caddaan*	oo ka soo farcamay	*cad* + ***aan***

Sida ay tusaalooyinkani muujinayaan erey kasta wuxuu ka soo farcamay erey kale oo horay u jirey, kaasoo lagu daray qayb kale oo la yiraahdo **dibkabe**. Ereyga cusubi wuxuu leeyahay micno ka duwan kii hore. Tusaale ahaan, ereyga *fardo* waa noole xayawaanka ka mid ah, *fardoole*-se waa ninka iska leh fardaha oo ah qof binii-aadan ah.

Dibkabayaashu waa qayb ka mid ah ereyada qaarkood. In kastoo ay macno soo gudbinayaan haddana keligood ma istaagi karaan oo waxay u baahan yihiin erey kale oo ay ku dhegaan, kaasoo ay kaddibna macnihiisa beddelaan. Luqaddu waxay xitaa arrintan u leedahay xeerar haga isqabadyada suurtaggalka ah, hase-ahaate dib ayaan uga hadli doonna qaababka faraca; waxaan hadda ku ekaanaynaa in aan u kuurgalno dibkabayaasha sida -**e**, oo la micna ah "qof ama shay sameeya shaqo gaar ah", ama -**le** oo la micna ah "qof ama shay leh wax", kuwaasoo shaqadoodu tahay in ay u badiyaan ereyada luqadda si fudud oo habaysan. Markaa hadlaha aad bay ugu sahlan tahay in uu barto dibkabe iyo ereyada lagu nudaayo intuu adeegsan lahaa ereyo cusub si uu u helo erey leh macnayaal wax yar kala duwan.

LAYLI

1. Idinkoo ka ambaqaadaya ereyga *dun*, kuna beddelaya xarafka *d* xaraf kale, hela ereyada kale oo ka samaysmi kara.
   Tus. *dun* → *kun*
2. Xarafka ugu danbeeya ee ereyga *sac* ku beddela xarfo kale si aad u heshaan ereyo kale oo ka duwan *sac*.
   Tus.: *sac* → *sar*
3. Sheega ereyada soo socda dibkabahooda, kaddibna sheega macnaha ereyga iyo kan dibkabuhu leeyahay:

waranle, ganacsade, garle, dadnimo, madaxtooyo, gacamey, beenlow, fure

4. Weeraha soo socda waxaa ku jira ereyo qaldan. Ma sixi kartaan weeraha idinkoo beddelaya xaraf oo keliya?

   4.1 *Sun bariiska*

   4.2 *Nabar ayaa halkaas fadhiday*

   4.3 *Cali wuxuu soo gatay tuug weyn*

   4.4 *Abshir ayaa finkaas martigeliyey*

   4.5 *Hodon buu bukaan ku leeyahay*

   4.6 *Waa seef abeer ah*

   4.7 *Awoowgay sun buu subaxdii cuni jiray*

   4.8 *Sida cirka aad u koriso, maskaxdaadana u kori*

5. Ereyada ku dhammaada -*e* waxay leeyihiin inta badan macne ah "qof ama shay sameeya hawl cayiman", kuwa ku dhammaada -*le* na "qof ama shay leh wax". Marka sheega waxa loola jeedo ereyada soo socda:

   dukaanle, agaasime, maamule, qore, wade, bare, guudle, ayaanle, dable.

6. Qora idinkoo adeegsanaya dibkabaha ku habboon ereyada soo socda:

   Tus. *bar → bare*

   biyo, geel, lo', macallin, geesi, aamin, qor, nasiib, gar, cas, duul.

1.1.2 *Micno ballaarin*

Waxaan horay u soo aragnay in erey kasta uu leeyahay micna u gaar ah hase yeeshee waxaan aragnaa ereyo badan oo aan lahayn hal micno oo keliya.

(a) xagal   (b) xagal

Tusaale ahaan ereyga xagal, sida sawirka ku cad, wuxuu leeyahay labo macne oo kala duwan. Haddii si kale loo yiraahdana, waa laba shay oo wadaaga hal magac. Marka waxaynu oran karnaa macnihii ayaa ballaartay, waxaan ula jeednaa in ereygii sidii asalka loo yiqiin (a) ka sokow uu yeeshay macno kii hore ka duwan (b) sida ereyga xagal ee kor ku xusan.

Waxaan haddaba ku soo gabaggabeyneynaa in ereyada qaamuuska lagu badin karo habka faraca iyo midka ballaarinta macnaha.

LAYLI

1. Ereyada soo socda waxaa ku jira magacyo leh labo macno ama in ka badan. Haddaba ka soo saara ereyada macnooyinka badan leh kaddibna qeexa kana dooda:

    duhur, gar, il, hoos, madax, far, xawaare, sir, af, guumeys.

2. Ka sameeya mid kastoo ka mid ah ereyada soo socda laba weerood; weerta hore ereygu wuxuu leeyahay macnaha asalka ah, tan labaadna macnahaas macne ka duwan:

    Tus.:   1. *Cali **jid** dheer buu qaaday*

    2. *Cali **jid** buu leeyahay*

    gacan, hal, gar, madax, il, far, qalbi, af, unug, hooso.

3. Isku daya in aad siisaan laba qeexitaan oo kookooban ereyada aan layliga hore idinku siinnay idinkoo u kala saaraya micnaha asalka ah (A) iyo macnaha uu ereygu dib ka yeeshay (B):

	A	B
Tus.:	hal = hasha geela	hal = mid

4. Raadiya ugu yaraan 8 erey oo kale oo uu mid walba leeyahay labo macno ama in ka badan, ereyadaas oo qaabkoodu aan isbaddaleynin.

1.1.3 Sammi

Waxaa sammi la oran karaa laba erey ama in ka badan oo leh muuqaal kala duwan, hase ahaatee leh macno isku mid ah. Sida:

   11) ***Irriddu** way xiran tahay*

   12) ***Illinku** wuu xiran yahay*

Waxaan markastaba ka hadlaynaa isla shaygii, kaasoo ah meesha laga baxo ama laga galo dhismo nooc kasta ha ahaadee: *guri, xafiis,* iwm. Sidaas darteed, ereyada *irrid* iyo *illin* waa sammi quman, faraqa keliya ee u dhaxeeyana wuxuu la xiriiraa hadba gobolka la joogo. Waayo gobollada qaarkood waxaa ku badan adeegsiga *irrid* kuwana *illin*.

Way kooban yihiin sammiyada saas isu waafaqa; maxaayeeley, inkastoo ay isku mid yihiin inta badan macnaha laba erey oo sammi ah, waxaa jira wax yar oo ay isaga khilaafsan yihiin xagga macnaha sida *wadne* iyo *qalbi*. Labadaan erey waxay u eg yihiin sammi laakiin way kala duwan yihiin. Kan hore badanaa wuxuu tilmaamayaa xubin uu dhiiggu ku dhex wareego; kan kalena wuxuu tilmaamayaa hadba sida uu yahay dareenka binii-aadanka (farax, caloolxumno, iwm.).

Sidaas darteed, ereyga *qalbi* wuxuu wax ka sheegaa wax cillinaad. Waxaana caddayn u ah weerahaan:

    13) *Cali wadnaha baa laga qalay*
    14) **Cali qalbiga baa laga qalay*

Weerta hore waa caadi, tan labaadse inkastoo ay sax tahay naxwe ahaan haddana caadi ma aha. Waayo soomaalidu waxay qalbiga u taqaannaa dareen iyo wax la mid ah. Ereygaan wuxuu kaloo yeelan karaa macno kale:

    15) *Cali qalbi ma laha.*

Taasoo loola jeedo Cali xusuus ma laha.

Haddii tusaale kale aan u soo qaadanno labada erey: *buug* iyo *kitaab* oo asalkooda ka soo kala jeedaan ingiriisi iyo carabi, labadooduba isla shay bay tilmaamaan (waa wax ka kooban bogag ay ku qoran yihiin warar, iwm.), haseyeeshee af soomaaligu si kala duwan ayuu u adeegsadaa. Haddii aan niraahno: *kitaab quraan* waan oggolaanaynaa laakiin *buug quraan* la oggolaan maayo, haddiise aan niraahno *buug carabi ah* iyo *kitaab carabi ah* labadaba waynu oggolaanaynaa. Waxaa adag in la maqlo *kitaab ingiriisi ah* walow ay caadi tahay, haddana waxaa laga jecel yahay *buug ingiriisi ah*.

Waxaan ku soo koobaynaa in ay jiraan ereyo badan oo tilmaamaya isla shay, laakiinse sammida saxda ah aad bay u yar yihiin. Haddaba luqaddu waxay qani ka tahay xagga ereyada, waxayna u muuqataa in micne la'aan aanay u kobcin ereyadeedu. Erey kasta waxaa loo xilsaaraa micne, habayaraate, in yar kaga duwan inta kale.

Ereyada (qaamuus)

LAYLI

1. Ereyada soo socda laba laba isugu xijiya idinkoo micnahooda fiirinaya; kaddibna mid walba weer geliya:

   beled, nacab, jid, magaalo, waddo, mukulaal, cadow, guul, sar, libin, masaggo, mallay, darrishad, kalluun, daar, daaqad, haruur, yaanyuuro.

   Tus.:   beled - magalo
   1. *Beledka aad*
   2. *Magaalada aad*

2. Ku beddel ereyada hoos ka xariiqan erey la sammi ah:

   2.1 *Berigii hore soomalida badankoodu <u>miyiga</u> ayay degganeed*
   2.2 *Sannadahaan dambe <u>magaalada</u> ayaa loo soo qulqulay*
   2.3 *Taasaana keentay in <u>rag</u> badan ay shaqa waayaan*
   2.4 *<u>Aqoon</u> la'aani waa ileys la'aan*
   2.5 *Cunuggu muxuu la ooynayaa? Ma <u>baahi</u> baa haysa misa waa <u>bukaa</u>?*
   2.6 *<u>Quutka</u> reer miyigu waa <u>cad</u> iyo caano*
   2.7 *<u>Geedaha</u> oo la jaro waa dhibaato giddigeenna ina wada taabanysa*
   2.8 *Nadaafadda <u>aqalkaagu</u> waa dantaada*

3. Isbarbardhiga ereyada aan sammi qumman ahayn, kaddibna ka dooda kala duwanaanshaha macnahooda, idinkoo arrintaas u adeegsanaya weero ku habboon:

   hawo, maraq, fuud, leeb, dux, dabayl, dufan, haruur, harag, badar, tol, saan, qabiil, fallaar, farax, gudcur, reynreyn, fiid, mugdi, ubax.

   Tus.:   hawo - dabayl

1.1.4 Lid (cagsi)

Ereyadu waxay xiriir yeelan karaan iyagoo xitaa micne ahaan lid isku ah. Markay arrintaan dhacdo waxaa la yiraahdaa **lid** ama **cagsi**. Sida:

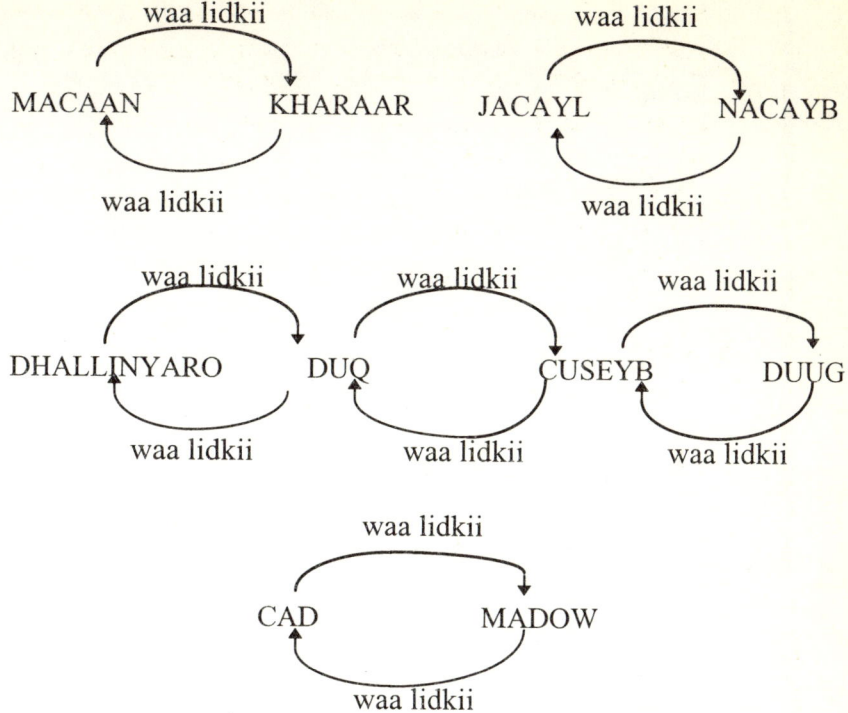

Haddaba haddii aan ku fekerno *macaan* waa sahlan tahay in uu madaxeenna ku soo dhaco *kharaar*; haddii aan maqalno *dhallinyaro* waxaan si sahlan u xusuusanaynaa *duq*. Laakiin *duq* wuxuu kaloo noqon karaa cagsiga *cusayb*, sida *cusayb* uu ula cagsi yahay *duug*. Erey haddii uu leeyahay macno hal ka badan wuxuu yeelan karaa ereyo badan oo lid ku ah. Tusaale kale: *sammaan* waa lidka *xummaan*, *nolol* waa lidka *geeri*, iwm.

Waxaa kaloo lagu samayn karaa lid iyadoo lagu lifaaqo ereyada qaarkood dibkabe sida *-darro*: aqoon → aqoon**darro**, ayaan → ayaan**darro**, iwm.

LAYLI

1. Ereyada soo socda isku daya in aad u heshaan ereyada lidka ku ah:

    caafimaad, aqoon, arday, hodan, wanaagsan, qoyaan, diidmo, moogid, dhalasho, maya, marna, dheddig, badan, shidid, oggolaasho, samir, laabid, dibad, hore, dhafar, gool(sha).

    Tus.:   *caafimaad* ≠ *cudur*

2. Beddela ereyadaan sii aad u heshaan macne ka duwan kii hore:

   Tus.: aqoon ≠ aqoondarro

   1.1 *aamin* _____
   1.2 *dan* _____
   1.3 *diin* _____
   1.4 *nasiib* _____
   1.5 *axdi* _____
   1.6 *gar* _____

3. Ha loo qaybiyo ardayda fasalka laba kooxood; kooxda hore (A) ha sheegto magac, kooxda kalana (B) ha sheegto ereygaas lidkiisa. Haddana ha isbeddeleen iyaga oo sidii oo kale samaynaya.

   Tus.:   Kooxda **A**   Kooxda **B**
   cir   *dhul*
   gabar   *wiil*

1.1.5 *Lammaanin*

Labo erey oo horay u lahaa labo macno oo kala duwan ayaa markii laysku lammaaniyo yeelan kara macno saddexaad oo labadii asalka ka duwan:

   16) *gaari + dameer = gaaridameer*

Ereygan waxaan kaga maarannay adeegsiga weerta ah: *gaariga lagu xiro dameerka*.

Ereyada la isugu lammaaniyay sida kor ku xusan waxay ka qayb qaataan kordhinta qaamuuska ayadoon la isku daalin xusuusasho ereyo badan; waxaa kaloo ka mid ah ereyada noocaas u samaysma:

   17) *afmiinshaar*   (*af + miinshaar*)
   madaxbannaan   (*madax + bannan*)
   biyamareen   (*biyo + mareen*)
   xiddigdhul   (*xiddig + dhul*)
   xeerilaaliye   (*xeer + ilaaliye*)

Sida aynu horay ugu soo aragnay ereyga *gaaridameer* wuxuu leeyahay micnaha labada erey oo laysu geeyey. Laakiin ereyada lammaanaha ahi sidaas ma wada aha oo waxaa jira kuwo aadan macnahooda ka fahmi karin isku darka labada erey ee uu ka kooban yahay sida: *afmiinshaar, uurkubbaalle, caashacarrabdheer* iwm.

Micnaha *afmiinshaar* waa *qof warbeenaad samays weyn leh* laakiin laguma wado *qof leh af la mid ah miinshaarta wax lagu jaro*. Sidaas daraaddeed, micnaha guud lama mid aha midka ereyada la isu geeyey.

Waxaan ku soo gunaanadaynaa in luqaddu ay siyaabo fara badan u kordhin karto tirada ereyadeeda. Waxaana ka mid ah habka *faraca* iyo midka *lammaaninta*. *Faracu* wuxuu inoo oggolaadaa in aynu erey ku darno dibkabe, taasoo inoo suurtaggelisa in aan samayno erey cusub. *Lammaanayntu*-se waxay noo fududaysaa in aan samayno erey cusub innagoo isu geyneyna laba erey ama in ka badan oo kala madax bannaan.

LAYLI

1. Isku daya in aad fasirtaan macnaha ereyadan, kaddibna mid walba caddeeya curiyeyaasha uu ka kooban yahay:

    yaxaasbadeed, mukulaaldureed, gaarigacan, afguri, gabbaldaye, fayadhawr, biyadhac, haruubgaal, madaxweyne.

2. Adeegsiga ereyada qaarkood oo inagu batay dartii ayaa waxaan illownay in ay ka kooban yihiin ereyo la isku lammaanay. Si loo fahmana waa in loo fiirsadaa. Haddaba ereyada soo socda sheega sida la isugu lammaaniyay, kaddibna fasira:

    Tus.:   *sanboor*   san + boor

    2.1   *garbasaar*
    2.2   *afgooye*
    2.3   *dalxiis*
    2.4   *geeljire*
    2.5   *garsoore*
    2.6   *aflaggaaddo*
    2.7   *fargan*
    2.8   *faradhaq*
    2.9   *farsamo*
    2.10 *maandeeq*
    2.11 *raadgur*
    2.12 *xoghaye*

3. Isku daya in aad qortaan 15 erey oo ka kooban kuwo laysku lammaaniyay isla markaasna adeegsigoodu badan yahay.

4. Hoosta ka xarriiqa ereyada lammaanaha ah ee ku jira sheekadaan, kaddibna ka wada hadla qaabka ay u samaysan yihiin:

    Soomaalida xoolo dhaqatada ahi magacyo dahsoon bay u bixiyaan dugaagga qaarkood. Magacyadaas waxay badankoodu tilmaamaan sifada ama anshaxa xayawaanka loo bixiyey magacyadaas. Waxaana ka mid ah libaaxa oo loogu yeero:

    - *libaax*
    - *cagabaruur*
    - *jeenicalaf*
    - *garweyne*

       iwm.

    Dhurwaagana waxaa loo bixiyey dhawr naaneysyo, sida:

    - *dhurwaa, oo ah kii ubad waayay*
    - *waraabe, oo ah hungurixume, weligiis baahan*
    - *qaaryare, oo ah kii qaarka dambe u yaraa*
    - *duruqsey, oo ah dhutiye.*

    Magacyadaan iyo kuwa la mid ahi waxay ka buuxaan sheekoxariirooyinka soomaaliyeed.

5. U qaybiya laba kooxood ereyada hoos ku taxan; ku dara A ereyada lammaanaha ah, B-na kuwa faraca ah:

    dabshid, danjire, dable, uurxumo, dukaanley, dadnimo, uurkubbaalle, gaarifaras, xiddigdhul, guuldarro, garle, fooldhaq, magaalamadax, kursijiif, kabageed, gardarro, walaaltooyo, beenlow, kaadimareen, buugxannaaniye, burcad, talaxumo.

    A: *xiddigdhul* ......

    B: *garle* ......

6. Mar kale labo koox u kala saara ereyada lammaanaha ah ee aad layliga shanaad ku soo aragteen. Kooxda **A** waxaad ku taxaysaan ereyada macnahooda laga fahmi karo isku darka labada erey ee asalka ah. Kooxda **B**-na inta kale; kaddibna erey kastoo ku jira kooxda **B** macnihiisa sheega.

    A: *gaarifaras* .....
    B: *dabshid* .....

7. Iskula xiriiriya fallaar hadba ereyada wada sammayn kara ereyo lammaane ah:

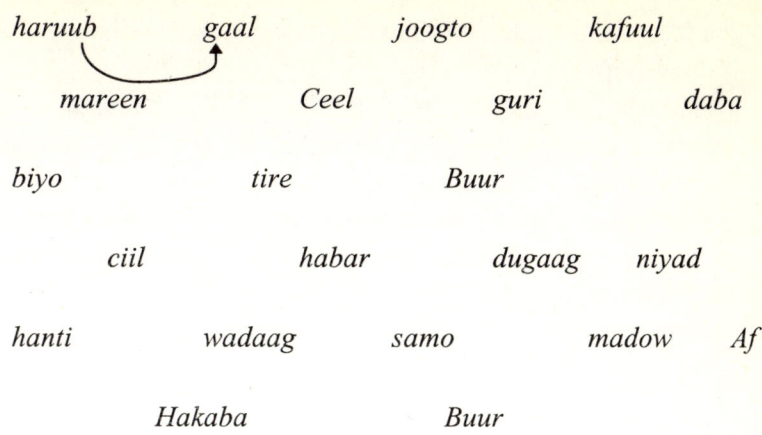

1.2 Dhawaaqyada

Ilaa haatan waxaan soo aragnay in qaamuuska afku uu ka kooban yahay ereyo aad u fara badan. Si aan u sifayno erey waxaan si gaar ah u tixgelinay laba shay: micnihiisa iyo qaabkiisa, yacni ereyada qaarkood waxay ka iman karaan ereyo kale iyadoo la adeegsanayo dibkabayaal, ama habka lammaaninta. Laakiin, dhab ahaanti maxaynu adeegsannaa marka aynu is wargelinayno, yacni aan isu gudbinayo micnayaal ereyo? Micna kasta waxaa ku mataanan dhawaaqyo. Markasta aan maqalno dhawaaqyo is wata waxaan la raadinnaa micno u gaar ah. Haddaba erey wuxuu ka kooban yahay dhawaaqyo iyo hal micne.

Qoraal ama far ayaan ku muujinnaa dhawaaqyada, hase ahaate ma aha wax lagama maarmaan ah, maadaama ay jiraan luqado badan ilaa haatan aan lahayn far u gaar ah oo weli heer tiraab ay ku socdaan. Af soomaligu af tiraab buu ahaa ilaa 1972, oo ah markii, si rasmi ah, loogu yeelay far u gaar ah. Xataa markii ay luqadi far yeelato, dhawaaqyadu iska ma beddelaan qaabkoodi hore, sidaas awgeed waa muhim in la fahmo xaataa waxqabadkooda.

Tusaale ahaan aan u soo qaadanno ereyada: *ul, ubad, afmiinshaar-nimo*. Midka koowad laba dhawaaq ayuu ka kooban yahay, midka labaad afar, midka saddexaadna toban iyo laba dhawaaq (ee ma aha sida la moodo toban iyo shan oo ah tirada xarfaha ee aan u adeegsannay qorista dhawaaqyadan, yacni *sh* iyo *ii* waa hal hal dhawaaq).

Haddaba, annagoo ka eegayna dhanka dhawaaqyada, af soomaaligu wuxuu adeeegsadaa, sida afafka kaleba, tiro go'an oo dhawaaqyo ah oo ay isugu dhafmaan siyaabo badan oo kala duwan si ay u sameeyaan ereyo kala duwan. Bal aan isku dayno haatan in aan ka baaraandegno habka dhawaaqyada iyadoo aan adeegsanayno xarfaha **alifba'da**.

Eega xarfahaan oo ka mid ah alifba'da, una taagan dhawaaqyada soo socda:

    1) *t, f, a, n, r, g, e, dh, i*

Dhawaaqyadan haddii hal hal loo qaado micno ma laha, laakiin haddii laysu geeyo waxay noqdaan kooxo ama ereyo leh macno. Haddii aan qayb ahaan isugu geeyno xarfahaan maxaa noo soo bixi kara?

    2) *f + a + r*   = *far*
    3) *dh + e + g*   = *dheg*
    4) *t + i + n*   = *tin*

Haddaba xarfaha oo keli keli ah macno ma bixiyaan. Laakiin markii laysu geeyo ayadoo la raacaayo xeerarka afka waxay noqonayaan ereyo - *far, dheg, tin* - oo ka mid ah ereyada luqadda, lehna macno sax ah.

Waxaa habboon in aan in yar ku hakanno xeerarka isu geeya codadka. Annagoo weli adeegsanayna xuruufihii aan horay u soo aragnay sidatan ayaan isugu geyn karnaa:

    5) *f + dh + n + a*   = **fdhna*
    6) *r + t + e + g*   = **rteg*

Waxaa cad in isugeyntan aysan soo saarin ereyo ka mid ah luqadda soomaaliyeed, sida ku cad astaanta qaladka (*) oo lagu sunto qaabka (erey ama weer) aanan la oggolaan karin.

Sidaas darteed, afku ma wada oggolaado isugeynta xarfaha oo nooc kasta ah marka ereyo la samaynayo illaa qaar mooyee.

Haddaan u soo noqonno isugeynta ereyada ee dhab ahaan u jira, waxaynu horay u niri in mid walba uu leeyahay macno u gaar ah; waxaase ku filan in la beddelo hal xaraf oo ka mid ah xarfaha uu ereygu ka kooban yahay si macnaha ereygaas isu beddelo. Tusaale ahaan, haddii ereyga *far* xarafkiisa hore la beddelo waxaa soo bixi kara: *gar, sar, dar, bar, car, aar,* iwm. Ereyadani giddigood way kala duwan yihiin mar haddii uu mid waliba leeyahay micne u gaar ah.

Haddaba luqaddu waxay dhawaaqyada u adeegsataa si ay ereyo u samayso iyo si ay u kala duwdo ereyadaas.

Waxaan taxaynaa dhawaaqyada loo adeegsado luqaddda soomaaliyeed si ereyada loo sameeyo. Marka luqad la qorayana dhawaaqyada waxaa u taagan xarfaha alifba'da. Waxaase xusid mudan in markasta uusan jirin xiriir ka dheexeeya dhawaaqyada iyo xarafka alifba'da. Waxaan ula jeednaa in xaraf ka mid ah alifba'da uu u taagnaan karo laba dhawaaq oo kala duwan, haddase u gudaggelimeyno arrintaas.

Xuruufaha **alifba'da soomaaliyeed** waxay ka kooban yihiin:

SHIBBANAYAASHA		*SHAQALLADA*	
B	*b*	*A*	*a*
C	*c*	*E*	*e*
D	*d*	*I*	*i*
Dh	*dh*	*O*	*o*
F	*f*	*U*	*u*
G	*g*	*AA*	*aa*
H	*h*	*EE*	*ee*
J	*j*	*II*	*ii*
K	*k*	*OO*	*oo*
KH	*kh*	*UU*	*uu*
L	*l*		
M	*m*		
N	*n*		
O	*q*		
R	*r*		
S	*s*		
Sh	*sh*		
T	*t*		
W	*w*		
X	*x*		
Y	*y*		
'	*'*		

Soddon iyo labada summad ee aan kor ku soo taxnay ma wada koobi karaan dhawaaqyada ay luqadda soomaaliyeed leedahay, haddana way ku filan yihiin in ay matalaan dhawaaqyada ugu muhiimsan ee luqadda. Waxay summaduhu u kala qaybsan yihiin 22 **shibbane** iyo 10 **shaqal**.

1.2.1 *Shaqallada*

Luqadda Soomaaliyeed waxay leedahay 5 shaqal oo gaagaaban kala ahna: *a, e, i, o, u*, iyo 5 dhaadheer oo iyaguna kala ah: *aa, ee, ii, oo, uu*. Kala qaybinta shaqallada dhaadheer iyo kuwa gagaaban aad bay muhiim u tahay, maxaayeelay dhererka iyo gaabnida uu shaqal leeyahay waxay ku xiran tahay macnaha ereygaas. Aad bay u fara badan yihiin ereyada isu eg oo dhererka iyo gaabnida shaqalka oo keliya ku kala duwan. Waxaana ka mid ah:

7) *bad*   *baad*
8) *san*   *saan*
9) *dul*   *duul*
10) *tin*   *tiin*
11) *or*   *oor*

Mid kastoo ka mid ah tobanka shaqal ee aan kor ku soo taxnay waxaa loogu dhawaaqi karaa laba siyood oo in yar kala duwan. Inkastoon ugu guda galaynin si tifaftiran arrimaha cilmi codeedka, haddana bal tusaale ahaan ku dhawaaqa ereyadan:

12) *gar (gạrka)*   *gar (garta)*
13) *taag (tạagga)*   *taag (taagta)*
14) *feer (fẹerka)*   *feer (feerta)*
15) *doon (dọonta)*   *doon (doonka)*
16) *fiid (fịidka)*   *fiid (fiidda)*

Sida muuqata erey kastoo ka mid ah taxanaha koowaad wuxuu haddana ku jiraa taxanaha labaad. Dhigmada labada erey waa isku mid haddii laga reebo qodobbada. Kala duwanaashaha macnaha labada erey ee mataanaha ah waxaa sabab u ah shaqalka oo siyaabo kala duwan loogu dhawaaqo, mar waa culus yahay (̣) marna waa fudud yahay. Kala duwanaashahan inkastoo la adeegsado marka la hadlayo, haddana qoraal ahaan laguma muujiyo alifba'da soomaali-yeed.

1.2.2 *Codkaca*

Waxaa la og yahay in af soomaaligu lee yahay hab codkaceed oo ku xiran arrimaha sarfiga. Waxaana codkacaas ku dul dhaca shaqallada, codkac walibana wuxuu u dhigmaa hal toon oo dheer. Kala duwanaashaha codkaceed wuxuu inoo oggolaadaa in aan ku kala saarno: labka iyo dheddigga, keliga (caynta labeed) iyo wadarta (caynta dheddigeed).

Tusaale ahaan aan u soo qaadanno magacyo isku si loo qoro, siyaabo kala duwanna loogu dhawaaqo:

LAB	DHEDDIG
17) *ínan (ka)*	*inán (ta)*
18) *shílin (ka)*	*shilín (ta)*
19) *daméer (ka)*	*dameér (ta)*
KELI LABEED	**WADAR DHEDDIGEED**
20) *túug (ga)*	*tuúg (ta)*
21) *áwr (ka)*	*aw'r (ta)*
22) *soomaáli (ga)*	*soomaalí (da)*

Sida aad aragtaan, codkaca oo qoraal ahaan aan muuqan marka caadi ahaan wax la qorayo, wuxuu ku dhacaa magaca dheddigga shaqalkiisa ugu dambeeya iyo magaca labka shaqalkiisi ugu dambeeya midka ka horreya.

Waxaa kaloo jira arrimmo badan oo uu af soomaaligu u adeegsago codkaca, waxaanse arrimahaas dib uga hadli doonna mar kastoon u baahanno.

1.2.3 *Shibbanayaasha*

Codadka shibbanayaashu waa kuwii aan horay u soo aragnay oo 22 ahaa; halkanna kuma tifaftireyno arrimmaha la xiriira cilmi-codeedka (yacni sida codadkaas loo soo saaro). Waxaanse idiin muujineynaa oo keliya sida shibbanayaashu marka ay ku jiraan erey gudihiisa ay isbeddello ugu dhacaan iyagoo raacaaya xeerar cilmi-codeed oo aad u sugan.

Xeerarka la xariira shibbanayaasha ay codadkoodu isbeddela waxaan u qaybin karnaa 3 qaybood:

a) Erey kastoo af soomaaliga ku jira (ama alan ka mid ahba) kuma dhammaan karo codadka soo socda: /**t**/, /**k**/, /**m**/. Waxaana lagu beddelaa /**d**/, /**g**/, /**n**/. Tus.:

23) *waa gun-ta-day*
24) *waa gu-nud*

Weerta koowaad /t/ waxay ku jirtaa ereyga dhexdiisa, alan bayse ka billaabataa. Weerta labaadna waxay kaga jirta dhammaadka, taasoo ay isu beddeshay /d/. Waxaa la mid ah /k/ iyo /m/. Tus.:

25) *ilko*   (*il-ko*)
    ilig   (*i-lig*)
26) *niman* (*ni-man*)
    nin   (*nin*)
27) *gacmo* (*gac-mo*)
    gacan (*ga-can*)

b) Marka ay xarfaha qaarkood isu yimaadaan waxaa dhaca isbeddel. Waxayna sameeyaan ifafaale lagu magacaabo **isasaamayn**. Tus.:

28) /g/ + /k/ --- /gg/   buug + **k**a --- buu**gg**a
29) /d/ +/t/ --- /dd/   bad + **t**a --- ba**dd**a
30) /l/ + /t/ --- /sh/   bil + **t**a -- bi**sh**a

Sida aan ku aragnay tusaalayaashaan, marka cod uu ku lammaanoobo cod kale oo aad ugu eg isbeddel baa ku dhaca isago isu ekaysiinaya midka kale, hase yeeshee dib ayaan arrintan si fiican ugu qaadaadhigi doonnaa.

c) Marka laba erey ay isu yimaadaan iyadoo dhexda laga saaray cod ama codad ku beegan isqabadka labada cod waxaa ereyga ku dhaca isbeddel, waxaana lagu magacaaba **iskudheehmid**. Iskudheehmiddu waxay suurtaggelisaa in labada erey ee kulmay ay noqdaan mid keliya. Tus.:

31) *Maryan **baa** timid* → *Maryanaa timid*
32) *Seynab guriga **ayay** aadday* → *Seynab gurigay aadday*
33) *Waqtigu **waa uu** dheereeyaa* →*Waqtigu **wuu** dheereeyaa*

Sida idiin muuqata, kaddib markay midoobeen laba erey waxaa la tirtiray hal cod ama in ka badan. Tusaalaha koowaad waxaa la tirtiray /b/ dii (baa), kan labaadna /ay/ dii (ayay), kan saddexaadna /aa/ dii (waa). Isbeddelladaan waxaa loo sameeyey si qofku uusan waqti uga lumin ku wada dhawaaqiddooda.

LAYLI

1. Ku beddela xarafka ugu horreeya ee ereyga *fal* xaraf kale oo samayn kara erey Soomaaliyeed oo macno leh; tirada ereyadaasna yaysan ka yaraan 8.

    Tus.: *fal → dal*

2. Sameeya isla shaqadii layliga hore idinkoo adeegsanaya ereyadan: *dun, ceel, raad, daar, kab, cir*. Markaad dhammaysaan isubarbardhiga hawshaad kala qabateen idinkoo ka doodaya macnahooda.

3. Idinkoo ka ambaqaadaaya ereyga *daab* xarafkiisa danbe /b/, ku beddela xarafkaas xaraf kastoo munaasab ah si aad u samaysaan ereyo badan oo macno leh, lixna yay ka yaraan.

4. Qora 6 erey oo isku si u dhigma laakiin loogu dhawaaqo siyaabo in yar kala duwan, kaddibna weero geliya.
    Tus.: laab   laab buugga!
           laab   laabta ku hay

5. Raadiya 10 mataano erey oo ku kala duwan gaabnida iyo dhererka shaqallada ku jira, lehna macnooyin kala duwan:
    Tus.: sar   saar
           dir   diir

6. Buuxiya meelaha banbannaan idinkoo ku buuxinaya shaqala dheer ama mid gaaban hadba kii ku habboon si aad u samaysaan ereyo macno leh.
    Tus.: c__d = *cad*,   b__g = *buug*

w__r	w__q	f__r	b__l	d__q
w__r	s__f	h__r	x__r	g__l
b__r	c__l	dh__r	d__w	q__l_n
g__r__b	d__g__r	n__l__l	s__ll__	n__r__g

   Isbarbardhiga ereyada uu qof kastaaba sameeyay idinkoo ka doodaaya macnahooda.

7. Imisa shibbane ayaa labanlaabma? Waana kuwee? Qor ereyo ay ku dhex jiraan shibbanayaashaas.

8. Ereyada qaarkood waxay ku kala duwan yihiin shibbane oo erey ku labalaabma midka kalena aan ku labalaabmin. Waxayna leeyihiin micno kala duwan. Haddaba isku daya in aad fahantaan kaddibna qeexa macnaha ay ereyadani leeyihiin:

   8.1 *Carabku carrabka ayuu la'yahay*

   8.2 *Xabadka ayaa xabbad loogu dhuftay*

   8.3 *Adigu riddadaadi ma aad ridan*

   8.4 *Ruugga lafaha wada ruuga*

   8.5 *Ninkii shilin buu shillinkii kaga tegay*

   8.6 *Intaan caanaha dhammaan dhamaan seexan*

   8.7 *Hannaan fiican buu hantay*

9. Raadiya ereyo ku dhammaada /n/, kaddibna wadar ka dhiga. Sidaas waxaad ku ogaan kartaan ereyada asalkoodu yahay /m/ iyo kuwa yahay /n/.

   Tus.:   *calan*   *calamo*
            dan   *dano*

10. Erey walba ee ka tirsan ereyada soo socda u qaybiya inta alan uu ka kooban yahay.

   Tus.: *xayawaan* → *xa-ya-waan*.

   luqad, magacyo, gaashaan, gaarabidhaan, ul, beejimo, beer, hawir, hawlmaalmeed, kabbis, sarriigasho, tuduc.

BAABKA LABAAD

2. SARFAHA MAGACYADA

2.1 Magacyada

Ereyada ay luqadi leedahay isku wada mid ma aha oo waxaa loo kala qaybin karaa qaybo kala duwan. Haddaba u fiirsada weerahaan:

1) <u>Nin</u> baa <u>beerta</u> ka yimid
2) <u>Muqdisho</u> way sii ballaaratay
3) <u>Geedku</u> waa cagaaran yahay
4) <u>Wiilwaal</u> wuxuu ahaa dagaalyahan
5) <u>Xiinfaniin</u> waa <u>faras</u> caan ah
6) <u>Magalaada</u> ayaan aadayaa
7) <u>Soomaaliya</u> waa <u>dal</u> ballaaran

Tobanka erey ee hoos ka xarriiqan waa **magacyo**, kuwaasoo kulligood laysugu keeni karo hal dir. Waxay leeyihiin dabeecado isku mid ah, waafaqsanna qayb naxweedka magaca. Haddaba, sidee baan ereyadaan ugu aqoonsannay in ay yihiin magacyo?

Markaan dooneyno in aan ogaanno dirta uu ka tirsan yahay xayawaan (hadduu yahay sida naasley ama shimbir) waa in aan marka hore tixgelinaa dabeecadaha qaarkood ee xayawaanka, kuwaasoo noo fasaxaya in aan ogaanno dirta uu ka mid yahay xayawaankaas. Sidoo kale, markaan rabno in aan ogaanno dirta ereyada ee uu **magacu** ka tirsan yahay waa in aan tixgelinnaa:

a) *micnahooda*
b) *qaabkooda*

Bal marka hore aan isla eegno macnahooda:

Magacyadu waa ereyo micnahoodu uu ka kooban yahay giddi fikradaha loo baahan in lagu aqoonsado waxyaabo is leh, sida: dadka, xayawaanka, ashyaa'da, meelaha, waqtiga, dhacdooyinka iwm. Marka uu hadluhu ku dhawaaqo *nin*, wuxuu dhegeystaha u tilmaamaa inay maskaxdiisa isku hawliso dirta leh dabeecadahan: *noole, binii-aaddan, lab, qaangaar*. Sidaas darteed, waxaan oran karnaa macnaha uu magac leeyahay wuxuu xambaarsan yahay astaan iyo dabeecado gaar ah, kuwaasoo sameeya in shay uu ka mid noqdo dir go'an.

Haddii aan u soo noqonno tusaalayaasha aan kor ku soo xusnay, waxaan oran karnaa dhammaan ereyada hoosta ka xarriiqan waa magacyo maadaama ay waafaqsan yihiin sifooyinka aan kor ku soo xusnay. Mid kastoo ka mid ah ereyadan: *Muqdisho, Wiilwaal, Xiinfaniin, Soomaaliya* wuxuu tilmaamaa wax ama qof gaar ah si uu uga soocmo kuwa kale ee la nooca ah. Sida *Muqdisho* (oo ah magaalo ka mid ah magaalooyinka), *Wiilwaal* (niman), *Xiinfaniin* (fardo), *Soomaaliya* (dalal). Magacyadaan oo tilmaama qof ama shay gaar ah waxaa lagu magacaabaa **magacyo gaar ah**.

Magacyada kale sida: *nin, beer, geed, faras, magaalo, dal*, ma tilmaamayaan meel ama qof gaar ah, balse waxay tilmaamayaan inta shay leh dabeecado isku mid ah, Waxaana kuwan lagu magacaabaa **magac guud**.

An soo koobno wixii aan ka soo hadalnay ilaa iyo hadda. Ereyada waxaa loo kala qaybin karaa dirar kala duwan, lehna sida aan dib ugu arki doonno, hawlgal kala duwan marka ay weer samaynayaan. Dirta hore ee la cayimmay waa tan **magaca**. Waxaan isku daynay in aan qeexno macne ahaan. Waxaan kaloo aragnay inuu magacu u kala baxo labo dir-hoosaadyo: **magac gaar** iyo **magac guud**.

Dir-hoosaadyada magaca intaas kuma eka, kuwa kale ayaa jira, lagamana tegi karo oo waxay leeyihiin dabeecado kala duwan. Haatanse waxaan ku soo koobaynaa in aan idiin soo bandhigno mid kale oo keliya.

Magacyada guud waxay tilmaami karaan waxyaabo nool ama ashyaa' la taaban karo, lana arki karo, kuwaas waxay hoos yimaadaan kooxda **magacyada caadyaalka** ah, ama waxay kaloo tilmaamaan: dareen, ra'yi, figrad iwm, kuwaasna waxay hoos yimaadaan kooxda **magacyada cillanaadka** ah.

Magacyada caadyaalka ah waa sida: *nin, kalluun, libaax, guri, dhagax, buug*, iwm.; kuwa cillanaadka ahna waxaa ka mid ah: *jacayl, nacayb, sharaf, caddaalad*, iwm.

Waxaan soo sheegnay in magacu uu kaga duwan yahay ereyada kale macnaha ka sokow xagga qaabka. Laba siyood ayaa magaca lagu aqoonsan karaa:

a) inta badan magacu wuxuu yeelan karaa qaabab kala duwan markuu tilmaamayo qof ama shay keligiisa (yacni waa **keli**) iyo markuu tilmaamayo hal wax ka badan (yacni waa **wadar**).

	KELI	WADAR
8)	*geed*	*geedo*
9)	*af*	*afaf*

b) Magaca waxaa raaci karaa **qodob**, kaasoo ku dhega magaca dhammaadkiisa -*ka* ama -*ta*[1]. Tus.:

10) *ninka*   *naagta*
11) *buugga*   *irridda*
12) *golaha*   *hasha*
13) *diiqa*   *qodaxda*

Waxaa kaloo magaca la raacin karaa **tilmamayaal** sida: -*kaas*, -*taas*, -*kan*, -*tan*: *buuggaas, ninkan, sartan, naagtaas*.

Waxaa kaloon raacsin karnaa waxyaabo kale oo magaca lagu aqoonsan karo, dib ayaanse ka soo hadal qaadi doonna.

Waxa aan ku soo gunaanadi karnaa in, haddii aan aragno erey yeelan kara keli iyo wadar isla marahaantaana lagu lifaaqi karo qodob ama tilmaame uu ereygaasu yahay **magac**.

LAYLI

1. U kala qaybiya laba kooxood magacyada soo socda; kooxda **A** ku qora magacyada gaarka ah, kooxda **B**na magacyada guud:

    Afgooye, derbi, macallin, dumar, lo', dayax, carruur, Qaahira, moos, rag, Faadumo, Afrika, inan, Raage Ugaas, Roma, geel, ugaar, shabeel, Jubba, gabar, Yaman, Saalax.

2. Magacyada soo socda u kala saar kuwa cillanaadka ah iyo kuwa caadyaalka ah:

    caro, dhiig, samir, lacag, kalsooni, cimilo, xiddig, ceeryaamo, calan, anshax, farxad, koob, dhaqan, geesinnimo, qalin, aragti, il

3. Magacyada soo socda ma aha kuwo mar walba la adeegsado. Isku day in aad weer gelisaan mid kastoo ka mid ah:

    maandooriye, mahiigaan, dhig, lingax, guluf, dhambaal, danab, cirif, duluc, fanto.

4. Hoos ka xarriiqa dhammaan magacyada ku jira sheekadan soo socota:

---

[1] Qodobbadu qaabab kala duwan bay yeelan karaan sida ku cad tusaalooyinka (eeg bog 48).

Sarfaha magacyada

Dhurwaa baa maalin wuxuu martiqaaday inta habardugaag ah, dad iyo duunyo. Markii meeshii la isugu yimid buu wuxuu ku yiri: "Waxaan idin ka codsanayaa magaca dhurwaa la yiraahdo in layga beddelo, oo Aamin la ii baxsho. Maxaa yeelay anigu dugaagga kale wax ma dheeri ee si xun baa la ii fahmay".

Martiqaadkii goortuu dhammaaday bay inta ri' geed ku xireen dhurwaagii waxay ku yirahdeen: "aan ridaas aroortii kuugu nimaadno haddad aamin tahay".

Saqda dhexe habeenkii markuu ku cidlaystay buu ridii cunay, oo hungurigiisi ballankii hilmaansiiyey. Markii waagu beryey bay u yimadeen, oo Aaminow Aaminow ugu yeereen. Intuu cararay ayuu yiri: "ninkii wax ammaan geliyaba Aaminow ugu yeera!".

5. Sheekada layliga hore meeqa magac ayaa ku jira? Guuriya inta magac ee aad ka dhex hesheen idinkoo u kala saaraaya laba kooxood: Kooxda **A** magacyada gaarka ah, kooxda **B**na magacyada guud.

6. Idinkoo adeegsanaya magacyadii layliga hore, u kala qaybiya laba qaybood magacyada guud. Qaybta **A** ku qora magacyada caadyaalka ah, qaybta **B**na kuwa cillanaadka ah.

7. Ereyada soo socda ka soo saara kuwa magaca ah idinkoo adeegsanaya astaamaha lagu yaqaan dirta magaca:

   moos, gacan, cun, derin, hor, qor, qalin, soco, il, miis, dabayl, dil, kari, dhir, cir, seexo, jebi, demi, faraati, ciddi.

2.2 Cayn magac

U fiirsada labadaan taxane ee soo socda:

	A	**B**
1)	*aabbe*	*guri*
2)	*hooyo*	*bad*
3)	*gabar*	*qalin*
4)	*wiil*	*derbi*
5)	*maroodi*	*bir*
6)	*deero*	*muraayad*

Ma fahamteen kala duwanaashaha labada taxane **A** iyo **B**? Magacyada taxanaha **A** waxay tilmaamayaan dad iyo xayawaan oo ah wax nool; kuwa **B** waxay tilmaamayaan ashyaa' oo ah wax aan noolayn.

Magacyada noolaha waxaa loo kala saari karaa lab iyo dheddig iyadoo la eegaayo jinsiga. Haddana isku daya idinka qudhiinu in aad kala sheegtaan labka iyo dheddigga ee ku jira magacyada taxanaha **A**.

Markaan caynta dabiiciga ah ayaa ku xiran caynta naxweed ee magacyada, sidaa darteed waxaan naqaannaa caynta naxwaha ee magacyadan - haddii ay yihiin lab ama dheddig - annagoon raadin calaamado naxweed oo noo muujinaya, waxaan si fudud ugu fahmaynaa hadba xubin jinsiyeedka ay leeyihiin.

Bal haatanna aan u soo noqonno magacyada taxanaha **B** oo ah kuwa aan noolayn. Xataa iyagu waxay leeyihiin cayn naxweed, laakiin ma ku kala sari karnaa cayntooda xagga xubinta jinsiga? Jawaabtu waa iska maya, maadaama alaabtu ama waxa aan noolayn aanay lahayn xubin jinsi. Saas ay tahay magacyadu waxay wada leeyihiin cayn naxweed. Bal u fiirsada labadaan weerood:

7) *Deera**du** biyo **b**ay ca**b**tay*
8) *Maroodi**gu** biyo **b**uu ca**bb**ay*

Magacyada *deero* iyo *maroodi* waxaa raacsan qodobbo kala duwan (*-du* iyo *-gu*), waxaa kaloo kala duwan *-bay* iyo *-buu* iyo dhammaadka falka oo kala ah *-tay* iyo *-ay*. Haddaan isku dayno in aan isweydaarino curiyayaashaan oo ku kala jira labada weerood waxaa noo soo baxaya laba weerood oo qalad ah:

9) *Deeradu biyo buu cabbay
10) *Maroodigu biyo bay cabtay

Tan waxay muujineysaa in caynta curiyayaasha oo dhan ee la halmaala magaca ah yeelaha weerta ay waajib ku tahay inay waafaqaan caynta magacaas. Haddana waxaan isku dayaynaa in magacyada taxanaha **B** aan weero gelinno:

11) *guri* → *guri**gu** **w**uu weyn **y**ahay*
12) *bad* → *bad**du** **w**ay ballaran **t**ahay*
13) *qalin* → *qalin**ku** **w**uu cusub **y**ahay*
14) *derbi* → *derbi**gu** **w**uu dheer **y**ahay*
15) *bir* → *bir**tu** **w**ay gaaban **t**ahay*
16) *miraayad* → *muraya**ddu** **w**ay jaban **t**ahay*

Sarfaha magacyada

Waxaa isla markiiba muuqata in 6dan magac loo qaybin karo labo qaybood marka laga eego qodobbada iyo dhammaadka falka. Waa lab magacyada qaata qodobbada *-ku/-gu*, magacuyaalka *-uu*, falkoodana ku dhammaada *-yahay*. Waa dheddig kuwa qaata qodobbada *-tu/-du*, magacuyaalka *-ay*, falkoodana ku dhammaada *-tahay*.

Waxaa arrintaan si fiican u muujinaya haddii aan isbarbardhigno magacyada nooleyaasha iyo kuwa aan noolayn iyagoo weero isku mid ah ku kala jira:

17) *Bir**tu** **w**ay gaaban **t**ahay*
18) *Naag**tu** **w**ay gaaban **t**ahay*
19) *Qalin**ku** **w**uu dheer yahay*
20) *Nin**ku** **w**uu dheer yahay*

Waxaase muuqata in magaca *bir* uu yahay dheddig maadaama uu u dhaqmayo sida magaca *naag*, ereyga *qalin*na uu lab yahay mar haddii uu la dhaqan yahy magaca *nin*. Waxay marka nala tahay in aad taxanaha **B** haatan u kala saari kartaan magacyo lab ah iyo kuwo dheddig ah.

Waxaan haddaba oran karnaa kala saaridda caynta magacyadaan waa mid layska wada caadaystay oo aan jinsi ku xirnayn, waxaana lagu ogaan karaa iyadoo loo fiirsado qaabka curiye naxweedyada kale ee ku dhex jira weerta haddii uu waafaqsan yahay labka ama dheddigga.

Haddii aan soo koobno waxaan oran karnaa: caynta magacu waxay noqon kartaa **lab** ama **dheddig**. Magacyada noolaha cayntooda naxweed waxay ku xiran tahay nooca jinsigooda; kuwa aan noolaynna waxaa cayntooda laga ogaadaa hadba sida uu magacaas u waafaqo curiyeyaasha ku jira weerta.

LAYLI

1. Ku hor qor L magacyada labka ah, kuwa dheddiga ahna DH, hadba sida ay cayntoodu tahay:

san ____	duni ____
rati ____	qalanjo ____
eeddo ____	alan ____
neef ____	aboodi ____
orgi ____	dheg ____

2. Ku hor qor magac kasta oo lab ah dhiggiisa dheddigga ah:

aabbaha _____

sayga _____

wanka _____

diiqa _____

arbaha _____

aarka _____

dibiga _____

karraaniga _____

dameerka _____

3. Dhammaystira weeraha aan idiin billawnay idinkoo calaamadaynaya hadba xarafka (sida **a**, **b**, **c**) u taagan weerta ku habboon

   I. Caynta dabiiciga ah ee leh magacyada "noolayaasha"

   a) waxay cayintaa xataa tirada

   b) ma cayinto caynta naxweed

   c) waxay cayintaa caynta naxwaha

   II. Waxaan markastaba ku cayimi karnaa caynta magaca ma nooleyaasha ah

   a) annagoo fiirineyna dhammaadkooda

   b) annagoo u fiirsanayna curiye naxweedyada kale ee la jira

   c) annagoo tixgelineyna jinsiga ay ka tirsanyihiin

2.2.1 *Weli iyo caynta*

Mar haddii aan ogaannay in magacu leeyahay kala duwanaasho cayneed waxaa isweyddiin leh haddii caynta magaca la fahmi karo iyadoo aysan raacsanayn tifaftireyaal sida qodobbada iwm.

Run ahaantii, caynta magaca waxaa asal ahaan lagu kala saari karaa codkaca, in yar ayaase cayntooda laga fahmi karaa dhammaadka magaca. Magacyada labka ah shaqalka ugu danbeeya kan ka horreya ayaa codkacu saaran yahay, kuwa dheddigna shaqalka ugu danbeeya.

Aad bay u farabadan yihiin magacyada mataanaha ah, sida kuwa hoos ku taxan, kuwaasoo codkaca oo keliya lagu kala saari karo micnaha kala duwan ee labadaas magac ay kala leeyihiin. Labadooduna lab iyo dheddig bay kala noqdaan:

	L	**DH**
21) a.	ínan(ka)	inán(ta)
b.	céesaan(ka)	ceesaán(ta)
c.	dálab(ka)	daláb(ta)
d.	shílin(ka)	shilín(ta)
e.	íllin(ka)	illín(ta)
f.	agóon(ka)	agoón(ta)
g.	néef(ka)	neéf(ta)
h.	fóol(ka)	foól(sha)
i.	kéli(ga)	kelí(da)
l.	bálli(ga)	ballí(da)

Haddaad ereyadaas u fiirsataan waxaad ogaanaysaan in ay ku kala duwan yihiin rugaha codkaca oo keliya.

Waxaa jira hab kale oo lagu kala sooci karo caynta magacyada hal alanlayaasha ah. Taasoo ah hal shaqal oo labo siyood loogu dhawaaqo. Isku daya in aad ku dhawaaqdaan ereyadan mataanaysan:

	L	**DH**
22) a.	ur̤(ka)	ur(ta)
b.	ga̤r(ka)	gar(ta)
c.	dṳl(ka)	dul(sha)
d.	tṳur(ka)	tuur(ta)
e.	qo̤or(ka)	qoor(ta)

Walow ay aad isugu eg yihiin labada magac ee mataanaha ahi haddana farqigoodu wuxuu yahay shaqalka oo **culus** (,)markuu ereygu lab yahay iyo markuu dheddig yahayna **fudud**.

Ugu dambayntii waxaan magacyada qaarkood ugu kala aqoonsan karnaa lab ama dheddig iyadoo laga eegayo xarfaha ay ku dhammaadaan: magacyada ku dhammaada -*e* waa lab, kuwa ku dhammada -*o* waa dheddig:

	L	**DH**
23) a.	bare	ardo
b.	tuke	cusbo
c.	qore	maro

d.	*wade*	*talo*
e.	*waraabe*	*dawo*
f.	*fure*	*qolo*
g.	*curre*	*gaajo*

LAYLI

1. Qora ugu yaraan 6 magac oo isugu jira lab iyo dheddig, kuwaasoo ku kala soocan codkaca oo keliya (sida *ínan(ka)* iyo *inán(ta)*).
2. Qora 10 magac oo lab ah iyo 10 dheddig ah, kuwaasoo xarafka ugu danbeeya laga garanaayo caynta magac kasta (sida *tuke* iyo *talo*).
3. U kala qaybiya laba kooxood magacyada soo socda: kooxda A ku qora magacyada leh shaqal culus, kooxda B na kuwa leh shaqal fudud:

   garta, feerta, garka, fiidda, feerka, fiidka, taagga, taagta.

2.3 Tirada

U fiirsada weerahaan lammaanan:

1) a. *Buug ayaan akhriyay*
   b. *Buugag ayaan akhriyay*
2) a. *Cali guri buu leeyahay*
   b. *Cali guryo buu leeyahay*
3) a. *Maryan nirig ayay waddaa*
   b. *Maryan nirgo ayay waddaa*
4) a. *Tuke baan arkay*
   b. *Tukayaal baan arkay*

Labadii weeroodba waxaa ku jira hal magac oo laba qaab yeesha, taas waxaan ula jeednaa magacii oo isbeddel ku dhacay (*buug -- buugag*). Magucu wuxuu leeyahay qaab gaar ah markuu tilmaamayo hal qof, hal xayawaan ama hal shay (qaab **keli**); wuxuu kaloo leeyahay qaab kale markuu tilmaamayo hal wax ka badan ha ahaadeen dad, xayawaan ama shay (qaab **wadar**).

Haddaba u fiirsada labada taxane ee hoos ku yaal oo laga soo saaray weerihii hore:

	KELI	WADAR
5) a.	*buug*	*buug**ag***
b.	*guri*	*gury**o***
c.	*nirig*	*nirg**o***
d.	*tuke*	*tuka**yaal***

Isbeddelkaan wuxuu ka yimid wadar ka dhigid magac, haddaba ma magaca oo idil baa isbeddela mise qayb ka mid ah?

Qaybta danbe ayaa is beddesha, waxaana lagu magacaabaa **dhammaad**. Qaybta magaca ee aan isbeddelinna waxaa lagu magacaabaa **sal**. U fiirsada weeraha soo socda:

6) a. *Geed ayuu guray*
   b. *Geedo <u>badan</u> ayuu guray*
7) a. *Sonkor baan rabaa*
   b. *Sonkor <u>badan</u> baan rabaa*
8) a. *Rag baa yimid*
   b. *Rag <u>badan</u> baa yimid*

Tusaalayaasha (6), (7), (8) magaca labada weerood ee hore (6a,b) oo keliya ayaa isbeddel ku dhacay, kuwa kalese waa sidoodii. Maxaa ugu wacan arrintaan?

Magacyada ku jira tusaalayaasha (6), (7), (8) inkastoo ay yihiin kulligood magacyo, haddana waxay ka kala tirsanyihiin qaybo kala duwan. Taasina waxaa caddeynaya in ereyga *geed* uu noqday wadar, kuwa kalase aanay noqon. Magacyada sida *geed* marka ay keliga yihiin waxay tilmaamayaan hal shay. Waxaana loo adeegsan karaa wadar ahaan marka ay tilmaamayaan wax hal ka badan (*geedo*). Sida *geed* waxaa u dhaqma magacyada ay ka mid yihiin: *nin, koob, laf, hal, qosle, fale, yaxaas*, iwm.

Magaca *sonkor* oo ku jira weerta 7[aad] wuxuu ka mid yahay qaybhoosaad loo yaqaan **magacyada aan tirsamin** oo loola jeedo shay aan la tirin karin. Waayo macquul ma aha in la yiraahdo: **hal sonkor, *laba sonkor*, iwm.; taas ayaana keeneysa in loo waayo qaab wadareed, maadaama ay wadartu sheegto hal shay wax ka badan.

Qayb-hoosaadka magacyada aan la tirin karin waxaa ka mid ah: *biyo, subag, caano, ciid, shaah, saliid, oon*, iwm. Marka dhammaan magacyada aan soo taxnay ma yeelan karaan qaab wadareed.

Haddii aan u soo noqonno tusaalaha 8^{aad} xataa magacaan *rag* wuxuu ka mid yahay qayb-hoosaad kale oo micnahoodu u diidayo in ay qaab wadar yeeshaan. Sidaa darteed, magaca *rag* ma tilmaamaayo hal qof ee wuxuu tilmaamayaa niman badan, laakiin loo arko hal ahaan. Sidaas daraateed, laguma tilmaami karo wadar. Magacyadan oo kale waxaa loo yaqaannaa **magac urur**. Waxayna ka mid yihiin sidaan kor ku soo xusnay qayb-hoosaad kale. *Rag* waxaa la mid ah: *dumar, dad, geel, lo', ari, ido, carruur*, iwm.

Waxaa kaloo jira qayb-hoosaad kale oo aan dhowaan ka soo hadalnay, kuwaasoo intooda badan aan loo adeegsan karin wadar ahaan, waana **magacyada cillanaadka** ah. Tus.: *ceeb, run, ciil, dadnimo, doqonnimo, murugo, jacayl*. Haddaba **magacyada tirsama** oo keliya ayaa noqon kara wadar.

Inta aynaan ka bixin qeexidda samaysanka wadarta waxa habboon in aynu soo koobno qaybaha iyo qayb-hoosaadyada magacyada lagu kala saaray dhaqankooda kala duwa oo la xariira micnaha iyo sarfiga.

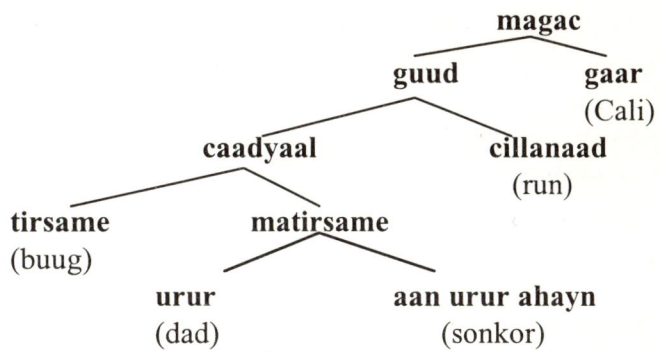

```
                              magac
                         ┌──────┴──────┐
                        guud          gaar
                    ┌────┴────┐      (Cali)
                caadyaal   cillanaad
              ┌─────┴─────┐   (run)
          tirsame      matirsame
          (buug)      ┌────┴────┐
                    urur    aan urur ahayn
                    (dad)      (sonkor)
```

Waxaa kaloo jira waxyaabo u gaar ah wadarta oo u baahan in la carrabaabo. Bal u fiirsada weerahaan mataanaysan:

9) a. <u>Mii**ska**</u> baa jaban
   b. <u>Miisa**ska**</u> baa jajaban
10) a. <u>Inaan**kaas**</u> baa dheer
    b. <u>Inama**daas**</u> baa dhaadheer
11) a. <u>Naag**tan**</u> baa buuran
    b. <u>Naaga**han**</u> baa buurbuuran

Sida idiin muuqata, magacyada ku jira weeraha (10) iyo (11) waxay wadartoodu leedahay cayn naxweed oo ka duwan marka ay keliga yihiin. Lanbarka 10^{aad}, magacii labka ahaa wuuu noqday dheddig, kii 11^{aad}-na oo ahaa dheddig lab buu isu beddeley. Lanbarka 9^{aad} oo keliya ayaa keligiisa iyo wadartiisuba lab ah. Waa maxay dabeecadaha u gaarka ah magaca lambarka 9^{aad}? Magacaasu waa hal alanle lab ah.

Sidaas darteed, waxaan gaari karnaa gabaggabada ah in, haddii magacu yahay hal alanle lab ah markuu keliga yahay, uu haysanayo isla cayntiisa markuu wadar noqonaayo. Magacyada kale oo dhan markii laga dhigayo wadar waxay beddelaan cayntii ay lahaayeen markay keliga ahaayeen.

Ifafaalahaan wuxuu ka jiraa luqooyin badan inkastoo uusan aad u faafsanayn. Tanina waxay keenaysaa in caynta magaca wadarta ahi aanay waafaqsanayn caynta dabiiciga ah (eeg bog 34).

2.3.1 *Dibkabayaasha wadarta sameeya*

Ilaa iyo hadda waxaan soo aragnay magacyada loo adeegsan karo wadarta iyo kuwa loo adeegsan karo keliga. Laakiin si aan u dhammaystirno qeexidda wadarta waxaa loo baahan yahay in la baaro wejiyada kala duwan ee ay yeesheen magacyada wadarta ah. Dibkabayaasha loo adeegsaday in magacyada laga dhigo wadar giddigood isku wada mid ma aha, waxaa haatan arki doonnaa kuwa ugu muhiimsan.

A) MAGACYADA LABKA AH

I. Magacyada labka ah ee ka samaysan hal alan waxay ku wadaroobaan iyagoo laballaabaya shibbanaha ugu danbeeya, kuna daraya shaqalka -*a*:

12) a. *buug(ga)*   *buug**ag**(ga)*
    b. *koob(ka)*   *koob**ab**(ka)*
    c. *af(ka)*   *a**af**(ka)*
    d. *miis(ka)*   *miis**as**(ka)*

Sidaan horay idinkugu sheegnay magacyada labeed ee ka samaysan hal alan markay wadar noqonayaan cayntoodu isma beddesho oo mar kastaba waa lab.

II. Magacyada lab ee ka samaysan in ka badan hal alan waxay wadar noqdaan iyadoo la adeegsanayo dibkabayaal kala duwan:

1) Marka magaca gadaal looga daraayo *-o* waxaa sida badan dhaca isbeddel codeed:

1.a) haddii magaca marka uu keliga yahay ku dhammaado *b, d, n, l, r*, shibbanaha ugu danbeeya wuu labalaabmaa:

13) a. *wadaad(ka)*   *wadaad**do**(da)*
    b. *doofar(ka)*   *doofa**rro**(da)*
    c. *sacab(ka)*   *saca**bbo**(da)*
    d. *gamuun(ka)*   *gamuu**nno**(da)*
    e. *shabeel(ka)*   *shabee**llo**(da)*

Sida idiin muuqato qodobbada ku lifaaqan magacyada wadaraysan cayntoodu waxay noqotay dheddig.

1.b) Haddii magacu uu ku dhammaado *s, q, c, f, x, i* waxaa *-o* wadreedda iyo xarafka ku dhamaado ereyga la dhex dhiggaa *-y-*:

14) a. *Kurus(ka)*   *kurus**y**o(da)*
    b. *dariiq(a)*   *dariiq**y**o(da)*
    c. *magac(a)*   *magac**y**o(da)*
    d. *libaax(a)*   *libaax**y**o(da)*
    e. *waraf(ka)*   *waraf**y**o(da)*
    f. *dugsi(ga)*   *dugsi**y**o(da)*

1.c) Haddii magacu ku dhammaado *-y* ma samaynaayo isbeddel codeed:

15) a. *gabay(ga)*   *gabayo(da)*
    b. *kuray(ga)*   *kurayo(da)*
    c. *erey(ga)*   *ereyo(da)*
    d. *oday(ga)*   *odayo(da)*

1.d) Magaca labeed haddii uu ka samaysan yahay labo alan oo leh dhismaha shi.sha.shi.**sha**.shi[2], aanna ku dhammaanaynin xarfaha: *kh, c, x, q*; ku daridda *-o* ma keeneyso erey ka sasmeysan 3 alan. Ereygu sidiisi ayuu laba alanle u ahaanayaa maadaama uu luminayo shaqalka labaad:

16) a. *ji**lib**(ka)*   *jil**bo**(ha)*
    b. *ga**rab**(ka)*   *gar**bo**(ha)*

---

[2] Shi = shibbane, sha = shaqal.

c. i*lig*(ga) i*lko*(ha)

Waxaa muuqata in marka ay sidaani dhacdo magacyadu aysan beddeleyn cayntooda oo ay markastaba yihiin lab.

2) Samaynta wadarta magacyada labeed waxaa kaloo loo adeegsadaa *-yaal*, kaasoo lagu daro magacyada ku dhammaada *-e* ee keliga ah:

17) a. *aabbe(ha)* *aabbayaal(ta)* [3]
    b. *tuke(ha)* *tukayaal(ta)*
    c. *bare(ha)* *barayaal(ta)*
    d. *gole(ha)* *golayaal(ta)*

Xataa kuwani markay wadarta noqonayaan waxay iska beddelaan cayntoodi oo ahayd lab, waxayna noqdaan dheddig.

3) Waxaa jirta magacyo aan badnayn oo ay ku wadaroobaan dibkabaha **-aan**, iyagoo luminaya shaqalka dambe (sida 1.d):

18) a. *dhagax* *dhagxaan(ta)*
    b. *ugax(a)* *ugxaan(ta)*

4) Magacyada qarkood oo asalkooda ka soo jeeda af carbeedka waxay ku wadaroobaan qaabka af carbeedka:

19) a. *macallin* *macall*i*m*ii*n(ta)*
    b. *dersi* *d*u*r*uu*s(ta)*
    c. *weli* *a*w*liy*o*(da)*

5) Ugu danbayn, magacyada labeed waxay wadar noqdaan iyadoon gadaal laga raacin dibkabe. Laakiin waxaa horay loo durjiyaa **codkaca** oo keliya:

20) a. *áwr(ka)* *aw'r(ta)*
    b. *Cárab(ka)* *caráb(ta)*
    c. *díbi(ga)* *dibí(da)*
    d. *mádax(a)* *madáx(da)*
    e. *órgi(ga)* *orgí(da)*

---

[3] *l+ta = sha* (eeg qodobbada, bog 48).

Codkacu markuu saaran yahay shaqalka ugu danbeeya waa dabeecad u gaar ah magacyada dheddiga ah. Sidaas darteed magacyadaan wadarta ahi waxay yihiin dheddig.

B) MAGACYADA DHEDDIGGA AH

Xataa magacyada dheddiga ahi waxay wadar noqdaan iyadoo dhammaadka laga raaciyo -*o*.

21) a. *Kab(ta)*   *kabo(ha)*
        dheg(ta)   *dhego(ha)*
        far(ta)   *faro(ha)*
    b. *habar(ta)*   *habro(ha)*
        gacan(ta)   *gacmo(ha)*
        nirig(ta)   *nirgo(ha)*
        cirib(ta)   *cirbo(ha)*
    c. *mindi(da)*   *mindiyo(ha)*
        tummaati(da)   *tummaatiyo(ha)*
        ri(da)   *riyo(ha)*

Sida aan ku aragnay magacyada labka ah, halkaanna magacyada ku dhammaada xarafka -*i* (19c) waxaa ku khasab ah in -*y*- laga hormariyo -*o* wadareedda.

Dhismaha ereyga oo ah shibbane + shaqal + shibbane + shaqal + shibbane wuxuu asna keenaa in la lumiyo shaqalka labaad (19b).

Ugu danbayn, magacyada dheddigga ah oo keligoodu ku dhammaada -*o*, waxay noqdaan wadar iyadoo lagu daraayo -*oyin*:

22) a. *dawo(da)*   *dawooyin(ka)*
    b. *hooyo(da)*   *hooyooyin(ka)*
    c. *waddo(da)*   *waddooyin(ka)*

Sida ay idiin muujinaayaan qodobbada, magacyadaan waxay beddelayaan cayntooda. Markii hore waxay ahaayeen dheddig waxayna noqdeen lab, kaddib markii laga dhigay wadar.

LAYLI

1. Weeraha soo socda ka soo saara magacyada tirsama iyo kuwa aan tirsamin idinkoo ku kala taxaya **A** iyo **B** hoostooda:

    1.1 *Caruurta gaajo ayaa haysa*
    1.2 *Dhiig badan baa iga baxay*
    1.3 *Aadan ma tixgeliyo saaxibtinimada*

1.4 *Carrab dalab leh lugo dalab leh laga garan og*
1.5 *Batuulo dhiil caano ah bay keentay*
1.6 *Farahaaga ciidda ka dhawr*

2. Ereyada soo socda ku ag qora caynta keliga ah, qaab wadareedkooda iyo caynta wadarta:

	keliga	caynta keliga	wadarta	caynta wadarta
Tus.:	*beer*	dheddig	*beero*	lab
2.1	*waraabe*			
2.2	*xaraf*			
2.3	*aqal*			
2.4	*kelli*			
2.5	*dab*			
2.6	*rummay*			
2.7	*kelli*			
2.8	*dabar*			
2.9	*xarig*			
2.10	*dibi*			

3. Keen ugu yaraan 4 magac oo sida keliya ee ay wadar ku noqdaan ay tahay iyadoo codkacoodu durko.
   Tus.: *dibi(ga)* *dibi(da)*

4. Weeraha soo socda magacyada ku jira ka dhiga wadar:
   4.1 *Derbigu wuu cad yahay*
   4.2 *Nin kuu digay kuma dilin*
   4.3 *Arday ayaa qoray weertan*
   4.4 *Qorihii buugga baa yimid*
   4.5 *Wiil baa ka yimid dal shisheeye*
   4.6 *Wadaad baa tegey gole*
   4.7 *Qofkii beerka laga hayo subaggu waa u halis*
   4.8 *Meel iftiinkeedu yar yahay wax laguma akhriyo*
   4.9 *Run iyo been kala raad wacan*
   4.10 *Qori qiiqiisuu uraa qofna qawlkiisuu hadlaa*

5. Marka hore sheega sababaha aad wadar uga dhigi weydeen magacyada qaarkood ee ku jira layligii la soo dhaafay; kaddibna macneeya qaab wadareedkooda.

6. Qora 10 magac oo ka mid ah qayb-hoosaadka la yiraahdo magacyo urur sida *geel*.

7. Raadiya 10 magac oo dheddig ah oo qaab wadareedkoodu ku dhamaado -*o*.
8. Ka soo saara sheekada soo socota magacyada keliga ah iyo kuwa wadarta ah idinkoo ku kala qoraya A iyo B hoostooda.

    "Afgooye iyo Janaale beero badan oo qurux badan ayaa ku yaala. Geedo dhaadheerna webiga Shabeelle goonyihiisa bay ku yaallaan. Miro aad u badan baa beerahaas ka baxa, oo dhaqaalaha dalkeennana wax badan ayay u taraan. Waxaa ka mid ah: moos, babbaay, liimo, cambe, qare, seytuun, iwm. Dadku wuxuu cunaa mirahaas. Miruhuu fitamiin fara badan bay leeyihiin.

    Fitaminka A iyo D baa ku badan. Fitamiinooyinkaas oogada iyo dhismaha lafaha ayay wax badan u taraan.

    Haddii aynu xoojinno wax soo saarka xagga beeraha, xoolaha iyo macdantaba waxaan shaki ku jirin in aan gaarayno isku fillaansho oo cidna aan gacanta u hoorsanayn, markaasaana si dhabo ah gobannimo u heleynaa, haddii Alle idmo".

9. Magacyada sheekada layliga 8^{aad} u beddela wadar kuwa keliga ah, kuwa kalena cagsigooda.

3. SARFAHA TIFAFTIREYAASHA

Tifaftireyaashu waa dhowr erey oo raaci kara magacyada. Afar nooc ayayna u kala baxaan oo kala ah: **qodobbada, tilmaamayaasha, weyddiimada** iyo **tifaftireyaasha lahaanshaha**. Markaan u guda galno ka hadalka tifaftireyaasha waxaynu hal hal u baari doonnaa dabeecadaha iyo shaqooyinka mid kasta u gaarka ah.

3.1 Qodobbada

U fiirsada weerahan:

1) a. *Macallin baa cashar bixiya*
   b. *Macallinka baa cashar bixiya*
2) a. *Naag baa cunug nuujisa*
   b. *Naagta baa cunug nuujisa*

Maxay ku kala duwan yihiin weerta 1^{aad} iyo midda 2^{aad}?

Farqiga keliya ee labadaas weerood u dhexeeya wuxuu ka muuqdaa ereyada *macallin* iyo *macallinka* oo weerta 1^{aad} ah iyo *naag* iyo *naagta* oo weerta 2^{aad} ah. Weeraha xarafka (b) waxay markastaba leeyihiin magacyo ku dheggan dibkabe. Waxayna kala yihiin *-ka* oo ku jirta weerta 1^{aad} xarafkeeda (b), iyo *-ta* oo ku jirta weerta (2b). Weerta (2b), magaca *naagta* wuxuu tilmaamayaa qof ay wada yaqaanniin hadlaha iyo dhegeystuhuba; magaca *naag* se waa qof aysan wada aqoonin. Sidoo kale magaca *macallinka* waxaan ula jeedna qof cayiman, laakiin markaan adeegsanno *macallin* waxaa loola jeedi karaa *macallin* kasta.

Sidaas darteed, labada erey ee kala ah *-ka* iyo *-ta* waxay ka dhigaan, magaca ay raacaan, mid cayiman; waxayna ka raacaan gadaal. Ereyada sidan u dhaqma waxaa lagu magacaabaa **qodobbo cayiman**.

Inkastoo shaqada labadan qodob ay isku mid tahay, haddana adeegsigoodu waa kala duwan yahay sida ku cad tusaalayaashan:

3) a. *Ninka ayaan la hadlay*
   b. **Ninta ayaan la hadlay*
4) a. *Naagta ayaa Soomaali ah*
   b. **Naagka ayaa Soomaali ah*

Sida tusaalayaasha 3 iyo 4 ka muuqata, qodobka -**ka** waa in uu raacaa magaca *nin*, kan -**ta**na magaca *naag*. Kala duwanaashaha labadan magac sida aad ka warqabtaan, waa caynnaxweed. Marka waxaan ku soo gabaggabeyneynaa in qodobka -**ka** uu markasaba raaco magaca lab, kan -**ta**na magaca dheddig.

Qodobku ma raaci karaa magac kasta? Si su'aashan looga jawaabo waxaan idiin siineynaa laba qaybood oo magacyo ah; waxaana la idinka rabaa in aad sheegtaan qaybta aad u adeegsan kartaan qodob:

	A	**B**
5) a.	*geed*	*Cali*
b.	*daruur*	*Kismaayo*
c.	*wan*	*Sagal*

Haddaba guuriya magacyada qaadan kara qodobka. Haddii aydan qalad samayn waxaad guuriseen oo keliya magacyada qaybta A. Markaad u fiirsataan qaybihii aynu magacyada u qaybinnay waxaa isla markiiba idiin muuqanaysa sababta keentay arrintaan. Waayo magacyada aynu idin siinnay waxay ka mid yihiin labaqaybhoosaad oo kala duwan: kuwa qaybta A waa magacyo guud, kuwa qaybta Bna magacyo gaar. Waxay haddaba taas muujineysaa in qodobbadu raaci karaan oo keliya magacyada guud.

U fiirsada qaabka qodobbada ereyada soo socda:

6) a.	*buug**ga***	*beera**ha***
b.	*bad**da***	*guri**ga***
c.	*magac**a***	*qodax**da***
d.	*us**ha***	*madax**a***

Qodobbada ku dheggan magacyada aan kor ku soo xusnay ma aha qodobbo cusub, waase qodobbadii -**ka** iyo -**ta** oo isbeddel ku dhacay. Waxaa isbeddelkaan ugu wacan codad ay kula kulmeen dhammaadka ereyada ay ku dhegeen:

I. Qodobka -**ka** wuxuu isu beddelaa -**ha**, -**ga** -**a**.

Qodobka -**ka** wuxuu isubeddelaa -**ha** markuu raaco magac ku dhammaado shaqal*ka* -**e** ama -**o**. Tus.:

7) a. *wad**e*** + **ka**	→	*wad**aha***
b. *kab**o*** + **ka**	→	*kab**aha***

-k waxay noqotaa *-g* markay raacdo magac ku dhammaado: ***g, w, aa, u, y*** ama ***i***. Tus.:

8) a. *buug + ka* → *buugga*
   b. *hu + ka* → *huga*
   c. *qabow + ka* → *qabowga*
   d. *erey + ka* → *ereyga*
   e. *guri + ka* → *guriga*
   f. *dhurwaa + ka* → *dhurwaaga*

-k waxay ugu danbayn noqotaa in la xadfo markay raacdo magac ku dhammaado ***h, x, q, c, kh***. Tus.:

9) a. *rah + ka* → *raha*
   b. *madax + ka* → *madaxa*
   c. *diiq + ka* → *diiqa*
   d. *magac + ka* → *magaca*
   e. *tookh + ka* → *tookha*

II. Qodob dheddigeedka *-ta* wuxuu isu beddelaa: *-da, -sha*.

-t waxay noqotaa *-d* markay raacdo magac ku dhammaada **shaqal** ama ***d, c, x, h, y, hamsa (')***. Tus.:

10) a. *maro + ta* → *marada*
    b. *lo' + ta* → *lo'da*
    c. *irrid + ta* → *irridda*
    d. *duluc + ta* → *dulucda*
    e. *qodax + ta* → *qodaxda*
    f. *bah + ta* → *bahda*
    g. *beeraley + ta* → *beeraleyda*

Markay *-t* ku xigsato *-l* waxay labada cod i isku noqdaan *-sh*. Tus.:

11) a. *il + ta* → *isha*
    b. *ul + ta* → *usha*

Ugu dambaynti aynu u fiirsanno magacyadan wadarta ah:

12) *buugagga, nimanka, naagaha, dawooyinka*

Waxaa caddaanaysa in qodobbada raaca magacyadan keliga ah iyo kuwa wadarta ah ay isku mid yihiin. Sidaas darteed, waxaan ku soo gabaggabeyneynaa in qodobku uusan isbeddelin marka laga eego xagga tirada magaca. Waxaase aan shaki ku jirin in xitaa magacyada wadarta ahi ay waafaqaan caynta. Waxaan ula jeednaa in magacyadu marka ay yihiin wadarta labka ah waxay qaataan qodobka *-ka* (iyo beddelkiisa); markiise magacyadu ay yihiin wadarta dheddigga ah waxay qaataan qodobka *-ta* (iyo beddelkiisa).

Haddana eega labadaan weerood:

13) *Cali nin**ka** buu la hadlayaa*
14) *Cali nin**kii** buu la hadlayaa*

Magaca *nin* ee ku jira weerta 14^{aad} waxaa ka dhex muuqda qodob duwan oo ah **-kii**. Xitaa qodobkaan waa mid cayiman, waayo wuxuu tilmaamayaa *nin* cayiman, waxaase jira shuruudo kale oo ku xiran adeegsigiisa. Waxaa qodobka *-kii* loo adeegsadaa marka waxa laga hadlayo uusan la joogin qofka hadlaya, ama uu ku dhex jiro weer ka hadlaysa waqti tegey.

Xataa qodobkan wuxuu leeyahay qaab lab ah iyo mid dheddig ahba. Waxayna kala yihiin: *-kii* iyo *-tii*. Shibbanaha uu ka billaabma waxaa isna ku dhaca isbeddellada codeed ee aan uga soo hadalnay *-ka* iyo *-ta*.

LAYLI

1. U kala qaybiya magacyada soo socda laba qaybood; qaybta **A** ku qora magacyada lab, tan **B**na kuwa dheddig idinkoo magac kasta ku daraya qodobka ku habboon (-*ka* ama -*ta*):

    miis, ul, yaambo, bad, maskax, rati, qabow, qaac, dooni, bari, daah, kaneeco, bac, loox, qiiq, gabay, sonkor, jac, saacad, sariir, wan, wax, nacnac, jalaato.

2. Weeraha soo socda hadday sax yihiin ku hor qora S (sax), haddii kalena Q (qalad):

    2.1 Qodobbadu waxay ka horreeyaan magacyada

    2.2 *-ha* waa qodob dheddiggeed

    2.3 Qodobka magaca dhammaadkiisa ayaa lagu dhejiyaa

    2.4 *-ta* waxay noqotaa *-da* marka lagu dhejiyo magac ku dhammaado *-e*

    2.5 Marka magac guud la adeegsado isagoon qodob lahayn waa mid hadlaha iyo dhegeystuhuba ay isla yaqaannaan

2.6 Magacyada gaarka ahi ma qaataan qodob

2.7 Waxay hawsha qodobku ku kooban tahay keli ah kala saaridda labka iyo dheddigga

2.8 Haddii erey lagu dhejin karo qodob, ereygaasu waa magac

3. Siiya qodobbada ku habboon magacyada ku jira maahmaahdaan:

   3.1 *Afar waa mugdi*
afar waa maradhaamo
afar baa ka macaan
afarna wawga maso

   3.2 *Abaari waa mugdi*
cawsna waw maradhaamo
doog baa ka macaan
ninna wawga maso, oo waa ninkaan cood lahayn

   3.3 *Colaadi waa mugdi*
ergana waw maradhaamo
nabad baa ka macaan
ninna wawga maso, oo waa ninkii ku dhintay

   3.4 *Habeen waa mugdi*
dayaxna waw maradhaamo
maalintaa ka macaan
ninna wawga maso, oo waa ninkii indhoole ah

   3.5 *Hammadi waa mugdi*
guurna waw maradhaamo
jacayl baa ka macaan
ninna wawga maso, oo waa caamadaan garanayn

4. Qora ugu yaraan 6 magac oo dheddig ah oo ku dhammaada -*l*, kaddibna qodob cayiman raaciya.
     Tus.:   *ul + ta usha*

5. Qora 6 magac oo lab ah, qaatana haraaga qodobka *ka* oo ah -*a*:
     Tus.:   *madax + ka madaxa*

6. U qora magacyadan sida ay ahaayeen intaan qodobka lagu darin:
waxarta, irridda, hasha, raadiyaha, subaca, kuusha, hugunka, addimada, daaha, tixda, xaskusha, wiiqa, yoolyoolka, haragga, bacda

7. Sheekada soo socota waxaa laga saaray qodobbadii ku jiray. Marka isku daya in aad raaciisaan qodob magaca u baahan in uu raaco qodob:

> Beri _____ baa guddi meel ù_____ lagu qabtay. Guddi _____ na gole weyn ayuu fadhiyay. Rag _____ iyo dumar _____ oo dhan shir ayay u fariisteen. Fadhi _____ wixii la wadaba talo waxay ku dhammaatay in rag waayeel ah xaajo _____ loo saaro. Geed _____ lagu hadlayay oo shir _____ lagu qabtay, waxaa korkiisa saarnaa wiil _____ yar. Wiil _____ wuxuu ku yiri niman _____: "Ha dhihina talo waayeel u saara ee dhaha wax garad u saara". Taasna wuxuu ula danlahaa in talo _____ lagu daro dhallinyaro _____. Odayaal _____ way soo dhoweeyeen fikrad _____ wiil _____.

3.2 Tilmaamayaasha

Isku daya in aad garataan farqiga u dhexeeya afarta weerood ee soo socda:

1) *Faarax, qaado qalin!*
2) *Faarax, qaado qalin**ka** madow!*
3) *Faarax, qaado qalin**kan**!*
4) *Faarax, qaado qalin**kaas**!*

Waxaa muuqata in uu isbeddelayo oo keliya ereyga ku dheggan *qalin* oo ah dibkabe. Inta kale afarta weerood waa isaga mid. Weerta ugu horraysa waxaa Faarax la farayaa in uu qaato *qalin* aan cayinnayn. Weerta 2^{aad} waxaa Faarax lagu amrayaa in uu qaato *qalin* cayiman, yacni *qalinka madow*, waana taas sababta loo adeegsaday qodobka *-ka*. Weerta 3^{aad} waxaa Faarax loo tilmaamayaa in uu qaato *qalin* yaalla meel cayiman, oo ah hadlaha agtiisa, sidaas awgeed, waxaa la adeegsadaa dibkabaha *-kan*. Weerta 4^{aad}-na waxaa la rabaa in loo tilmaamo *qalin* yaalla meel cayiman, laakiinse ka fog hadlaha agtiisa, waxaana loo adeegsadaa dibkabaha *-kaas*.

qalinkan   *qalinkaas*

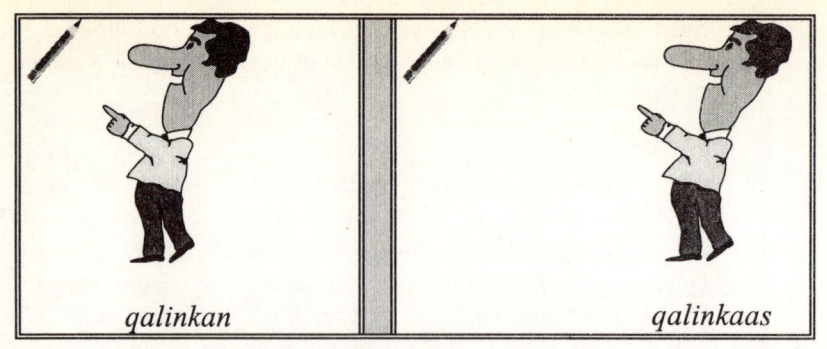

Marka *-kan* iyo *-kaas* waxaa lagu magacaabaa **tilmaamayaal**. Waxay shaqadooduna tahay in ay ku biiriyaan magaca war loo baahan yahay in lagu ogaado qofka ama shayga laga hadlayo, iyadoo laga shidaal qaadanayo goobta uu ku sugan yahay hadluhu.

Tilmaamayaashu waxay iyaguna leeyihiin qaab labeed iyo mid dheddigeed, waxayna la mid noqdaan caynta magaca ay raacaan:

5) *nin**kan***   *naag**tan***
6) *nin**kaas***   *naag**taas***

Sida qodobbada ayay tilmaamayaashu leeyihiin dabeecado ah in markay raacaan labka ay yeeshaan codka *-k*, dheddiggana *-t*. Eega weeraha soo socda:

7) *Sar**tan** ayaa cusub*
8) *Buug**gaas** baa fiican*
9) *Daar**taas** Cali baa leh*
10) *Qol**kan** ayaa ka weyn qol**kaas***
11) *Ha xirin irrid**dan**!*
12) *Fur gasa**can**!*
13) *Fura**han** iyo us**han** Geeddi baa leh*

Waa maxay farqiga u dhexeeya tilmaamayaasha ku dhex jira weeraha kor ku xusan? Marka ay tilmaamayaashu dibkabayaan magaca waxaa iyagana ku dhaca isebeddel codeed sida kuwa aan ku soo aragnay qodobbada cayiman. Waxaana ugu wacan hadba codka uu ku dhammaado magacu.

Tilmaamayaashu markay raacayaan magacyada wadarta ah waxay la xeer yihiin qoddobbada; waxaan ula jeedna in tilmaamayaashu aysan isbeddelin tira ahaan marka uu magacu wadar yahay, laakiinse ay waafaqaan hadba sida ay noqoto caynta magaca wadareed. Tus.:

14) nin**kan** nima**nkan**
15) naag**taas** naaga**haas**
16) dawa**daas** dawooyin**kaas**
17) bara**han** barayaa**shan**

Si aan u helno sifaynta tilmaamayaasha oo dhan waa in aan ku kordhinnaa labo tilmaamayaal oo kale, kuwaasoo ku kala duwan masaafada qofka ama shayga laga hadlayo uu u jiro hadlaha:

    L   DH
18) *keer*   *teer*
19) *koo*   *too*

Labadan tilmaame waxay muujinayaan magaca ay gadaal ka raacaan in uu yahay wax ama qof ka fog hadlaha. ***Keer*** iyo ***teer*** waxay sheegaan fogaansho dhexdhexaad ah, ***koo*** iyo ***too*** waxay iyaguna sheegaan fogaansho sii durugsan. Tilmaamayaashan waxay intuba qabtaan shaqadii labadii hore oo kale.

Waxaan ku soo gabaggabeyneynaa in tilmaamayaashu ay yihiin tifaftireyaal maadaama ay cayimaan magaca sida qodobbada iwm., iyagoo ku sii kordhinaya faahfaahin kale, waana tilmaamayaal maadaama ay bartilmaamaan qof ama shay go'an, iyagoo muujinaya halka laga helayo marka laga eego rugta hadluhu uu joogo.

LAYLI

1. Magacyada soo socda ku dara tilmaamayaasha muujiya wax u dhow hadlaha:

    a) *waraabe, shabeel, abeeso, bil, madax, dhug, mag, madi*;

    ka fog hadlaha:

    b) *libaax, hooyo, geed, dhoor, kulan, kalax, dalag, cid*.

2. Ka samee weero ereyada aan layliga 1[aad] ku soo xusnay.

3. Haddii caddaymaha soo socda ay yihiin run ku hor qor R, haddii ay been yihiinna B:

    3.1 Tilmaamayaashu waxay tilmaamaan shay cayiman

Sarfaha tifaftireyaasha

3.2 Tilmaamayaashu waxay magaca ka raacaan meesha ay qodobbadu ka raacaan

3.3 Tilmaamayaashu waxay oggolaadaan in ay tira ahaan wadar noqdaan marka ay raacayaan magacyada wadarta ah

3.4 Tilmaamayaashu waxay waafaqaan caynta magacyada wadarta ah ee ay raacaayaan

3.5 Tilmamaha *keer* waxaa loo adeegsadaa magac qofkiisu ku sugan yahay meel aad uga fog hadlaha

3.6 Tilmaamayaashu ma tilmaamaan meesha shayga magaciisa cayiman uu yaallo marka loo eego hadlaha

4. Sawir kasta ku ag qora magciisa oo ku dheggan tilmaamaha ku habboon:

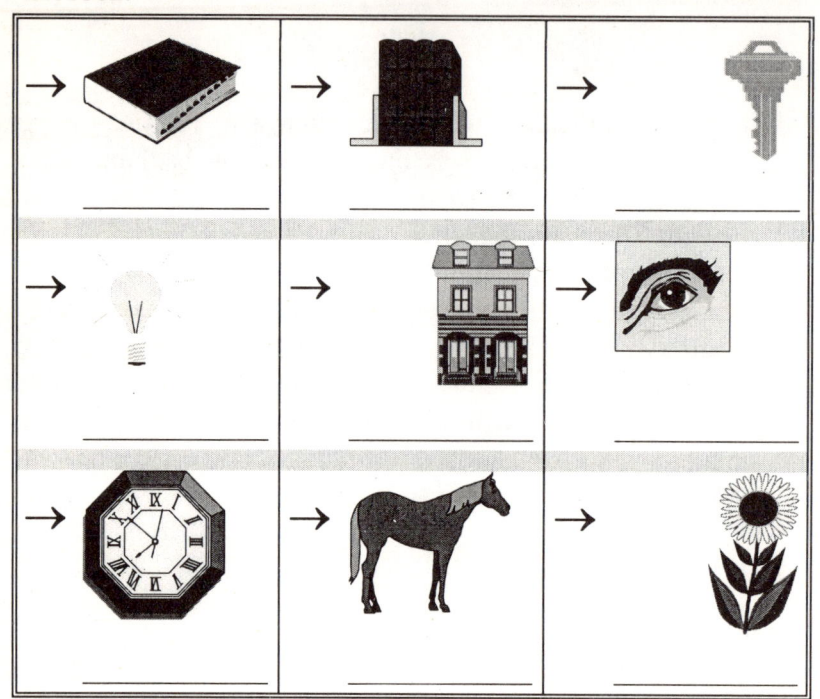

3.3 Weyddiimaha

U fiirsada weeraha soo socda:

1) *Macallin baa yimid*
2) *Macallin**kee** baa yimid?*

Midda hore waa weer qiraal: hadluhu wuxuu ogyahay oo caddaynayaa inuu *macallin* yimid. Tan labaadse waa weyddiin. Hadluhu wuxuu ogaaday in *macallin* yimid, haseyeeshe kuma filna warkaas, sidaas darteed wuxuu weyddiinayaa faahfaahin si uu u aqoonsado *macallinka* laga hadlayo.

Waa maxay farqiga qaabeed ee ka dhexeeya labada weerood? Kala duwanaashuhu wuxuu ka muuqdaa weerta labaad oo dibkabaha *-kee* lagu dhejiyey ereyga *macallin*. Waa dibkabahaas waxa weerta ka dhigay su'aal. Waxay kaloo isla weertaas leedahay luuq ka duwan weerta 1^{aad}, laakiin laguma muujiyo qaabka qoraalka ah.

Haddaan soo koobno waxay weer noqon kartaa mid weyddiimeed marka magaca uu raacsan yahay tifaftire weyddiimeed, ujeeddada weyddiintuna waa warbixin laga rabo magacaas.

Haddii aan u fiirsanno dibkabaha *-kee* waxaan arkaynaa in uu raacsan yahay magac lab, wuxuunna ka billowdaa /**k**/ sida qodobka labka ah. Marka waxaan filaynaa in uu jiro qaab u barbardhigma oo dheddig ah *-tee*; waana tan ee u fiirsada:

3) *Naagtee baa timid?*

Maadaama tifaftire weyddiimeedyadu ay la qaab yihiin qodobbada waxay leeyihiin qaab isbeddel codeed oo la mid ah kii aynu hore uga soo hadalnay:

	L	DH
4) a.	*nin**kee***	*naag**tee***
b.	*wada**hee***	*irrid**dee***
c.	*buug**gee***	*us**hee***
d.	*magac**ee***	*bac**dee***

Tifaftireyaasha weyddiimeed waxaa xitaa loo adeegsan karaa iyagoon dibkabe ahayn oo keligooda ah:

5) *kee?*
6) *tee?*
7) *kuwee?*

iyo iyagoo weer ku dhex jira:

8) **Kee** *baa yimid?*
9) **Tee** *baa tagtay?*
10) **Kuwee** *baa dhoofay?*

Markan oo kale *-kee*, *-tee* waxay u shaqeeyaan sida magacuyaallo dhab ah. Arrintan faahfaahinteeda mar kale ayaan u soo noqon doonnaa.

LAYLI

1. Ka samee su'aallo weeraha soo socda adigoo adeegsanaya tifaftire weyddiimeed.

    Tus.:   *Arday baa tegay.   Ardaygee baa tegay?*

    1.1 *Gabar baa qortay.*

    1.2 *Buug baan rabaa*

    1.3 *Saacaddu way cusub tahay.*

    1.4 *Mar baan kuu sheegay arrintaas*

    1.5 *Il baa i xanuunaysa*

2. Qora weyddiimo loo adeegsan karo jawaabaha soo socda idinkoo weer kasta gelinaya tifaftire weyddiimed:

    Tus.:   S. *Kee baad aragtay?*

    J. *Macallinkii dheeraa baan arkay*

    2.1   S. _____

    J. *Saaxibaddii Madiina baa dhooftay*

    2.2   S. _____

    J. *Cali iyo Adan baa isla hadlaya*

    2.3   S. _____

    J. *Goolhayaha kooxdayada baa wanaagsan*

    2.4   S. _____

    J. *Kuwa dalka u hagarbaxa baa u sharaf leh*

    2.5   S. _____

    J. *Gurigii Cosoble baan ku soo degey*

3.4 Tifaftireyaal lahaansho

U fiirsada weeraha soo socda:

1) *Qalin**kan** ayaa cusub*
2) *Qalin**kaas** baa cusub*
3) *Qalin**kayga** ayaa cusub*
4) *Qalin**kiisa** baa cusub*

Weerta 1^{aad} iyo tan 2^{aad} magaca *qalin* waxaa lagu cayimay meel sugan iyadoo loo eegayo rugta hadlaha, laakiin weeraha 3^{aad} iyo 4^{aad} magaca *qalin* waxaa lagu cayimay iyadoo laga eegayo dhinaca lahaanshaha, yacni qofka waxa iska leh. Maxaayeeley ereyada **-kayga, -kiisa** iyo kuwo kaloo la mid ah oo magaca gadaal ka raaca ayaa waxaa lagu magacaabaa **tifaftireyaal lahaansho**. Waxayna tilmaamaan magaca shayga laga hadlayo isagoo lagu cayimayo qofka waxa iska leh.

Haddii hadluhu yiraahdo: *qalin***kayga** wuxuu sheegayaa shay uu leeyahay oo ah *qalin*, waxayna la mid tahay isagoo adeegsaday weertan: "*qalinka aan anigu leeyahay*". Sidoo kale *qalin***kiisa** halkaasoo *qalinka* lagu cayimay lahaanshaha qofka leh oo ah isaga, wuxuuna u dhigmaa "*qalinka uu isagu leeyahay*".

Waxaa haddaba cad in uu jiro qaab lahaansho oo xiriir la leh qaab kasta oo uu magacuyaal ama qof leeyahay:[4]

1° k.	*Anigu qalin ayaan leeyahay*	→	*qalin***kayga**	
2° k.	*Adigu qalin baad leedahay*	→	*qalin***kaaga**	
3° k.l.	*Isagu qalin buu leeyahay*	→	*qalin***kiisa**	
3° k.dh.	*Iyadu qalin ayay leedahay*	→	*qalin***keeda**	
1° wa.	*Innagu qalin baan leennahay*	→	*qalin***keenna**	
	Annagu qalin baan leennahay	→	*qalin***kayaga**	
2° wa.	*Idinku qalin baad leedihiin*	→	*qalin***kiinna**	
3° wa.	*Iyagu qalin ayay leeyihiin*	→	*qalin***kooda**	

Waxaa halkaas ka muuqda in tifaftireyaasha lahaashuhu ay kala duwan yihiin, waxayna ku xiran tahay hadba qofka iska leh. Midda kale qofka 3^{aad} ee keliga ah waxuu leeyahay laba qaab lahaasho iyadoo ku xiran lab ama dheddig wuxuu qofkaas yahay:

5) a. **Cali** *baa qalin cusub leh*
   b. *Qalin***kiisa** *baa cusub*
6) a. **Maryan** *baa qalin cusub leh*
   b. *Qalin***keeda** *baa cusub*

U fiirsada weerahaan:

7) *Qalin***kayga** *ayaa madow*

---

[4] k. = keli, l = lab, dh. = dheddig, wa. = wadar.

8) *Qalin**kiisa** ayaa madow*
9) *Tin**tayda** baa madow*
10) *Tin**tiisa** ayaa madow*

Labada tusaale ee hore magaca *qalin* waxaa ku dheggan lahaashayaasha *-kayga* iyo *-kiisa* oo labaduba lab ah, labada danbase waxaa ku dheggan *-tayda* iyo *-tiisa* oo dheddig ah.

Haddaba waa maxay waxa xukuma caynta lahaashaha? Caynta lahaashaha waxaa xukuma shayga la leeyahay, ee ma ah qofka wax leh: haddii shaygaas uu yahay lab tilmaamaha lahaashahu wuxuu waafaqayaa labka wuxuuna ku billaabmayaa /k/, haddiise uu yahay dheddig. Lahaashuhu wuxuu waafaqaa dheddigga wuxuuna ku billabanayaa /t/. Lahaanshuhu wuxuu waafaqaa magaca lagu dhejiyo cayntiisa, haddana sidii qodobbada ayaa isbeddel codeed ugu dhaca:

11) *Buug**gayga** i sii!*
12) *Qaado fura**haaga**!*
13) *Xiro saacad**diisa**!*
14) *Taabo ilmaha madax**ooda**!*
15) *Ha**shiisa** ayuu maalay*

Tifaftireyaasha lahaasho sida *-kayga, -kaaga, -kiisa*, iwm. iyo *-tayda, -tiida, -tiisa*, iwm., qofkii u fiirsada wuxuu arkayaa in dibkabaha lahaanshuhu uuysan ka koobnayn hal curiye oo kiliya, balse uu ka samaysan yahay laba curiye oo laysku dhejiyay oo kala ah tifaftire lahaansho iyo qodob (dabcan isqabadka curiyeyaasha kala duwan wuxuu dheliyaa isbeddel codeed). Sidaas darteed, dibkabaha *-kayga* wuxuu ka kooban yahay: *-kay* iyo qodobka *-ka*, *-kaaga*: lahaanshaha *-kaa* iyo *-ka*, *-tayda*: lahaanshaha *-tay* iyo qoobka *-ta* iwm.

Inay fikraddan ay sax tahay waxaad ku ogaan kartaan laba shay:

I. *Qalinkayga* iyo *tintayda* ka sokow waxaa la heli karaa *qalinkaygii* iyo *tintaydii* oo ah lahaansho lagu daray qodobka *-kii* ama *-tii*.

II. Weerahaan oo kale:

16) *Aabba**hay** ayaa yimid*
17) *Hooya**diis** buu jecelyahay*
18) *Ayeeya**daa** ma nooshahay?*
19) *Walaal**kood** baa dhoofay*

Waxaa ka muuqda in magaca lagu dhejiyay tifaftiraha lahaansho aanse lagu sii darin qodob. Waxaa sidan u dhaqma magacyada qaraabada wax ka sheega, kuwa la xariira xubnaha jirka iyo magaca *saaxiib*.

Gabaggabadii, tifaftiraha lahaanshuhu waa dibkabe uu magacu leeyahay, kaasoo cayima waxa la leeyahay. Wuxuuna ka samaysan yahay lahaansho oo lagu daray qodob. Cayn nawxeedda lahaanshaha waxaa sameeya caynta magaca uu lahaanshuhu gadaal ka raaco.

LAYLI

1. Sheega weeraha soo socda hadba run iyo been waxa ay yihiin (R/B):
    1.1 Tifaftiraha lahaanshuhu wuxuu na siinayaa warbixin ku saabsan dadka waxa iska leh.
    1.2 Waxaa jira qaabab kala duwan oo uu lahaashuhu leeyahay si uu u kala saaro lab ama dheddig waxa uu yahay qofka waxa iska leh.
    1.3 Lahaanshuhu wuxuu gadaal ka raacaa magaca kan waxa leh.
    1.4 Caynta lahaashaha waxay waafaqdaa caynta magaca shayga la leeyahay.
    1.5 Magacyada qaraabada waxay qaataan astaan lahaansho oo aan qodob la jirin.
    1.6 Lahaanshuhu wuxuu cayimaa qofka waxa iska leh.
2. Ku hor qora weerahan magacyada iyo lahaanshahooda:
    Tus.: *ari baad leedahay* ---- *arigaaga*
    2.1 *Buug ayaan leeyahay* ----
    2.2 *Baabuur bay leeyihiin* ----
    2.3 *Macallin baan leennahay* ----
    2.4 *Fure ayuu leeyahay* ----
    2.5 *Magac baad leedahay* ----
    2.6 *Dhiil bay leedahay* ----
    2.7 *Eeddo baanu leennahay* ----
    2.8 *Ari baad leedihiin* ----
    2.9 *Hooyo ayay leeyihiin* ----
    2.10 *Libaax buu leeyahay* ----
    2.11 *Adeer baanu leennahay* ----
    2.12 *Adeer ayay leeyihiin* ----

3. Hoos ka xarriiqa lahaanshayaasha ku jira sheekada soo socota idinkoo la soo saaraaya magacyada ay ku dheggan yihiin:

    Waa baa wiil aabbihiis u tagay wuxuuna weyddiiyey saddex su'aal.

    Tan ugu horreysa wuxuu yiri: "Aabbow, igama tabar badnid, haddana xoolahaagu way ka fiican yihiin xoolahayga. Ii sheeg sababta".

    Tan labaad wuxuu ku yiri: "Abbow igama gar aqoonsanid, haddana taladaada waa la isku wada raacaa, taydase weligeed la isku ma raaco. Ii sheeg sababta".

    Tan saddexaad wuxuu ku yiri: "Aabbow naagahaygu naagahaaga waa ka qurux badan yihiin haddana caruurtaadu caruurtayda waa ka fiican yihiin. Ii sheeg sababta".

    Odaygii markuu su'aalahaa maqlay wuxuu ugu jawaabay: "Su'aasha hore waxaan kaa leeyahay: Anigu markaan roob arko xoolaha ula ma ordo halkaas roobku jiro sidaada oo kale, ee waan kala ogaadaa in halkaasi xoolaha u fiican yahay iyo in kale.

    Tan labaad waxaan kaa leeyahay: Anigu, iyada oo aan lay weyddiisan ma garnaqo, sidaada oo kale, ee marka lay weyddiisto keliye ayaan garnaqaa.

    Tan saddexaad waxaan kaa leeyahay: Adigu waxaad guursataa quruxda, aniguna wanaagga. Sidaas baan kaaga caruur wanaagsanahay".

4. Magacyada soo socda ku lifaaqa lahaanshaha waafaqsan magaca hore:

    4.1 *Isagu aabbe* _____ *ayuu jecelyahay*

    4.2 *Annagu walaal* _____ *baan la haasaawnaa*

    4.3 *Farxiya weligeeda lama dagaallamin hooyo* _____

    4.4 *Idinka, xaggee ayuu yahay hoy* _____ ?

    4.5 *Jimcaalow ma baratay casharro* _____ ?

    4.6 *Adigu weli* _____ *ma qortay maqaal?*

    4.7 *Maroodiga faan* _____ *ma cusleyso*

    4.8 *Luul iyo Ubax waalid* _____ *bay ka dambeeyaan*

    4.9 *Dhallinta habaawsan aayo* _____ *dambe waa u shallay*

    4.10 *Geed walba miro* _____ *ayuu dhalaa*

4. SARFAHA MAGACUYAALLADA

Magacuyaalladu waa dir ay ereyadeedu kooban yihiin. Waxay weerta dhaxdeeda ka qabtaan hawl cayiman, una dhiganta tan magaca. Waxaa magacuyaallada loo kala saari karaa dir-hoosaadyo, taasoo ku xiran hadba dhinaca laga eegayo marka la samaynayo direynta.

Waxaynu iminka u kala saaraynaa labo qaybood oo kala ah: **magacuyaallo ebyoon** iyo kuwa **dhimman**. Kala saaristani waxay ku salaysan tahay rugta iyo dowrka ay magacuyaalladu ku kala leeyihiin weerta gudaheeda.

4.1 Magacuyaallo ebyoon

Eega weeraha soo socda:

1) *Aniga* ayaa ku baray casharka
2) *Adiga* ayaa i tusay jidka toosan
3) *Isaga* ayaa na arkay
4) *Iyadu* hooyadeed bay kaalmaysaa
5) *Annaga/innaga* ayaa ku jecel
6) *Idinku* waad na caawinteen
7) *Iyagu* i ma garanayaan.

Ereyada la madoobeeyey ee ku jira weeraha kor ku xusan waa **magacuyaallo ebyoon**. Ereybixinta loo adeegsaday dirtaan oo ah **magacuyaal** ayaa si cad u tilmaamaysa shaqadooda, taasoo ah in ay beddeli karaan magaca.

Qof kastoo naga mid ah wuxuu leeyhay magac u gaar ah (*Aadan, Asli, Cali*, iwm.). Haddaba marka qofkeenna uu doonayo in uu iska hadlo ama sheego magaciisa wuxuu leeyhay "*aniga*" isagoon magaciisa sheegin. Sidoo kale marka qofka lala hadlayo waxaa lagu yiraahdaa "*adiga*". Laakiin qofka laga hadalayo oo ah mid ka duwan hadlaha iyo dhegeystahaba waxaa noo furan in aan u adeegsanno magaciisa (*Aadan, Asli, Cali*, iwm.) ama magcuyaalka u dhigma (*isaga, iyada, iyaga*):

8) <u>*Cali*</u> baa yimid
    <u>*Isaga*</u> baa yimid

9) *Faduma ayaan la hadlay*
   Iyada *ayaan la hadlay*
10) *Cali iyo Faadumo dugsiga ayay aadeen*
    Iyagu *dugsiga ayay aadeen*

Haddaba magacuyaalladu waxay u taagnaan karaan qofkastoo hadlaya (*aniga, annaga, innaga*), kan lala hadlayo (*adiga, idinka*) iyo qofka ama shayga la hadal hayo (*isaga, iyada, iyaga*).

Magacuyaalladu naxwe ahaan waa magacyo, siyaabo badan ayaana looga dhex heli karaa weerta. Waxaa laga dhex heli karaa weer aad u gaaban (***anigaa** barta*). Waxay noqon karaanna yeele ama la yeele (***asaga** ayaa yimid, Cali **iyada** buu arkay*), ama weer faahfaahineed oo ku dhex jirta weer kale (***anigoo maqan** baan maqlay*).

Guud ahaan magacuyaalladu waa lab marka laga reebo qofka 3^{aad} ee keliga ah. Waayo waxaan markaas labka u adeegsannaa (*isaga*), dheddiggana (*iyada*). Waa iska caadi markaa in magacuyaalladu ay qaataan qodobbada *-ka/-ta*, waxay kaloo xataa qaadan karaan tifaftireyaal kale, ama keligood bay ahaan karaan marka xiriiriyeyaasha qaarkood ay ku soo xigsadaan (**ad***i-gu-na* → **ad**n*a*).

Ugu danbayn aan kala saarno labadaan magacuyaal: *annaga* iyo *innaga*. *Annaga* waxaa loola jeedaa qofka hadlaya iyo kuwa la jira oo keliya haseyeeshee qofka lala hadlayo kuma jiro (**magacuyaal sooca**), *innaga*se waxaa tirada ku jira qofka hadlaya ka sokow xataa qofka lala hadlayo (**magacuyaal mideeya**).

4.2 Magacuyaallo dhimman

Magacuyaalladaan waxay deris la yihiin falka, rugtooduna marka falka laga eegayo waa meel go'an. Waxaan arrinkaan si faahfaahsan uga warrami doonnaa markaan ka hadlayno dhismaha weerta. Waxaan hadda isku soo koobaynaa in aan ka hadalno sarfaha magacuyaalladaan, annagoo idiin soo bandhigayna shax muujinaysa magacuyaallada dhimman oo idil:

	YEELE	LAYEELE
1° k.	*aan*	*i*
2° k.	*aad*	*ku*
3° k.l.	*uu*	--
3° k.dh.	*ay*	--
1° wa.m.s.[5]	*aan (aannu)*	*na*
1° wa.m.m.	*aynu*	*ina*
2° wa.	*aad(aydin)*	*idin*
3° wa.	*ay*	--

Magacuyaallada safka labaad (layeele) waxaa ka maqan kuwa u dhigma qofka 3[aad] oo keli iyo wadarba ah. Taas macnaheedu waxaa weeye in haddii weerta aysan ku jirin magacuyaallada (*i, ku, na/ina, idin*) loo fasiri karo in weertaas uu ku jiro magacuyaalka qofka 3[aad] (*asaga/iyada, iyaga*). Tusaale ahaan, weerta ah:

1) *Waan arkay*

Waxaa lagu macnayn karaa <u>*asaga*</u> *ayaan arkay*, <u>*iyada*</u> *ayaan arkay* ama <u>*iyaga*</u> *ayaan arkay*.

Imminkana waxaynu si guud ahaaneed u falanqayn doonnaa labadan nooc ee magacuyaallo, inkasta oo adeegsiga iyo hawlgalka nooc walba aynu si goonni ahaaneed ugu lafaguri doonno xagga dambe.

Magacuyaalladaan badanaaba waxay isku lifaaqi karaan curiyeyaal kale oo ka mid ah weerta. Waxayse marnaba aanay qaadan karin qodobbada:

2) *Cali dersiga ay**uu** bartay*
3) *Shalay b**aan** bartay casharka*
4) *Cali baa **i** siiyay buuggan*
5) *Maxamed baa **iga** qaatay buugga*

Si aan u soo gabaggabeyno ka hadalka magacuyaallada laga helo falka agtiisa waxaa weli inoo haray labo magacuyaal kale: **la** iyo **is**.

U fiirsada weerahan:

6) *Tuuggii waa **la** qabtay*

---

[5] m.s. = magacuyaal sooca; m.m. = magacuyaal mideeya.

7) *Waa **la** i arkay*

Magacuyaalka ***la*** waxaa la adeegsadaa marka aan la ogeyn ama la qarinayo qofka falka sameeyay ama laga hadlaayo, kaasoo ah yeelaha weerta. Sidaa darteedana waxaa lagu magacaabaa **magacuyaal qoflaawe**. Haddana an eegno xaaladda loo adeegsada magacuyaalka *is*:

8) *Cali baa **is** dilay*
9) *Anigu waan **is** dhisay*
10) *Wiilashii way **is** dhiseen*
11) *Asli iyo Cali baa **is** jeclaaday*

Saddexda weerood ee hore *is* waxay qabanaysaa shaqo isku mid ah. Waxaan ula jeednaa in yeelaha (oo ah kan falka sameeyay) iyo layeelaha (oo ah kan falfka ku dhacay) ay ruux keliya isku yihiin. Haddii aan eegno tusaalaha 8^{aad} waa sidii innagoo niri: "*Cali baa Cali dilay*", waxaa inoo caddaanaysa in yeelaha iyo layeeluhuba ay isku qof yihiin. Tusaalayaasha 9^{aad} iyo 10^{aad}-na waa la mid. Marka *is* waa **magacuyaal celis**, ismana beddelo xataa haddii qofka uu matilayo ku dhaco isbeddel uga yimid xagga tirada ama jinsiga. Magacuyaalka *la*-na waa la mid.

Weerta 11^{aad}-se, *is* waxay noqonaysaa **isdhaafsi**. Haddii la yiraahdo:

12) *Asli iyo Cali baa is jeclaaday*

waxay la mid tahay:

12a) ***Asli** baa Cali jeclaatay* + ***Cali** baa Asli jeclaaday*

waxaa cad in weerta 11^{aad}, oo ka samaysantay isku dhafka labadaan weerood (12a) ay leedahay yeele ka kooban labo magac (*Asli iyo Cali*), magacuyaalka *is*na uu matilo labada magacba.

4.3 Magacuyaallo tifaftireyaal ah

Tifaftireyaasha aan horay uga soo warrannay sida tifaftireyaasha lahaansho, kuwa tilmaame iyo qodobbada *-kii/-tii* waxaa xataa loo adeegsan karaa sida magacuyaallo.

I. Magacuyaal lahaansho

Waxaan faqradda tifaftireyaasha horay ugu soo aragnay ereyo sida *wiilkayga* oo ka samaysan *wiil* iyo tifaftire lahaansho *-kayga*.

Waxaase jira weero laga dhex heli karo lahaansho keligiisa ah oo aan ku dhafnayn magac. Markaas ayuuna noqonayaa magacuyaal:

1) *Guryahaan oo idil **kayga** ayaa ugu cusub*
2) *Haddaadan baabuur haysan **keenna** qaado*
3) *Ardaydeenna waxaa ka firfircoon **kuwooda***

Magacuyaallada lahaanshuhu marka ay yihiin keliga waxay leeyihiin qaab labeed (*kayga, kaaga*, iwm.) iyo qaab dheddigged (*tayda, taada*, iwm.). Markase ay yihiin wadar hal qaab wadareed uun bay wadaagaan labka iyo dheddigguba (*kuwayga, kuwaaga*, iwm.):

	KELI lab/dheddig	WADAR
1° k.	*kayga/tayda*	*kuwayga*
2° k.	*kaaga/taada*	*kuwaaga*
3° k.l.	*kiisa/tiisa*	*kuwiisa*
3° k.dh.	*keeda/teeda*	*kuweeda*
1° wa.m.m.	*kaayaga/taayada*	*kuwayaga*
1° wa.m.s.	*keenna/teenna*	*kuweenna*
2° wa.	*kiinna/tiinna*	*kuwiinna*
3° wa.	*kooda/tooda*	*kuwooda*

II. MAGACUYAAL TILMAAME

4) ***Kani** waa buug*
5) ***Tan** ayaa ka fiican **tii** hore*

Ereyada madmadow waa magacuyaallo tilmaamayaal ah. Waxayna la qaab yihiin tifaftireyaasha tilmaamaha ah. Waxayse uga duwan yihiin oo keliya in laga dhex heli karo weerta iyagoon ku lifaaqnayn magac.

Macna ahaan magacuyaalka tilmaamaha ah wuxuu matilaa shay ama qof aan magiciisa la sheegeynin iyadoo la cayimayo dhawaanshaha iyo fogaanshaha marka laga eegayo halka uu ku sugan yahay hadluhu. Xitaa qodobbada *kii/tii* waxaa loo adeegsan karaa sida magacuyaal:

6) a. ***Kii** baan la hadlay*
    b. *Kala bax **tii** fiican*

III. MAGACUYAAL AAN CAYINNAYN

Markaan qodobbada ka hadlaynay waxaan soo aragnay in haddii la adeegsado magac, aanna la raacin qodob, uu magacaas yahay mid aan cayinnayn. Haddii ereyga *nin* weer la geliyo isla markaasna aan la raacin qodob waxaa loola jeedaa nin kasta, yacni nin aan cayinnayn.

Sidaas oo kale waxaa jira dabcan magacuyaallo tilmaama qof aan cayinnayn. Waxayna kala yihiin: **mid**, **ku/koo**, **tu/too** iyo **kuwo**, waxayna noqon karaan yeele ama layeele.

7) ***Mid*** *baan arkay*
8) ***Koo*** *baa yimid*
9) ***Tu*** *baa i dhibtay*
10) ***Kuwo*** *buu la hadlayaa*

Waxaan ku soo gabaggabeyn karnaa qaybta faqraddaan magacuyaallada in ereyada sida: *keeda, teenna, kaas tan, kii*, iwm. ay ka mid noqon karaan dirta tifaftireyaasha ama tan magacuyaallada. Waxayse taas ku xiran tahay hadba sida ay weerta ugu dhex jiraan, yacni hawsha ay ka dhex qabanayaan.

IV. MAGACUYAAL WEYDDIIMEED

Waxaa jira magacuyaallo la adeegsado marka weyddiin la samaynayo (**yaa**, **kee/tee**, **kuwee**, **kuma**, **tuma**). Waxaana laga dhex heli karaa oo keliya weeraha weyddiimeed:

11) ***Yaa*** *yimid?*
12) ***Kee*** *baad jeceshahay?*

Weerta 11^{aad} hadluhu wuxuu dalbanayaa in loo cayimo qofka yimid. Waxayna jawaabta habboon noqon kartaa:

13) *Cali baa yimid*

Laakiin weerta 12^{aad} hadluhu wuxuu weyddiisanayaa in loo caddeeyo laba qof midka la jecel yahay. Jawaabta saxda ahina waxay noqon kartaa:

14) *Mahad iyo Axmed, Axmed baan jeclahay*

LAYLI

1. Meelaha banbannaan ku buuxiya magacuyaallada ebyoon ee ku habboon:

1.1 _____ hilib baan cunnay
1.2 _____ kalluun buu jecelyahay
1.3 _____ dayaarad bay raaceen
1.4 _____ kubbad ayaan cayaarnay
1.5 _____ buuggee baad akhrisay
1.6 _____ xaggay ka timid?
1.7 _____ guriga aada!
1.8 _____ way soo xaroodeen

2. Ku buuxiya meelaha banbannaan qaabka ku habboon ee magacuyaallada layeelaha ah adigoo raacaya tusaalahaan.

   Tus.: Cali qalin buu _____ siiyay (**aniga**)
         Cali qalin buu *i* siiyay

   2.1 Caasha way _____ salaantay (annaga)
   2.2 Adiga baa _____ baray naxriista (aniga)
   2.3 Hoyadiin ayaa _____ bartay afka (idinka)
   2.4 Axmed gurigiisi ayuu _____ geeyay (annaga)
   2.5 Aabbahay baa _____ baray runta (aniga)
   2.6 Ma _____ siiyaa xabbad muus ah? (adiga)
   2.7 Asli _____ bay aragtay (isaga)
   2.8 Horay ma _____ u aragtay ? (iyada)

3. Ku buuxiya meelaha banbannaan magacuyaallada dhimman oo yeelaha ah ee ku habboon idinkoo ku dhejinaya curiyaha ka horreeya; raacana tusaalahaan:

   Tus.: Hooyaday cunto fiican b_____ karin taqaanaa
         Hooyaday cunto fiican **bay** karin taqaanaa

   3.1 Ardayga wanaagsan guriga ay_____ wax ku bartaa
   3.2 Ubax khudaarta ay_____ jeceshahay
   3.3 Khudaartu fitamiin badan b_____ leedahay
   3.4 Geedba mirihiis b_____ dhalaa
   3.5 Annagu wax_____ tixgelinnaa macallinka
   3.6 Idinku aad b_____ u dadaashaan
   3.7 Anigu babaay ay_____ guriga ku beeray
   3.8 Nimanku aqoon b_____ leeyihiin

4. Curiya siddeed weerood oo afar ka mid ah laga dhex heli karo magacuyaalka (la), labo magacuyaalka (is) oo celis ah, labada soo hartayna (is) oo ah magacuyaal isdhaafsi.

5. Hoosta ka xarriiqa dhammaan magacuyaallada laga dhex heli karo sheekadan, kaddibna caddeeya magacuyaal kasta dir-hoosaadka uu ka tirsan yahay:

   Waxaa la yiri, waa baa waxaa isa soo raacay nin dhega la', nin indha la', nin curyaan ah iyo nin qaawan. Iyaga oo meel cidla' ah maraya ayaa midkii dhegaha la'aa wuxuu yiri: "Sac baa seeri ka ciyay". Markaasaa kii indhaha la'aa yiri: "Arkayoo giiran". Curyaankii baa isagana yiri: "An roorno oo jebinno". Kii qaawanaa baa isna yiri: "Haddee armaa nala furtaa?".

6. Hal mar hoosta ka xarriiqa magacuyaallada lahaanshaha, laba jeerma kuwa tilmaamaha ee ku jira weeraha soo socda:

   Kani waa gurigeyga, kaasina waa kaaga

   6.1 *Buuggaygu waa kan, kaaguna halkaasuu yaallaa*

   6.2 *Kayga ayaa ka weyn kaaga*

   6.3 *Kaasu waa kiisa ee meeshiisa ha u yaallo*

   6.4 *Nin tiisi daryeeli waayay tu kale ma daryeelo*

   6.5 *Kuwa samaha raadiya baa aayahooda dambe guulaysta*

   6.6 *Waanadaadi aad baan ugu bogay, toodase ma aan garan ula jeeddadeeda*

7. Sheeg inta nooc ay yihiin magacuyaallada ku jira sheekadan, noceese halkan aad looga adeegsaady.

   Nin lix kibsood waa walba iibsan jiray baa saaxibkii weyddiiyey. Wuxuu yiri: "Waa walba lix kibsood maxaad ku fashaa?". Wuxuu ku jawaabay: "Mid waan dhigtaa, mid waan ridaa, labo kibsood waan celiyaa, labada hartana waan amaahbaxshaa". Saaxiibkii baa yiri: "Anigu hadalkaaga garan maayo, ii sheeg ulajeeddada". Ninkii wuxuu yiri: "Kibista aan dhigo waan cunaa, midda aan tuuro soddohday baan siiyaa, labada aan celiyo aabbahay iyo hooyaday baan siiyaa, labada hartana wiilashayda baan amaahshaa".

8. Ka dhiga su'aal mid kastoo ka mid ah weeraha soo socda idinkoo ku beddelaya magacuyaal weyddiimeed ereyada hoos ka xarriiqan:

   Tus.: *Saaxibkay ayaa i siiyey buuggan*

   Yaa ku siiyay buuggan?

   8.1 *Feysal baan ugu jeclahay asxaabtayda*

   8.2 *Rooble ayaa qoray maqaalkan fiican*

   8.3 *Muriiddi iyo Aweeys, Muriiddi ayaa dheer*

   8.4 *Midka cad ayaa ugu fiican qalmaantaas*

   8.5 *Labo qaawan isma qaaddo*

8.6 *Gartu <u>Ilaaheedey</u> taqaan*

9. Sameeya 6 weerood oo middiiba ugu yaraan laga dhax heli karo 3 magacuyaal oo kala duwan.

   Tus.: **Isagu** *qalin ay***uu** *i siiyay*

10. Ka soo saara sheekada soo socota ereyada aad isleedihiin waxay ka kooban yihiin dhawr curiye, kaddibna qora idinkoo u kala saaraya inta curiye ee ay ka samaysan yihiin.

    Tus.: wuxuu = waxa + uu
    gurigay = guriga + ay

   Wiil baa aabbihi u yimid oo ku yiri: "Aabbow, waxaan rabaa inaan guursado gabar qurux badan oo wanaagsan, ee ila tali!".

   Odaygii wuxuu yiri: "Maxay ku wanaagsan tahay gabadhu?" Wiilkii wuxuu yiri: "Waa gabar qurux badan oo hadal macaan, oo si walbaan ula dhacsanahay. Waadna ogtahay in la yiri:"Quruxdu dunida waa ka barbar. Naagtu hadday wanaagsan tahay oo weliba qurux badan tahay, wax loo dhighi karo ma laha, ee ma igula talinaysaa?".

   Odaygii wuxuu yiri: "Mandhow, miyaadan maqal ninkii yiri: "Waa la wada hubweyn yahay oo waa la wada halalac leeyahay", anse wax u hullaaban ma aqaan. Haddaad aniga waano iga dooneyso naagaha ha u raacin qurux, hana ku nicin foolxumo ee ka dhex xulo middii adiga sal kuu dhaqaysa oo dad fiican ka dhalatay. Ogow Soomaalidii hore waxay tiri: "Wiilkaagu habeen buu hiil kaaga baahan yahay, waa habeenkaad habarti dooneysid".

5. SARFAHA TIRADA

Tiradu waa magacyo tilmaamaya tirada wax lagu tiriyo, waxayna u qaybsamaan **tiraale** iyo **jagaale**.

I. TIRAALAYAASHU WAA:

1 *kow*	**11** *kow iyo toban*	**100** *boqol*
2 *labo*	**12** *laba iyo toban*	**200** *laba boqol*
3 *saddex*	**13** *saddex iyo toban*	**300** *saddex boqol*
4 *afar*	**14** *afar iyo toban*	**400** *afar boqol*
5 *shan*	**15** *shan iyo toban*	---
6 *lix*	**20** *labaatan*	**1000** *kun*
7 *toddoba*	**30** *soddon*	**2000** *laba kun*
8 *siddeed*	**40** *afartan*	**10000** *toban kun*
9 *sagaal*	**50** *konton*	**100000** *boqol kun*
10 *toban*	**70** *toddobaatan*	**1000000** *hal malyan*
		iwm.

Tirooyinkan marka ay ku dhex jiraan weerta gudaheeda waxaa la dhigaa magaca hortiisa (dhiniciisa hidix), waxayna cayimaan inta ay le'egtahay tirada shayga laga hadlayo:

A	**B**
laba nin	*afar bil**ood***
saddex buug	*shan maalm**ood***
toban qalin	*sagaal meel**ood***

Sida aad u aragtaamba waxaa jira farqi u dhexeeya kooxda **A** iyo **B**. Magacyada kooxda hore oo ay tiradu la socoto, waxay yihiin lab, kuwa kooxda B-na waxay yihiin dheddig. Magacyada labi ma muujiyaan wax isbeddel ah, yacni ma wadaroobaan halka magacyada dheddig uu raaco dibkabaha *-ood*. Raacista dibkabahani waa xaalad badanaa u caadi ah magacyada dheddigga ah, marka laga reebo goorta la adeegsanayo tirada **kow** (1) oo lagu beddelo **hal**. Dhismaha noocaan oo kale waxaan ku arki doonnaa markaynu dhexgalno arrimaha weereynta. Dibkabaha *-ood* ka sokow magacyada dheddiga ahi waxay yeeshaan qaab wadareed waxaana u daliil ah tusaalahan:

1) *lix fard**ood***

ereyga *fardood* wuxuu ka kooban yahay *fardo* oo qaab wadar leh (*faras* → *fardo*) iyo lifaaqa *-ood*.

Sida aynu horay u soo niriba tiraalayaashu waxay raaci karaan oo keliya magacyada **tirsama**, sidaa darteed suurtaaggal ma aha in aan niraahno:

    2) *shan sonkor, *toban bur, *labo saliid

Sonkor, bur, saliid waa walaxyo aan tirsami karin, marka si loo raacsiyo tiriyo waa inaan la raadsannaa wax lagu cabbiro walaxyadaas. Sidaa darteed waxaan oran karnaa:

    3) *Shan <u>kiilo</u> oo sonkor ah*
    4) *Toban <u>kintaal</u> oo bur ah*
    5) *Laba <u>dhalo</u> oo saliid ah*

Tiraalayaasha waxaa kale oo lagu dari karaa dibkabaha *-eeyo* oo tilmaama tiro ku dhowaad: *tobaneeyo naagood, labaatameeyo nin*, iwm.

Habkaan waxaa loo adeegsan karaa oo keliya tiraalayaasha toban iyo kaddib (*tobaneeyo....sagaashameeyo*).

II. TIRO JAGAALE

Tirooyinkani waxay tilmaamaan jagada ama derejada uu shay markaa laga hadlayo kaga jiro taxane uu shaygaasi ka tirsan yahay.

I	*Koowaad*	XI	*kow iyo tobanaad*
II	*labaad*	XII	*labo iyo tobanaad*
III	*saddexaad*	XIII	*saddex iyo tobanaad*
IV	*afaraad*	XIV	*afar iyo tobanaad*
V	*shanaad*	XV	*shan iyo tobanaad*
VI	*lixaad*	XVI	*lix iyo tobanaad*
VII	*toddobaad*	XVII	*toddoba iyo tobanaad*
VIII	*siddeedaad*	XVIII	*siddeed iyo tobanaad*
IX	*sagaalaad*	XIX	*sagaal iyo tobanaad*
X	*tobanaad*	XX	*labaatanaad*
XXX	*soddonaad*	C	*boqolaad*
XL	*afartanaad*	D	*shan boqolaad*
L	*kontonaad*	M	*kumaad*
iwm.			

Sida idiin muuqataba tirooyinkan waxay ka samaysan yihiin tiraalayaasha oo lagu lifaaqay dibkabaha -*aad*: *fasalka lab**aad**, ardayga lix**aad**, magaalada labaatan**aad**.*

Tirada jagaalaha ahi, sida tusaalooyinka kor ku xusan aad ka garan kartaanba, waxa ay ka dibmaraan magaca (dhanka midig), waana arrin lid ku ah habkii tiraalayaasha ee aan horay u soo aragnay. Arrinta la xariirta tirooyinka rugahooda kala duwan waa mid aan dib ugu soo noqon doonno.

LAYLI

1. Ku buuxiya goobaha banbannaan tirooyinka ku habboon (tiraale ama jagaale):

    1.1 *Juun waa bisha*_____*ee sannadka*

    1.2 *Bisha Febraayo waxay ka kooban tahay*_____*maalmood*

    1.3 *Hal kintaal wuxuu u dhigmaa*_____*kiilo*

    1.4 *Axmed Gurey wuxuu noolaa qarnigii*_____

    1.5 *Aasaasayaashii xisbiga "S.Y.L." waxay ahaayeen*_____*qof*

    1.6 *Dugsiga sare wuxuu ku eg yahay fasalka*_____

    1.7 *Arbaco waa maalinta*_____*ee toddobaadka*

    1.8 *Sannadka islaamku wuxuu marayaa qarnigii*_____

    1.9 *Qolka*_____*ma ahee midka labaad ayuu deggan yahay*

    1.10 *Sannadku wuxuu ka kooban yahay* _____ *maalmood iyo* _____ *saacadood.*

2. Dib u qora magacyada soo socda idinkoo mid waliba aad ka hormarinaysaan tiraale. Waxaadna magaca ku lifaaqaysaan dibkabaha -*ood* halka looga baahan yahay.

    Tus.:   miis   afar miis
            maalin   labo maalmood

    saacad, erey, geed, irrid, far, kursi, faras, cawl, jago, buug, tix, laan

3. Tusaalayaasha soo socda waxaa ku jira magacyo tirsama oo loo baahan yahay in aad hor dhigtaan hadba tiraalaha aad doonaysaan, laakiin waxaa kale oo loo baahan yahay in magacyada aan tirsamin ee halkaan ku jira aad siisaan tiro raacsan cabbirka ku habboon shayga la tirinayo.

    Tus.:   *Shaah baan cabnay /*
            laba koob *oo shaah ah baan cabnay*

    3.1 *Timir uu ku afuro buu soo gatay*

3.2 *Bur bay guriga ku haysaa*

3.3 *Maalin walba biyo ayuu jirkeennu u baahan yahay*

3.4 *Ari buu oday Cali leeyahay*

3.5 *Qadadii babbaay baannu cunnaa*

3.6 *Suuf baynu u baahannahay*

4. Tusaalayaasha soo socda hal mar hoosta ka xarriiqa tiraalayaasha, kuwa jagaalahana laba jeer hoosta ka xarriiqa.

    4.1 *Maalintii saddexaad baa hawshii laga farxashay*

    4.2 *1943 baa xisbigii "S.Y.L." la aasaasay*

    4.3 *Saddex arrimood bay ka xaajoodeen*

    4.4 *Mar labaad buu guriga ku laabtay*

    4.5 *Sannadku waa afar xilli*

    4.6 *Mursal sannadka afaraad ayuu dhigtaa*

    4.7 *Labo, biyo hoostooda isku harraatiday, iyagaa is og*

    4.8 *Soddomeeyo nin baa goobtaas isugu timid*

    4.9 *Qarnigii labaatanaad dabayaaqadiisa baan maraynaa*

    4.10 *Geedkaas cimrigiisu boqol ayuu sii dhaafay*

5. Ka soo sara oo markaasna sifeeya tiraalayaasha ku jira sheekaxariirta soo socota:

    Maalin baa sagaal waraabe ku heshiiyeen inay isla ugarsadaan. Iyagoo isla socda ayaa libaax ka hor yimid, oo ku yiri: "An idiin raaco!". Waxay yiraahdeen: "Naga raalli ahaw, ma wada heshiin karno". Markuu aad u tuugay ayay ka yeeleen. Waxaa la helay sagaal halaad iyo rati yar.
    Waxaa la yiri: "Xoolahaan ha la qaybiyo". Libaaxii ayaa qaybtii sameeyey. Wuxuu yiri: "Sagaalka halaad waa meel, ratiguna meel. Aniga iyo sagaalka halaad toban baan isku noqonaynaa; idinka iyo ratigana toban baad isku noqoneysaan. Sidaas ayay qaybtu toban iyo toban ku tahay".
    Waraabayaashii waa yaabeen, wayna hadli kari waayeen.

6. SARFAHA ISKUXIREYAASHA

Iskuxireyaal ayaa lagu magacaabaa ereyada hadalka gudihiisa ay gaar ahaan ka qabtaan hawsha isku xiridda. Kooxdan naxweed waxay ka kooban tahay **horyaalayaal** iyo **xiriiriyeyaal**. U fiirsada sheekada soo socota:

*"Biyuhu waxay **ka** yimaadaan cirka, dabadeed**na** daad bay noqdaan. Markaas kaddib ayay webiyada **iyo** ceelasha buuxiyaan. Biyuhu hadda**na** waxay **ka** soo dhashaan **ama ka** soo burqadaan ilaha ceelasha **iyo** laasaska.*

*Dadku wuxuu **ka** cabbaa biyaha macaan. Biyaha baddu**se** way dhanaan yihiin, cusbo badan ayaa **ku** jirta. Dadku maanta wuxuu **ku** dadaalayaa **in** cusbada biyaha badda laga bixiyo **oo** markaas la cabbo, beeraha **iyo** xoolahana la waraabiyo".*

Ereyada sheekadaan ee la madoobeeyey waxay shaqadoodu tahay in ay isku xiraan oo u dhexeysiiyaan xiriir iyaga iyo ereyo kale ama kooxo ereyo; sidaas awgeed ayaan ugu wada yeereynaa hal magac: **iskuxireyaal**.

Si loo fahamo isbarbardhig baan samaynaynaa. Albaab wuxuu ka samaysan yahay gabalo badan oo alwaax ah; laakiin ma noqdeen albaab haddii aanay jirin masaamiir iyo faseexado isku dhejiya alwaaxdaas una oggolaada in albaabku uu furmo ama xirmo.

Iskuxireyaashuna sida masaamiirta iyo faseexadaha ayay u hawlgalaan, waayo waxay isku xiriiriyaan, oo ay ka dhexeysiiyaan xiriir ereyo kale oo ka mid ah hadalka. Iyaga la'aantooda waxaanu haysannaa ereyo laysu keenay oo aan isku xiriirnayn oo kala daadsan. Si loo dareemo muhimadda ay leeyihiin, an isku dayno in ereyadaan aan ka saarno hadal, sida sheekada aan kor ku soo xusnay, kaddib waxaan arkaynaa in micnihii uu mugdi gelayo oo aan si fiican loo fahmaynin:

"Biyuhu waxay ... yimaadaan cirka, dabadeed ... daad bay noqdaan. Markaas kaddib ayay webiyada ... ceelasha buuxiyaan. Biyuhu hadda ... waxay ... soo dhashaan ... ... soo burqadaan ilaha ceelasha ... laasaska.

Dadku wuxuu ... cabbaa biyaha macaan. Biyaha baddu ... way dhanaan yihiin, cusbo badan ayaa ... jirta. Dadku maanta wuxuu ...

dadaalayaa ... cusbada biyaha badda la ... bixiyo, ... markaas la cabbo beeraha ... xoolahaba la ... waraabiyo".

Ereyadan saas u yar yar (**ka**, **ku**, *iyo*, **na**, iwm.), oo qaabkoodu aanu isbeddelin guud ahaan aad bay u muhimsan yihiin, maxaayeelay sida *gano* oo kale ayay u shaqeeyaan iyagoo isku xiraya ereyo ama kooxo ereyo.

Iskuxiriyaashu labo koox ayay u kala qaybsamaan: **horyaalayaal** iyo **xiriiriyeyaal**.

6.1 Horyaalayaasha

Falku, maadaama uu yahay curiyaha ugu muhimsan weerta, wuxuu hayaa magacyada weerta (eeg bog. 163). Magac kastoo yeele ah falka ayaa si toos ah u haya isagoon u baahan ganaha lagu magacaabo horyaalayaal. Tus.:

1) *Cali ayaa cunay*
2) *Mire baa fariistay*
3) *Salaad baa orday*
4) *Asli ayaa siisay*

Sida idiin muuqata weer walba yeelaheeda iyo falkeeda uma dhaxeeyo gan isku xirta. Haddiise aan doonayno in weer waliba aan ku biirino magac kale (ama oraah magaceed) oo aan ahayn yeele, waxaa dhacaysa in falku u baahdo gan uu ku qabsado magacan dambe, sida ay muujinayaan tusaaylaaasha (5) iyo (6) oo ay ka soo kala jeedaan tusaalayaashii hore (2) iyo (3):

5) *Mire baa **ku** fariistay <u>kursiga</u>*
6) *Salaad baa **u** orday <u>guriga</u>*

Haddii labadan weerood aan ka saarno horyaalayaasha (**ku** iyo **u**), labadii erey (*kursiga* iyo *guriga*) ee aan ku soo kordhinnay lama haystaan weerahooda, sidaas darteed weero aan la oggolaan karin ayay noqonayaan:

7) **Mire baa fariistay <u>kursiga</u>*
8) **Salaad baa orday <u>guriga</u>*

Haddaba si ay u noqdaan weerahaan kuwa qumman oo la oggolaan karo waa in aynu dhex gelinaa horyaalayaal ku habboon oo isku xiri kara ereyada dib loogu biiriyay iyo falka weerta, haddii kale waxaan khasab ku nahay in aan ka saarno xitaa labadii magac ee dib loogu biiriyay. Markaasaana weerihii noqonayaan sidii tusaalooyinkii hore (2) iyo (3); sidaasayna ku qummanaanayaan.

Falka tusaalaha (1) magac aan yeele ahayn buu qaadan karaa, midka tusaalaha (4) laba ayuu qaadan karaa isagoon u baahan *gantii* horyaalayaasha:

    9) *Cali ayaa cunay <u>moos</u>*
    10) *Asli baa <u>buug</u> <u>Axmed</u> siisay,*

Haddiise aan doonayno in aan ku sii ballaarinno weerahan magacyo kale waa lagama maarmaan in aan u ciirsanno horyaalayaasha:

    11) *Cali ayaa <u>halkaan</u> **ku** cunay moos*
    12) *Asli baa <u>hortayda</u> buug Axmed **ku** siisay*

Waxaan ku soo koobi karnaa in falalku xiriir kala duwan ay la leeyihiin magacyada aan yeelaha ahayn. Iyadoo lagu salaynaayo xiriirkaas ayaa saddex kooxood loo kale qaybiyey falalka

a) Koox horyaale la'aan aan la qabsan karin magacyo aan yeele ahayn (sida *orod, soco*, iwm.)

b) Koox ballaaran oo horyaale la'aan la qabsan karta hal magac aan yeele ahayn (sida *cun, qor, xir, qaad*, iwm.)

c) Koox yar oo horyaale la'aan la qabsan karta labo magac oo aan yeele ahayn (sida *sii, gee*, iwm.)

Sida idiin muuqata horyaalayaasha (***u**, **ku**, **ka**, **la***) had iyo jeer falka hortiisa ayaa laga helaa. Waxayna isla falkaas ay ku kordhiyaan micno gaar ah.

Bal kala fura buug ama wargeys, midkii hortiina yaalla, iskuna daya in aad tirisaan inta jeer horyaalayaasha ***u**, **ku**, **ka*** iwm. ay ku soo noqnoqdaan hal bog gudihiisa. Dhawr jeer bay idiin muuqan doonaan. Adeegsiga badan ee horyaalayaashan waxay saamayn muhiim ah ay ku leeyihiin micnahooda. Sida alaabta aad loogu dhaqmo ay u duugoobaan (iyagoo luminaya qaabkooda iyo midabkooda dhabta ah iwm.), ereyadan yaryarna oo looga baahan yahay meela badan oo kala duwan, waxay lumiyeen micnahooda asalka ahaa waxayna yeesheen mid laga garan karo hadba hadalka ay ku dhex jiraan.

Haddaba hawsheennu waxay noqonaysaa sidii aan u baadiggoobi lahayn micnahaas oo marba si uga qayb qaata xiriirka weerta. Mid mid baan u falanqaynaynaa horyaalayaashan.

***u*:**

13) *Hore **u** soco*
14) *Lacagta nimankaas **u** qaad*
15) *Hooyadiis buu aad **u** jecel yahay.*

Horyaalka *u* micne kala duwan ayuu ku biiriyaa falalka saddexdan tusaale. Horyaalka tusaalaha (13) jiho ayuu tilmaamaa, midka (14) wax qof kale loo samaynayo, midka (15) habka ama sida hawl loo fulinayo.

ku

16) *Shandadda **ku** rid*
17) *Qalin cas buu **ku** qoray warqadda*
18) *Ha **ku** istaagin cawska!*

ku-da tusalaha (16) *gudaha* ayay tilmaamaysaa, midda (17) wax wax lagu qabsado, midda (18)-na *dul* ama *kor*.

ka

19) *Geedka laan **ka** goo*
20) *Afgooye buu **ka** yimid*
21) *Dhallintaas saddex baan **ka** aqaanaa*
22) *Halkaas buu guri **ka** dhisay*

ka-da kala go' iyo ka fogaansho ayay mar walba tilmaantaa: tusaalaha (19) waa ka go'id, midka (20) meel ka fogaansho, midka (21) ka soocid, yacnii qayb ama shay laga soocayo inta kale, midka (22) meel fal ka dhacay ayuu tilmaamaa.

la

23) *Asli walaalkeed bay **la** socotaa*
24) *Cali buug buu **la** yimid*
25) *Muriiddi maqnaashahaaga ayuu **la** walwalsanaa*

La-da la jirid bay tilmaantaa: (23) *Asli* iyo *walaalkeeda* baa isla jira, (24) *Cali* iyo *buug* uu wato, (25) *Muriiddi* iyo *walwaka* haya.

Waxaa jira horyaalayaal fudud (**ka**, **ku**, **u**, **la**) iyo horyaalayaal iskudhafma dhaxdooda ama isku lammaaniya curiyeyaaal kale.

LAYLI

1. Hoosta ka xarriiqa magacyada weerahan oo kula xiran falka horyaalayaal:

    1.1 *Caasha ayaa <u>magaaladii ka</u> tagtay*   (tusaale)
    1.2 *Shucayb baa boorsadayda <u>la</u> tagay*
    1.3 *Ninkii raad libaax buu <u>ku</u> arkay dariiqa*
    1.4 *Guure baabuur ayuu Cali guriga <u>ku</u> geeyey*
    1.5 *Cali Xuseen gabayo fiican buu <u>u</u> tiriyay Soomaalida*
    1.6. *Ninku baabuur ayuu <u>igu</u> wareejiyey*
    1.7 *Anigu waan <u>ku</u> kalsoonahay arrinta*
    1.8 *Dukaanlihii dhar buu Hodan <u>ka</u> iibiyay*
    1.9 *Ardayda waxay <u>ka</u> dhiidhiday musuqmaasuqa*
    1.10 *Lacagtii doollar buu <u>ku</u> beddelay*

2. Falalka layliga aan soo dhaafnay (1) imisa ayaa ka ah kooxda A ama B ama C? Waana kuwee ? Mid waliba ku hoos qora kooxda uu ka tirsan yahay xarafkeeda. Kooxayntanna waa tii aan ku salaynay xiriirka kala duwan ee falku la leeyahay magacyada aan yeelaha ahayn:

                    A   B   C
    Tus: *tag*

3. Weero u yeela falalka soo socda idinkoo fal waliba u yeelaya horyaale ku haboon: *jiif, gooy, wad, shub, xoor, nadiifi*

4. Qora shan weerood oo falalkooda horyaale la'aanna aan qaadan karin magac yeelaha ka soke (waa falaka kooxda koowaad).
    Tus.: *Muuna baa <u>ka</u> timid Diinsoor*

6.1.1 *Horyaalayaal iskudhafan*

Markii weer gudaheeda laga wada helo labo horyaale waxay isugu yimaadaan falka hortiisa (eeg tus. (26)), wayna isku dhafmaan, halkaasoo ka dhasha isbeddel codeed oo yar:

u + u	waxay noqdaan	***ugu***
u + ku	waxay noqdaan	***ugu***
u + ka	waxay noqdaan	***uga***
u + la	waxay noqdaan	***ula***
ku + ku	waxay noqdaan	***kaga***
ku + ka	waxay noqdaan	***kaga***
ku + la	waxay noqdaan	***kula***
ka + ka	waxay noqdaan	***kaga***
ka + la	waxay noqdaan	***kala***

Tus.:

26) *Xaggee baad <u>kala</u> timid buugan?*
27) *Wiilkii baan ceelka xarig <u>uga</u> soo saaray*

i) *Horyaalayaal lagu daray magacuyaallo layeele ah*

Maadaama, weerta gudaheeda, xataa magacuyaallada layeelaha ahi ay ku sugnaadaan falka hortiisa (eeg bog 186), waxay iyaguna isku dhafaan horyaallayaasha sida soo socota:

i + u	=	***ii***	*na + u*	=	***noo***
i + ku	=	***igu***	*na + ku*	=	***nagu***
i + ka	=	***iga***	*na + ka*	=	***naga***
i + la	=	***ila***	*na + la*	=	***nala***
ku + u	=	***kuu***	*idin + u*	=	***idiin***
ku + ku	=	***kugu***	*idin + ku*	=	***idinku***
ku + ka	=	***kaa***	*idin + ka*	=	***idinka***
ku + la	=	***kula***	*idin + la*	=	***idinla***

Tus.:

28) *Rooble wax fiican ayuu **ii** sheegay*
29) *Wiilka in uu **idiinla** hadlo ayuu doonayaa*
30) *Cali baabuurkiisi buu **nagu** qaaday.*
31) *Arbow buug buu **kuu** dhiibay*
32) *Jeylaani baa **kula** socodsiinaya*
33) *Wuu **noo** keenay alaabta*

Horyaallayaashu waxay isku dhafaan xataa magacuyaalka qoflaawe (***la***) oo isna ka hormara falka, sidaas oo kale magacuyaalka celiska (***is***):

Sarfaha iskuxireyaasha

la + hor.

la + u	=	***loo***
la + ku	=	***lagu***
la + ka	=	***laga***
la + la	=	***lala***

Tus.:

34) Waa ***lala*** hadli doona
35) Waa ***loo*** sheegay

is + hor.

is+ u	=	***isu***
is+ ku	=	***isku***
is+ ka	=	***iska***
is+ la	=	***isla***

Tus.:

36) ***Iska*** jir!
37) ***Iska*** warran!
38) ***Isu*** gee!
39) ***Isku*** dar!
40) ***Isla*** qabta!

ii) *Magacyuaallo layeele iyo labo horyaale*

Ugu dambaynti waxaan isku dhafi karnaa labo horyaale iyo hal magacuyaal layeele, sidatan ayayna isku noqdaan:

	ugu	uga	ula	kaga	kula	kala
i	*iigu*	*iiga*	*iila*	*igaga*	*igula*	*igala*
ku	*kuugu*	*kaaga*	*kuula*	*kaaga*	*kugula*	*kaala*
na	*noogu*	*nooga*	*noola*	*nagaga*	*nagula*	*nagala*
ina	*inoogu*	*inaaga*	*inoola*	*inagaga*	*inagula*	*inagala*
idin	*idiinku*	*idiinka*	*idiinla*	*idinkaga*	*idinkula*	*idinkala*

Tus.:

41) Arday kale ayaa fasalka ***noogu*** timid
42) Maamulihii baa saaka si faafahsan ***idinkaga*** hadlayaa imtixaanka
43) Fatxiya ayaa buugga Axmed ***kaaga*** qaadday

44) *Cali meel cidla ah ayuu **iigaga** tagay*

Labo horyaal waxay isku dhafi karaan xataa magacuyaalka qoflaawe (*la*):

la + ugu	**loogu**
la + uga	**looga**
la + ula	**loola**
la + kaga	**lagaga**
la + kula	**lagula**
la + kala	**lagala**

Tus.:

45) *Gabadha si fiican baa **loola** dhaqmay*
46) *Arrintaas mar hore ayaa **looga** digay*
47) *Warkan buu **noola** yimid*

LAYLI

1. Hoosta ka xarriiqa horyaalayaasha fudud iyo kuwa iskudhafka ah ee laga dhex heli karo sheekadan soo socota:

   Diiq baa meel miyi ah joogay. Maalin buu geed fuulay, wuu qayliyey. Dawaco meesha agteeda joogtay ayaa maqashay qayladii; markaas bay u timid. Waxay joogsatay geedka hoostiisa. Waxay ku tiri diiqii: "War cod wanaagsanidaa! Soo deg oo si fiican iigu celi, waan ku tuugayaa ee". Markaasuu diiqii yiri: "Aqalkaas hortiisa in yar igu sug, anigu waan soo degi doonaa ee".

   Dawacadii aqalkii hortiisa ayay tagtay waxayse ku aragtay eey. Markaasay cagaha wax ku dayday, waayo eyga ayay ka baqday, diiqiina basarkaas ayuu kaga nabadgalay dhagartii dawacada.

2. U kala saara horyaalayaasha aad ka soo saarteen layliga hore (1) laba qaybood: A = kuwa fudud, B = kuwa isku dhafka ah. Kaddibna isku daya in aad kala furfurtaan kuwa isku dhafan.

3. Horyaalayaasha ku habboon ku buuxiya goobaha banbannaan ee sheekada soo socota:

   Geri iyo dameer baa meel duur ah _____ wada noolaa. In badan markay meeshaas joogeen, ayaa cawskii iyo biyihii _____ yaraadeen. Gerigii ayaa luquntiisa dheer meel fog _____ arkay caws iyo biyo. Meeshii buu tegey; biyo iyo caws buu _____ soo dhergey. Wuxuu _____ soo noqday saaxiibkiis wuxuuna _____ yiri: "Waxaan soo arkay meel barwaaqo leh, laakiin waa khatar, maxaayeelay bahallo ayaa jooga". Wuxuu _____ taliyey dameerkii inuu tartiib _____ soo cuno cawska _____ na soo cabbo biyaha. Dameerkii markii uu dhergey, taladii geriga intuu hilmaamay ayuu qayliyey. Bahalladii baa _____ soo baxay markaasay cuneen.

4. Qora shan weerood idinkoo adeegsanaya horyaalka (*la*), laakiin iska jira in aad ku qaladaan magacuyaalka qoflaawaha (*la*).

5. Sameeya saddex weerood idinkoo horyaalka (*u*) u adeegsanaya saddex micne oo kala duwan (jiho, qof dartiisa, hab).

6. Qora toban weerood idinkoo adeegsanaya magacuyaallo lagu dhafay koox horyaale, kaddibna mid mid u kala saara curiyeyaasha ka samaysan wadajirka magacuyaalka + horyaalayaasha.

   Tus.: Si fiican <u>iigu</u> sheeg   iigu = i+ugu (u+ku)

6.2 Xiriiriyeyaal

Haddaan doonayno, ka soo qaad, in aan sheegno labo shay:

1) *Cali dugsiga ayuu aaday*
2) *Barre dugsiga ayuu aaday*

Maadaama *Cali* iyo *Barre* ay qabanayaan isku hawl, waxaan adeegsan karnaa hab hawl fudud, annagoo baajinayna ku celcelinta ereyo isku mid ah, taasina waxaa suurtaggelin kara adeegsiga xiriiriye, sida *iyo*, iyadoo la tirtirayo ereyada lagu celcelinayo:

3) *Cali <u>dugsiga ayuu aaday</u>   Barre <u>dugsiga ayuu aaday</u>*

   *Cali **iyo** Barre <u>dugsiga ayay aadeen</u>*

4) Muuna *way seexatay*   Safiya *way seexatay*

   Muuna **iyo** Safiya *way seexdeen*

5) *Guriga* biyo *ma laha*   *Guriga* nal *ma laha*

   Guriga biyo **iyo** nal *ma laha*

Sidaas ayaan ku heleynaa dhismo xiriirkooda habaysan. Ilaa haatan waxaa xiriirinta aan ku habaynay xiriiriyaha **iyo** oo hawshiisu tahay in uu isku xiro labo erey ama labo weerood oo ahmiyaddoodu isku mid ah oo midba midka kale ka madax bannaan. Waxaase jira xiriiriyeyaal kale ku shaqa leh isla xiriirintaas oo kale ama kuwa ka duwan.

Waxaa habboon in aan u kuurgalno xiriiriyeyaalka ugu muhimsan si aan u aragno hawlaha kala duwan ee ay kala leeyihiin.

a) *Iyo*

Waxay tartaa in ay isku xirto magacyo, magacuyaallo iyo tirooyin:

6) Hilib **iyo** bariis baan cunay
7) Cali **iyo** Max'ed way dhoofeen
8) Aaway gumeysigii caddaa **iyo** kii madoobaa?
9) Aniga **iyo** adiga waan cunnay
10) Boqol **iyo** labaatan arday

b) *-Na*

Waxay isku xirtaa labo hawraar, siiba marka ay kala leeyihiin yeele ama fal kala duwan. Xiriiriyahanse keligiis ma taagnaan karo, hawraarta labaad ereygeeda koowaad ayuu isku tiiriyaa:

11) Axmed caano ayuu cabbay Daahir**na** shaah
12) Anigu waan hadlay adigu**na** hadal
13) Guriga ayaan tegey waa**na** seexday
14) Waan tegayaa adigu**na**?
15) Afxumo colaadda waxba kama tarto, nabadda**na** way fogaysaa

c) Oo

Xiriiriyahan hawshiisu aad bay uga baxsan tahay xiriiriyeyaasha kale ee caadiga ah, sidaa darteed mararka qaarkood wuxu yeeshaa qiimo iyo macnayaal kala duwan. Xaaladaha kala duwan ee loo adeegsado xiriiriyahan inta ugu muhimsan waa kuwa soo socda:

i) Iskuxirid labo weer tebineed oo ebyoon

    16) *Cali wuu cunay **oo** wuu cabbay*
    17) *Saciid waa wiil dheer **oo** cad*
    18) *Jibriil **oo** dhowaan yimid baa noo warramaya*
    19) *Waa nin duq ah **oo** indha la'*

ii) Iskuxirid labo weer amar

    20) *Geedka fuul **oo** laan ka soo goo!*
    21) *Soo orod**oo** ii kaalay!*

iii) Iskuxirid labo fal oo isku mar la qabtay

    22) *Anig**oo** soo socda baa Cali ii yeerey*
    23) *Ad**oo** harsan waayay ma laguu soo harsaday*

d) Ee

Xataa xiriiriyahan xaalada kala duwan ayuu leeyahay:

i) Xiriiriyaha *ee* wuxuu isku xiraa labo weerood, weer tebineed iyo weer amar ama weer talo iyo weer amar. Labada weer dhexdooda ayaana la dhex dhigaa. Tus.:

    24) *Kani waa xafiiskiisii **ee** albaabka garaac!*
    25) *Baabuur baa marayaa **ee** iska jir*
    26) *Ha hadash**ee**, gabadha u daa hadalka*
    27) *Aan seexann**ee**, nalka naga demi*

Mararka qaarkood hawraarta dhammaadkeeda baa lagu nabaa xiriiriyaha *ee* isagoo isu rogaya *e* keligeeda (ama *ye* marka uu ku dhego shaqal).

    28) *Guriga aad, anaa sii suga**ye***
    29) *Daa ha cun**ee***

ii) Waxaa loo adeegsadaa isku xiriirinta weer diidmo iyo weer caddayn:

    30) *Cidna ma arkin **ee** wuu seexday*
    31) *Colaad ma seexan **ee** Ceebla baa seextay*

32) *Cawil agtayda ayuu maray **ee** wuusan i arkin*

iii) *Ee* waxay xataa u shaqaysaa sida "*-na*" si ay isugu xirto labo weer oo tilmaamaya hawlo iska soo horjeeda:

33) *Xaawo baa hilibka cuntay **ee** Cali caano buu cabbay*
34) *Asli baa TV fiirsanaysa **ee** Deeqa bariis bay karinaysaa*

iv) *Ee* waxaa loo adeegsan kara oo kale oraah magaceed (OM) gudihiisa (eeg bog 199).

35) *[Dukaanka kabaha **ee** Cali]$_{OM}$ baa fiican*
36) *[Iidda weyn **ee** Carafo]$_{OM}$ ayaa soo dhow*
37) *[Gabadha timid **ee** rootiga keentay]$_{OM}$ waa Maana*

e) *Se*

Waa xiriiriye lid oo isku naba weerta dambe ereygeeda koobaad, sida aan ku aragnay "*-na*"

38) *Cali wuu seexday Xasan**se** wuu shaqaynayaa*
39) *Jaamac wuu yimid kuma**se** arkin*
40) *Adigu waraaqo baad heshay anigu**se** weli wax ma helin*

f) *Ama/Mise*

Labadan xiriiriye waxay iskudduwaan labo erey ama labo weerood oo kala duwan. *Ama* weer aan weyddiin ahayn baa loo adeegsadaa, *mise* weer weyddiimeed baa loo adeegsadaa.

41) *Cali wuxuu jiraa guriga **ama** dugsiga*
42) *Joog **ama** tag!*
43) *Ma joogeysaa **mise** waad tegeysaa?*
44) *Yaad doonaysaa, Cali **mise** Jumcaale?*

g) *Laakiin/Haseyeeshee*

Iyagana, sida *ee*, micna iska soo horjeeda ayay leeyihiin. Adeegsigoodana tusaalooyinkan ayaa caddaynaya:

45) *Calasow wuu yimid **laakiin** kuma arkin*
46) *Waan garaacay albaabka **laakiin** cidna iima jawaabin*
47) *Cali wuu yimid **haseyeeshee** kuma arkin*
48) *Lacag waan haystaa **haseyeeshee** iguma filna*

LAYLI

1. Isu geeya weeraha isbarbaryaalla idinkoo adeegsanaya xiriiriye:

1.1 *Cosoble wuu dhoofay*
    Rooble wuu dhoofay
1.2 *Maryam baa guriga joogta*
    Sagal baa guriga joogta
1.3 *Sulaymaan baa kasmo leh*
    Sulaymaan baa waaya-aragnimo leh
1.4 *Anigu arday baan ahay*
    Adigu arday baad tahay
1.5 *Wiil baa hadlaya*
    Aabbihiis baa hadlaya

2. Ku buuxiya goobaha banbannaan xiriiriyeyaasha ku habboon:
    2.1 *Aad tagtiina* _____ *wax yar i suga*
    2.2 *Barrow* _____ *Barrey waa kala baadi*
    2.3 *Ma shaah baad doonaysaa* _____ *qaxwo?*
    2.4 *Iigu yeer Siciid* _____ *Fatxiya*
    2.5 *Hadalka runtiisa sidaas ma ah* _____ *waa sidaas*
    2.6 *Gabadha ma jebin* _____ *wiilkaa jebshay*
    2.7 *Dadka waad waanisaa* _____ *adigu ma waansanid*
    2.8 *Aan wax kuu sheeg* _____ *i maqal*
    2.9 *Fariiso* _____ *casharka baro*
    2.10 *Waxaan aad uga helay daarta cusub* _____ *dawladda hoose*
    2.11 *Wiilkii wuu casheeyey wuu* _____ *seexday*
    2.12 *Mahad* _____ *tiiraanyaysan baan la kulmay*
    2.13 *Horaan kuugu sheegay* _____ *ima aadan rumaysan*
    2.14 *An isugu nimaadno qolka weyn* _____ *maktabadda*

3. Sameeya 18 weerood oo dhexdooda ay ku jiraan xiriiriyeyaasha soo socda: *-se, mise, ama, iyo, hasa yeeshee, oo, ee, -na, laakiin*

4. Saxa weeraha soo socda idinkoo beddelaya xiriiriyeyaasha aan ku habboonayn weerta.
    4.1 **Lo'du geeso ayay leedahay, dameeruhu ee ma laha*
    4.2 **Miyaad bugtaa ama waad iska jiiftaa?*
    4.3 **Buugga qaado mise iskaga tag*
    4.4 **Qalinkaygu kan ma ah oo waa kan kale*
    4.5 **Waa labo wiil ee saaxiib ah*
    4.6 **Saado way tagtay iyo way soo noqotay*

4.7 *Qof baan raadinayay waanse soo helay

4.8 *Wax khayr leh ku hadal amisa iska aamus

4.9 *Waa qof aamin ah ee karti leh

4.10* Reer miyigu aqoon beled ma laha ama degaankiisi lagama badsho

5. Hoosta ka xarriiqa giddi xiriiriyeyaasha laga dhex helo sheekada soo socota, kaddibna ka hadla xaaladaha ay ku kala sugan yihiin:

    Beri baa waxaa wada ugaarsaday dab, biyo, mas, libaax, lillaahi iyo laqdabo. Hal gool ah bayna heleen.

    Hashii bay kaxaysteen. Laqdabo ayaa garhaysay, inta kalana way daba socotay.

    Haddii cabbaar la socday baa laqdabo mas u yeertay oo ku tiri: "Waad ogtahay sida libaax halis u yahay ee maad goosatid intaannu na layn?".

    Maskii dib ayuu u laabtay oo libaaxii qaniinya goostay.

    Markii libaaxii dhintay baa laqdabo dab u yeertay oo ku tiri: "Waad aragtay waxa mas sameeyay, ee maad gubtid intaannu qaniinyo naga simin?".

    Dabkii dib ayuu u noqday oo maskii oo jabad dhex galangalanaya gubay.

    Markii maskii dhintay baa laqdabo biya u yeertay oo ku tiri: "Waad aragtay waxa dab sameeyay ee maad dishid intaannu na wada gubin?".

    Biyihii gadaal bay isu rogeen oo dabkii damiyeen.

    Markii dabkii dhintay bay lillaahi u yeertay oo ku tiri: "Biyahaasi waa halis, inay na hafiyaan baana dhici karta, ee na keen an hasha buurtaas kala fuulnee".

    Sidii baa la yeelay biyihiina buurtii degaandeggeedii bay ku hareen.

    Biyihii kolkay saabishay bay si ay hasha kaligeed ugu harto, lillaahina inay bixiso goosatay, waxayna ku tiri: "Hasha dabar". Markay warmoogtii lillaahi ahayd, hashii hoos kadaloobsatay bay laqdabo didisay si ay ugu durduriso; iyadii bayse haraati beerka gooysay oo meeshii ku dishay.

    Kolkii laqdabo geeriyootay baa lillaahi hashii hoos ula soo degtay, biyihiina la qaybsatay.

7. SARFAHA FALALKA

Waa maxay fal, sidee buuna u shaqeeyaa?
Eega weerahan soo socda:

1) *Cali wuu yimid*
2) *Qorraxdu way dhacday*
3) *Geelu wuu foofay*

Kuwani waa weero kookooban. Si loo sameeyana weer kooban waxaa loo baahan yahay labo curiye. Saddexdii weerood ee hore waxaan middiiba u qaybinaynaa labo curiye.

	A	B
4)	*Cali*	*wuu yimid*
5)	*Qorraxdu*	*way dhacday*
6)	*Geelu*	*wuu foofay*

Habka ay weertu u dhisan tahay dib baan ugu soo noqon doonnaa, haatanse waxaan ku ekaanaynaa in aan u kuurgalno nooca eryada ee laga kala helo labada qaybood ee weerta.

Ereyada taxanaha **A** waa **magacyo** tilmaamaya qof, xayawaan iyo shay, horay ayaadna u soo aragteen dabeecadaha u gaarka ah ereyada ka tirsan qayb naxweedkan. Magacyadan waxay tilmaa-mayaan qofka ama xayawaanka ama shayga laga hadlayo, waxayna noqdaan **yeelaha**.

Ereyada labaad oo laga helo taxanaha **B**-se waa **falal**, yacni waa ereyo bixinaya war ku saabsan yeelaha. Xataa falalku waxay leeyihiin dabeecado sarfeed iyo mid micneed oo u gaar ah oo haatan aan falanqaynayno.

7.1 Sarfaha falka

Falku warar farabbadan buu noo soo gudbiyaa kuwasoo aan ku koobnayn macnaha uu falku xambaarsan yahay, waxaase weheliya wararka aan ka helno qaabka sarfahiisa.

Halkii falba dhawr qaybood baa loo qaybin karaa, qayb walibana warar kala duwan ayay tebisaa. Labada qaybood ee ugu waaweyn waxaa lagu magacaabaa **sal** iyo **nadooc**:

a) **SALKA FALKA**

    7) *Anigu waan **keen**-ayaa*
    8) *Farxiyo way **keen**-aysaa*
    9) *Annagu waan **keen**-aynaa*
    10) *Idinku waad **keen**-aysaan*

Sida aad aragtaanba falka ku dhex jira afartan tusaale wuxuu leeyahay qayb aan isbeddelayn (*keen-*) iyo qayb isbeddesha (*-ayaa, -aysaa, -aynaa, -aysaan*). Qaybta aan isbeddeleyn waa qaybta gundhigga u ah falka, kaasoo xambaarsan micnaha ereyga. Sidaa darteed waxaa lagu magacaabaa **sal**. Salka waxaa lagu aqoonsadaa, oo sida badan uu la muuqaal yahay fal amarka qofkiisa labaad oo keliga ah (adiga):

    11) *cun, bax, qor, xir, kari, baro, qabso, qadee.*

b) **NADOOC FALEEDKA**

Qaybta isbeddesha ee falka waxaa lagu magacaabaa **nadooc faleed** waxayna farta ku fiiqdaa waxyaabo kala duwan: *qofka, tirada, eaynta amminka, muuqaalka* iyo *habka falka*. Mid waliba oo ka mid ahna si gaar ah baan u tifaftiri doonnaa.

7.1.1 *Nadooc faleedka*

7.1.1.1 *Qofka*

Nadooca falku wuxuu sheegaa haddii yeeluhu uu yahay midka hadlaya (***qofka 1^{aad}***), midka lala hadlayo (***qofka 2^{aad}***) ama mid ka duwan labadoodaba (***qofka 3^{aad}***).

<u>Qofka koowaad</u> wuxuu ku beegan yahay hadlaha (<u>aniga</u>, <u>annaga</u>):

    12) ***Anigu*** *waan keen-**ay***
    13) ***Annagu*** *waan keen-**nay***

<u>Qofka labaad</u> oo lala hadlaha ah (<u>adiga</u>, <u>idinka</u>):

    14) ***Adigu*** *waad keen-**tay***
    15) ***Idinku*** *waad keen-**teen***

<u>Qofka saddexaadna</u> wuxuu ku beegan yahay qofka ama shayga laga hadlayo (<u>isaga</u>/<u>iyada</u> iyo <u>iyaga</u>):

    16) ***Iyadu*** *way keen-**tay***

17) *Isagu* wuu keen-**ay**
18) *Iyagu* way keen-**een**

Sida aad ka dareemi kartaan, tusaalooyinka (12-18) iswaafaq-sanaanta falka iyo yeelaha waxay ku cayiman tahay dhammaadka fal kasta oo ah **nadooca**, kaasoo kala sooca qof kasta. Eega tusaalooyinka soo socda, halkaasoo dibkabayaasha kala duwan ee falalku ay si cad u muujinayaan waafaaqsanaanta magacuyaallada kala duwan.

1°k.	*Anigu* waan keen-**ay**
2°k.	*Adigu* waad keen-**tay**
3°k.l.	*Isagu* wuu keen-**ay**
3°k.dh.	*Iyadu* way keen-**tay**
1°wa.	*Annagu/Innagu* waan keen-**nay**
2°wa.	*Idinku* waad keen-**teen**
3°wa.	*Iyagu* way keen-**een**

7.1.1.2 *Tirada*

Qaabka falka wuxuu suurtag geliyaa in aan fahamno haddii yeeluhu uu yahay keli ama wadar, yacnii qofka falka samaynaya in uu yahay mid keli ah ama in ka badan. Waxaa ku filan in aan eegno toddobadii weerood ee hore oo aan u qaybinnay labo kooxood: afarta hore oo ay la socdaan magacuyaallada *aniga, adiga, isaga, iyada* oo **keli keli** ah, saddexda dambana waxaa la jira magac-uyaallada *annaga, idinka, iyaga* oo **wadar** ah midkiiba. Tusaale ahaan ayaan ugu soo celinaynaa:

19) *Cali waa keen-**ay***
20) *Cali iyo Barre way keen-**een***

Qaabka falka *keen-* wuu ku kala duwan yahay labada weerood. Yeelaha tusaalaha (19) waa qof keli ah, oo ka duwan *aniga* iyo *adiga*, nadoocuna waa -**ay**; tusaalaha (20) yeelihiisu wuxuu ka kooban yahay in ka badan hal qof, oo ka duwan hadlaha iyo lala hadlaha, nadoocuna waa -**een**.

7.1.1.3 *Caynta*

Qaabka falku wuxuu kaloo sheegaa in yeeluhu uu yahay **lab** ama **dheddig**. Laakiin arriintanu waa mid u gaar ah qofka saddexaad oo keli ah:

21) **Cali** baa keen-**ay**
22) **Asli** baa keen-**tay**

Eega tusaalaha (22), qaab faleedkiisu wuxuu kaga duwan yahay midka tusaalaha kale (21) xarafka *-t-* oo muujinaya in yeeluhu uu yahay qofka saddexad oo keli dheddig ah (*Asli*), qofka saddexaad oo lab ahse ma waafaqayo qaab faleedka ka muuqata *-t-*daas sida aad ka arkaysaan tusaalaha (21). Xarafkaan *-t-* badanaa wuxuu isu beddelaa **d, sh, s**, sida aan ka arkayno tusaalooyinka soo socda:

23) *way cun-tay* < (*cun+tay*)
24) *way qaad-day* < (*qaad+tay*)
25) *way badi-say* < (*badi+tay*)
26) *way ga-shay* < (*gal+tay*)

Isbeddelkaan waxaa sababay nooca shibanaha (**d, l**) ama shaqalka (**i**) ee uu ku dhammaado salku kaasoo saamayn ku yeesha nadooca lagu lifaaqayo *-t-* -diisa.

Waxaan idin xusuusinaynaa in *-t-* ay meelo kale astaan u tahay dheddig, sida qodobbada, tilmaamayaasha, iwm. (eeg bog 46).

LAYLI

1. Waxaad goobaha banbannaan gelisaan yeele ku habboon idinkoo tixgelinaya qofka, tirada iyo caynta ee uu qaab faleedku muujinayo:

    1.1 _____ *dawo fiican buu ii soo qoray*
    1.2 _____ *moos bay cuntay*
    1.3 _____ *dugsiga bay ka soo baxeen*
    1.4 _____ *waad nasatay*
    1.5 _____ *waraaq baan qornay*
    1.6 _____ *xaggeed aaddeen*
    1.7 _____ *waan gaarnay*

2. Layligan waa mid lid ku ah kii hore: ku buuxiya goobaha banbannaan nadooca falka oo waafaqsan yeelaha:

    2.1 *Shalay macallinku cashar fiican buu dhig-*_____

2.2 *Hooyaday dugsiga bannaankiisa bay igu arag-*_____

2.3 *Aaway waraaqihii aad qor-*_____

2.4 *Nimankaas maxay kaa rab-*_____ ?

2.5 *Annagu waxaan ka soo bax-*_____ *bankiga*

2.6 *Adigu maxaad cun-*_____ ?

3. Ku buuxiya goobaha banbannaan falka ku gadaaman bilaha, idinkoo siinaya qaab faleed waafaqsan baahida yeelaha xag qof iyo xag tiraba:

    3.1 *Caruurta yaryar aad bay cayaaraha u* _____ (*jecel*)

    3.2 *Telefiishinku wuxuu* _____ (*hanuuni*) *dadweynaha*

    3.3 *Macdantu door weyn bay* _____ (*ka cayaar*) *dhaqaalaha dalka*

    3.4 *Ardayga wanaagsan dariska waa* _____ (*u tur*)

    3.5 *Max'ed iyo Cali maatada ayay* _____ (*u kaalmee*)

    3.6 *Meesha adiga iyo afadaadu aad* _____ (*deg*) *maxay ahayd?*

4. Akhriya sheekada soo socota, hoosta ka xarriiqa inta fal ee idiin muuqda yeelayaashooda, kaddibna ku kala qora labadaan liis falwaliba iyo yeelihiisa waafaqsan:

A	B
YEELE	**FAL**
beero	*yaalla*
.....	.....

   Afgooye iyo Jannaale beero badan oo qurux badan ayaa ku yaalla. Miraha badan ee xilli walba ka baxa beerahaas wax badan bay dhaqaalaha dalkeenna u taraan. Waxaana ka mid ah: moos, babbaay, liimo, cambe, qare, seytuun iwm. Dadku waxay cunaan mirahaas. Miruhu fitamiin fara badan buu leeyahay. Fitamiinka A iyo D baa ku badan.

   Fitamiinnadaasi oogada dadka iyo dhismaha lafaha ayay wax badan u taraan.

   Haddii aynu xoojinno wax soo saarka xagga beeraha, xoolaha iyo macdantaba waxaan shaki ku jirin in aan gaarayno isku fillaansho oo cidna aan gacanta u hoorsanayn, markaasaana si dhab ah gobannimo u heleynaa, haddii Alle idmo.

5. Dib u akhriya weeraha layliga koowaad idinkoo hoosta ka xarriiqaya falalka weerahas, kaddibna fal waliba u qaybiya labo qaybood (sal iyo nadooc) sida tusaalaha soo socda:

	SAL	NADOOC
Tus.: *qoray*	*qor*	*ay*

6. U roga weerta qaab wadareed haddii yeeluhu uu yahay keli, ama qaab keli haddii yeeluhu uu yahay wadar.
   Tus.: *Isagu dawo fiican buu ii qoray*
   Iyagu dawo fiican bay ii qoreen

   6.1 *Iyadu canuuni bay cuntay*
   6.2 *Iyagu dugsiga bay ka yimaadeen*
   6.3 *Adigu waad daallan tahay*
   6.4 *Annagu waraaq baan qornay*
   6.5 *Idinku xaggeed taagan tihiin?*
   6.6 *Anigu waan tegayaa*

7.1.2 *Amminka falka*

Waxaan aragnay in nadooc faleedku uu tilmaamo is waafaqsanaanta falka iyo qofka. Qof kasta wuxuu lahaa dibkabe u gaar ah. Haatan waxaanu arkaynaa isla hal qof oo hal fal u adeegsanaya dibkabayaal iyo qaabab kala duwan, kuwaasoo cayimaya warka la xariira amminka falku dhacayo. Bal eega weerahakan:

27) *Nuur maanta buu cun**ayaa** mallaay*
28) *Nuur shalay buu cun**ay** mallaay*
29) *Nuur berri buu cun**i doonaa** mallaay*

Falka weerta (27) hadda ayuu dhacayaa, sidaa darteed amminka falku waa **joogto**. Falka (28) wuxuu tilmaamaa wax ammin hore dhacay, sidaa darteed falku qaab **tagto** ayuu leeyahay. Midka (29) waxaa loogu talagalay in uu dhaco ammin soo socda: **timaaddo**. Waxaana ina garan siinaya kala soociddan, qaababka kala duwan ee falku uu yeesho waqtiyada kala geddisan (*cunaya, cunay, cuni doonna*).

Haddaba waxaynu helnay saddex ammin faleed iyagoo loo eegayo waqtiga uu hadalku dhacayo (ama soo baxayo):

i. **Joogto** (*cunayaa*): dhacdada uu falkani sifaynayo waa mid dhacaysa isla marka uu hadluhu soo saarayo weerta.

ii. **Tagto** (*cunay*): dhacdada uu falkani sifaynayo waa mid dhacday ka hor waqtiga uusan hadluhu weerta soo saarin.

iii. **Timaaddo** (*cuni doonaa*): dhacdadan waxay imanaysaa ammin kaddambeeya waqtiga uu hadluha soo saarayo weerta.

Haddii aan doonayno in aan ku muujinno amminka qoraal ahaan sidatan ayaanu yeeli karnaa:

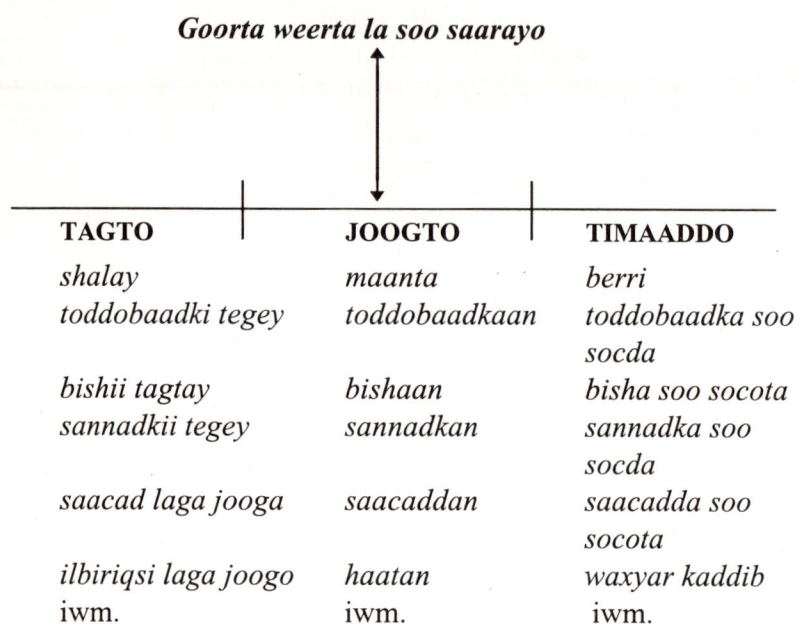

Goorta weerta la soo saarayo

TAGTO	JOOGTO	TIMAADDO
shalay	maanta	berri
toddobaadki tegey	toddobaadkaan	toddobaadka soo socda
bishii tagtay	bishaan	bisha soo socota
sannadkii tegey	sannadkan	sannadka soo socda
saacad laga jooga	saacaddan	saacadda soo socota
ilbiriqsi laga joogo	haatan	waxyar kaddib
iwm.	iwm.	iwm.

Amminnada kala duwan waxay dhawraan kala duwanaanta la xariirta qofka, tirada iyo caynta. Waa kan tusaale ahaan isrogrogga falka *cun* iyo saddexdiisa ammin:

	JOOGTO	TAGTO	TIMAADDO
1° k.	waan cun**aa**	waan cun**ay**	waan cuni **doonaa**
2° k.	waad cun**taa**	waad cun**tay**	waad cuni **doontaa**
3° k.l.	wuu cun**aa**	wuu cun**ay**	wuu cuni **doonaa**
3° k.dh.	way cun**taa**	way cun**tay**	way cuni **doontaa**
1° wa.	waan cunn**aa**	waan cunn**ay**	waan cuni **doonnaa**
2° wa.	waad cun**taan**	waad cun**teen**	waad cuni **doontaan**
3° wa.	way cun**aan**	way cun**een**	way cuni **doonaan**

LAYLI

1. Falalka bilaysan waxaad ku buuxisaan goobaha banbanaan idinkoo ka dhigaya tagto ama joogto amo timaaddo hadba qaabkii ku habbon.

    1.1 *Cali badda ayuu* _____ *(aad) shalay*

    1.2 *Haatan maxaad* _____ *(baro)*

    1.3 *Shalay maxaad* _____ *(raac)*

    1.4 *Sannad dambe ayaan Jaamacadda* _____ *(gel)*

    1.5 *Mar hore ayaan kuu* _____ *(sheeg)*

    1.6 *Ha ku khasbin cuntada, wax yar kaddib isagaaba kas u* _____ *(cun)*

2. Aqoonsada amminka falalka weeraha soo socda, hal xarriiq ku hoos qora kuwa tagtada ah, labo xarriiq kuwa joogtada ah, xariiq gogo'anna kuwa timaaddada ah.

    2.1 *Aabbahay lacag buu ii dhiibay*

    2.2 *Wiilashu halkaas ayay ku cayaaraan*

    2.3 *Cali iyo Aadan shaah bay cabbeen*

    2.4 *Gabadha aan guursan doono baan ugu talagalay*

    2.5 *Galab kasta dhirta guriga ayaan dhexjoogaa*

    2.6 *Wax badan buu aabbahay iga waaniyey caajiska, isagoo i leh: "Maalin baad ka shallayn doontaa". Maanta uun baan xusuustay waanadii aabbahay, waayo asaaggay waa shaqaystaa anna hurdadii iyo wahsigii badnaa shaqo la'-aan baan ka qaaday, maalinba qof ayaan qado ka shaxaa-taa.*

3. Falalka hoos ku xusan u yeela midkiiba labo weerood oo kala leh qaab ammin joogto iyo ammin tagto:
    yeel, ciribtir, lafagur, mintid, qor, qaad

4. Qora curis gaaban oo ku saabsan hawlmaalmeedkiinna idinkoo adeegsanaya ammin joogto:
    Subax walba waxaan kacaa...

5. Isla curiskii layliga afaraad waxaad u rogtaan ammin tagto:
    Shalay subax waxaan kacay...

6. Sameeya lix weerood oo falalkoodu qaab timaaddo ay leeyihiin.

7.1.3 *Muuqaal faleedka*

Waxaan soo aragnay in falku uu yeelan karo summado kala duwan oo la xariira saddexda ammin faleed ee kala geddisan. Haseyeeshee isla hal ammin gudihiisa ayaa falku haddana yeelan karaa qaabab kala duwan. Tusaale:

>30) *Nuur shalay ayuu cunay mallaay*
>31) *Nuur shalay buu cunayay mallaay*
>32) *Nuur waagii hore ayuu cuni jiray mallaay*

Waxaa la filayaa in aad dareenteen in saddaxdan weerood ay soo wada bandhigayaan falal amminkooda tagto ah oo ay horay u dhaceen. Yeeluhu waa isku mid laakiin falku wuxuu yeeshay qaabab kala duwan (*cunay, cunayay, cuni jiray*). Maxay tahay sababtu? Sababta qaababkaa kala duwan uu falkaasi u yeeshay waa arrin la xariirta amuurahan:

i. Qaabka tusaalaha (30) *cun-ay* wuxuu tilmaamaa arrin dhacday waqti tagay, isla markiina halkaas ku ekaatay.

ii. Qaabka *cun-ayay* ee tusaalaha (31) wuxuu tilmaamayaa arrin dhacday waqti hore isla markiina halkaas aan ku ekaanine, muddo sii socotay. Tusaale:

>33) *Markaan arkay wuu hurdayay*

Falka hore (*arkay*) wuxuu tilmaamaa fal mar qura dhacay oo aan raagin ama sii socon, midka labaadse (*hurdayay*) wuxuu tilmaamaa fal socda oo gaarsiisan ilaa iyo inta uu yeelulu hurdada ka toosayo.

iii. Qaabka *cuni-jiray* ee tusaalaha (32) wuxuu tilmaamaa fal, waqti tagay gudihiisa, dhawr jeer ku soo noqnoqday. Tusaale:

>34) *Markaan yaraa dugsi quraan baan dhigan jiray*

Tani micnaheedu ma aha in maalin keliya aan aaday dugsi quraanka balse maalmo badan ayaan aadi jiray oo ay dhacdadani soo noqnoqonaysay, haatanse ma aado.

Qaababkan kala duwan ee muuqaal faleedka waxaa lagu kala soocaa ereyada soo socda:

- **Tagto fudud** baa lagu magacaabaa amminka muujiya fal dhacay hal mar;

- **Tagto socota** baa lagu magacaabaa amminka muujinaya fal dhacay oo socday ilaa muddo;
- **Tagto caadaley** waa ammin muujinaya fal la caadaystay oo dhawr jeer la sameeyey waqti hore.

Waxaan aragnay in tagtadu ay yeelan karto saddex qaab muuqaal faleed. Joogtaduse labo keli ah ayay leedahay. Timaaddada iyadu, midna ma laha, sidaas darteed falku ma yeelan karo summad muuqaal faleed.

AMMIN	MUUQAAL FALEED		
	FUDUD	SOCOTA	CAADALEY
TAGTO	*cunay*	*cunayay*	*cuni jiray*
JOOGTO	-----	*cunayaa*	*cunaa*

- **Joogtada socota** waxaa loo adeegsadaa fal lagu jiro hawshiisa marka laga hadlayo.

    35) *Maxaad hays**aa**?*
    36) *Waraaq baan qor**ayaa***

ama waxaa kaloo loo adeegsadaa fal dhici raba timaaddo dhow:

    37) *Ma dugsigaad u socot**aa**?*
    38) *Maya, hadhow baan aad**ayaa**.*

- **Joogtada caadaleyda** ah waxaa loo adeegsadaa fal la caadaystay oo mar hore la bilaabay, gaarayana ilaa laga gaaro waqtiga hadluhu uu soo saarayo dhambaalka:

    39) *Subax walba dugsiga ayaan aad**aa**, duhurkii ayaan ka soo noqd**aa***

Waa kuwan baaradigmayaasha oo dhan oo leh labada qaab ee joogto iyo saddexda qaab ee tagto iyadoo tusaale ahaan aan u qaadanayno falka *tag*:

	JOOGTO CAADALEY	JOOGTO SOCOTA
1° k.	*waan tag-**aa***	*waan tag-**ayaa***
2° k.	*waad tag-**taa***	*waad tag-**aysaa***
3° k.l.	*wuu tag-**aa***	*wuu tag-**ayaa***
3° k.dh.	*way tag-**taa***	*way tag-**aysaa***

Sarfaha falalka

1° wa.	*waan tag-**naa***	*waan tag-**aynaa***
2° wa.	*waad tag-**taan***	*waad tag-**aysaan***
3° wa.	*way tag-**aan***	*way tag-**ayaan***

	TAGTO FUDUD	TAGTO SOCOTA	TAGTO CAADALEY
1° k.	*waan tag-**ay***	*waan tag-**ayay***	*waan tag**i** jiray*
2° k.	*waad tag-**tay***	*waad tag-**aysay***	*waad tag**i** jirtay*
3° k.l.	*wuu tag-**ay***	*wuu tag-**ayay***	*wuu tag**i** jiray*
3° k.dh.	*way tag-**tay***	*way tag-**aysay***	*way tag**i** jirtay*
1° wa.	*waan tag-**nay***	*waan tag-**aynay***	*waan tag**i** jirnay*
2° wa.	*waad tag-**teen***	*waad tag-**ayseen***	*waad tag**i** jirteen*
3° wa.	*way tag-**een***	*way tag-**ayeen***	*way tag**i** jireen*

LAYLI

1. Waxaad hal jeer hoos ka xarriiqdaan falalka joogtoda, labo jeerna kuwa tagtada.

    1.1 *Maalin walba qof waa dhashaa qofna waa dhintaa*

    1.2 *Markaad teleefonka diraysay baan xusuustay*

    1.3 *Sannadkii hore fasalka 3^{aad} baan dhiganayay*

    1.4 *Faarax aabbihiis buu Kismaayo u raacay*

    1.5 *Safiya walaasheeda bay guriga wax ku bartaa*

    1.6 *Buugaagta maktabada baan la kaashanayaa*

    1.7 *Waagii hore kubbadda baan aad u cayaari jiray*

    1.8 *Jimicsigu jirka ayuu dhisaa, wuxuu hakiyaa duqnimada, wuxuuna ka hortagaa cudurro*

    1.9 *Wiilashu weli qadadii ayay cunayaan*

    1.10 *Cali wuxuu tagay markii aad ila hadlaysay*

2. Falalka layliga aan soo dhaafnay (1) waxaad ku ag qortaan muuqaal faleedka iyo amminka ku habboon:

    tagto fudud: *xusuustay,...*

    tagto socota:

    tagto caadaley:

    joogto socota:

    joogto caadaley:

3. Sameeya 10 weerood (shan iyaga ka mid ah ka dhiga joogto caadaley shanna joogto socota) idinkoo adeegsanaya falaka soo socda:

    qor, akhri, nadiifi, feker, booqo, kari, dhis, keen, xir, baar.

4. Adeegsada isla ereyadii layliga (3)aad, markaanse ka dhiga ammin tagto (afar ha ahaadeen tagto fudud, saddex tagto socota, saddexna tagto caadaley).

5. Ku buuxiya weeraha soo socda nadooc faleedka ku habboon xag ammin iyo xag muuqaal faleed:

   5.1 *Shalay bas baan ku tag-_____ xaafaddiina*

   5.2 *Halka aan uga tagay baan ku ark-_____*

   5.3 *Waagaan dugsi hoose dig-_____ baan isbarannay*

   5.4 *Sannadkii dhowaa fasalkee buu Cali dhig-_____ ?*

   5.5 *Xagguu ku yaall-_____ dugsigiinna?*

   5.6 *Haatan maxay Farxiya gacanta ku hay-_____ ?*

   5.7 *Nin kuu dig-_____ kuma dilin*

   5.8 *Caawa gurigii Xersi bay giddigooda joog-_____*

   5.9 *Caanaha waa la dhamm-_____ biyahana waala cabb-_____*

   5.10 *Markaad Cayaaraysay anna duruus baan bar-_____*

7.1.4 Hababka falka

Wixii ilaa haatan aan soo marnay, waxaanu ka fahmaynaa in afku, maadaama uu ka kooban yahay waxyaabo fara badan oo kala duwan, uu yahay shay ama qalab noo oggolaanaya in aan samayno hawlo aad u kala duwan; marka aan hadlayno, mararka qaarkood waxaan isku koobnaa in aan ka hadalno xaqiiqada ama waxyaabaha nagu hareereysan, mararka qaarkoodna waxaan ku talinnaa in aan wax ka beddelno xaqiiqadaas, marar kalena waxaynu isu sheegnaa waxyaabo khiyaali ah oo aan hindisno. Mahaddaasna afka ayaa iska leh.

Bal eega haasaawahaan soo socda:

> 40) A - *Sigaar ayaan **cabbayaa**.*
>   B - *Fadlan dibadda ku **cab**!*
>   A - *Oo maad ila **cabtid**?*
>   B - *Haddaan **cabbi lahaa** dibadda kuuma direen.*
>   A - *Anna ma doonaayo in aan **cabbo**.*

Qofka hadlaya wuxuu u soo gudbiyay hawsha laga hadlayo, oo ah *cabbidda*, siyaabo kala duwan, isagoo mar waliba dooranaya hab kale oo la xiriira ulajeeddada la doonayo in la soo bandhigo. Habka hawsha waxaa ku cayiman falka isagoo yeesha qaabab kala duwan oo lagu magacaabo **hab**. Waxayna kala yihiin:

a) HAB EBYOON: qofka hadlaya wuxuu ka warbixinayaa xaqiiqda (waxa uu sheegeyo wuxuu u soo gudbinayaa sida ay xaqiiqdu tahay), wuxuuna u adeegsadaa falka habkii uu ku tilmaami laha xaqiiqdaas:

41) *Fasalka 3^{aad} ayaan **dhigtaa***
42) *Aabbahay 60 sano buu **jiray***
43) *Madxafka ayaynu **aadaynaa** berri*

b) HAB SHARDILEY: qofka hadlaya waxa uu sheegayo wuxuu noogu soo gudbiyaa arrin hirgelinteedu ay suurtaggal tahay, laakiinse ku xiran shuruud:

44) *Muxuu u baran waayay dersiga?*
45) *Wuu **baran lahaa** laakiin niyad buusan u haynin*

c) HAB AMMAR: qofka hadlaya waxa uu sheegayo wuxuu noogu soo gudbinayaa si amar ama waano ah:

46) ***Aamus**!*
47) *Is ka **eeg**!*
48) *Maandhow **cab** dawada!*
49) ***Xiro** albaabka!*

Habka amarku wuu ka duwan yahay hababka kale maadaama uu leeyahay qaab keliya oo la xiriira qofka labaad (ha ahaado keli ama wadar); tusaale: *qor* (*adiga*); *qora* (*idinka*).
Ma adka in aan fahamno in, sida caadigaba ah, qofka hadlayo uu siin karo amar ama talo qofka uu la hadlayo oo keli ah, oo waafaqsan qofka labaad.

d) HAB TALO: qofka hadlaya waxa uu sheegayo wuxuu noogu soo gudbinayaa qaab talo, rajo, duco iyo mararka qaarkoodna si amar ah, haseyeeshee habkan wuxuu kaga duwan yahay midka amarka isagoo leh qaab qofeedka oo idil:

1° k.	**an** qoro
2° k.	**ad** qorto (-tid)
3° k.l.	**ha** qoro
3° k.dh.	**ha** qorto
1° wa.	**an** qorno
2° wa.	**ad** qorteen
3° wa.	**haa** qoreen

Waxaa idiin muuqda in qaababka falka ay ka horreeyaan magacuyaallo yeele oo la soo koobay (**an**, **ad**) marka laga reebo qofka saddexaad oo ay ka horreyso **ha**:

50) *Wiilku **ha** aado dugsiga*
51) *Geelaagu **ha** bato!*
52) ***An** tagno!*

e) HAB DHIMMAN: waa hab loo adeegsado weeraha dhimman oo ku xiran weer kale sida tusaalooyinka soo socda ee hoosta laga xarriiqay falka habkiisa dhimman.

53) *Waxaan doonayaa inaan **aado** Jowhar*
54) *Saca uu walaalkay **liso** baan soo gaday*
55) *Markuu gabbalku **dhaco** ayaan guriga aadnaa*

Baaradigmaha habka dhimman oo idil:

1° k.	(*in*)aan sheeg-**o**
2° k.	(*in*)aad sheeg-**to** (**-tid**)
3° k.l.	(*in*)uu sheeg-**o**
3° k.dh.	(*in*)ay sheeg-**to**
1° wa.	(*in*)aan sheeg-**no**
2° wa.	(*in*)aad sheeg-**taan**
3° wa.	(*in*)ay sheeg-**aan**

Si aan u soo koobno dabeecadda hababkan, waxaan shaxda soo socota ku soo bandhigeynaa qaababka kala duwan ee uu yeelan karo qofka saddexaad ee keliga ah. Waxaa la filayaa in aad dareenteen in hababkan badankoodu ay keydiyeen habdhiska nadooca la xiriira qofka, tirada iyo caynta.

MAGACA HABKA	QAAB FALEEDKA
EBYOON	(*waa*) *cunaa*
SHARDILEY	(*waa*) *cuni lahaa*
AMAR	*cun*!
TALO	(*ha*) *cuno*
DHIMMAN	(*uu*) *cuno*

Baaradigmayaasha oo idil ee falalka waxaad ka heleysaan dhammaadka baabka sarfaha.

LAYLI

1. Ku buuxiya goobaha banbannaan qaab faleedka la doonayo ee warkiisu ku gadaaman yahay bilaha:

    1.1 *Askarigu wuxuu u* _____ (*adeeg* H.EBYOON) *danta dadweynaha.*

    1.2 *Waan kuu* _____ (*tilmaan* H.SHARDILEY) *ee waanaan garanayn.*

    1.3 *Inta aan ka soo* _____ (*noqo* H.DHIMMAN) *halkaan igu sug.*

    1.4 *Cali* _____ (*seexo* H.TALO) *dhakhsi.*

    1.5 *Alaabtaan guriga Cusmaan* _____ (*gee* H.AMAR)

2. Falalka ku jira haasaawahan soo socda u kala saara hababka ay ka kala tirsan yihiin:

    A - *Xaggeed u socotaa?*

    B - *Shineemada ayaan aadi lahaa.*

    A - *Ma ogtahay in uu roob da'ayo?*

    B - *Ha da'o, dallad baan qaadanayaa.*

    A - *Maandhow, dabaysha dhaceysa hargabku waa kaaga sii darayaa ee guriga iska joog!*

    B - *Hooyo, ma ogtahay in filinika aan u socdo uu yahy casri?*

    A - *Adna ma ogtahay in caafimaadkaagu uu ka qayma badan yahay waxwalba?*

    B - *In aan intaas garan karo adba waad ogtahay ee.*

    A - *Waan ogahay in aad garan karto intaas, laakiin waayo-aragnimo ayaa kaa maqan. Sababta aan kuula doodayana waa dantaada, Alle haku garansiiyo, haddana khayaar baad leedahay ee meesha aad rabto aad, hadhowse ha ii soo cabaadin.*

B - *Hooyo macaan, adaa iga toosan ee iga raalli ahow! Wax baan iska akhrisanayaa.*

A - *Duca qabe, caqliga ayan kugu jeclaaday! Wax sii akhriso inta aan cashada boobsiinayo.*

3. U sameeya labo weerood midkasta oo ka mid ah shanta hab, idinkoo adeegsanaya falalka aad doonaysaan.
4. Waxaa faqraddan aan ka baranay falka astaamihiisa u gaarka ah oo idil: qofka, tirada, caynta, amminka, muuqaal faleedka iyo habka. Sidaa darteed waxaan awoodnaa in aan aqoonsanno astaamahan, marka aynu aragnaba qaab faleed.

Tus.: *Waan ku guuleysannay imtixaanka.*

Qaab faleedka *guulaysannay* wuxuu tilmaamaa waxyaabahan soo socda:

- qofka   = 1^{aad}
- tirada   = wadar
- habka   = ebyoon
- amminka = tagto
- muuqaal = tagto fudud

Haatan, idiinkoo ku dayanaya tusaalaha aan kor ku soo bandhignay, tifaftira falalka ku jira weeraha soo socda siiba inta hoosta ka xarriiqan:

4.1   *An <u>cayaarno</u>*

4.2   *Inuu kula <u>hadlo</u> buu <u>jeclaan lahaa</u>*

4.3   *<u>Cuna</u> mallayga!*

4.4   *Caruurtiisa shaqo ayuu ku <u>barbaariyay</u>*

4.5   *Wuxuu <u>doonayaa</u> in uu baryo ka xoroobo*

4.6   *16 sano ayay wax <u>baranayeen</u>*

4.7   *Sida aan kuugu <u>lisay</u> iguma aadan hambayn*

4.8   *An wada <u>hadalno</u> waa an <u>heshiinno</u>*

4.9   *Dadka ilkihiisu da'day ku soo wada <u>baxaan</u>*

4.10. *Ilaahow eexana ha nooga <u>tegin</u> aqoondarrana ha nagu cadaabin*

7.2 Noocyada falalka

7.2.1 *Noocyada sarfaha leh*

Falalka saddex kooxood oo waaweyn ayaa loo kala qaybin karaa iyagoo laga eegayo dhanka sarfaha: **falal dibkabayaal leh**, **falal sifo** iyo **falal horkabayaal leh**. Waxaa haatan iskudayaynaa in aan tifaftirno astaamaha u gaarka ah koox waliba ee ka tirsan saddexdan qaybood.

7.2.1.1 *Falalka dibkabayaasha leh*

Falalka soomaaliyeed badankoodu waa kuwa dibkabayaasha leh, yacni falalaku waxay nadooc faleedka ay ku leeyihiin dhinaca midig, salka dhammaadkiisa.

Waad xasuusan tihiin in qaab faleed kasta uu ka kooban yahay labo qayb: **sal** iyo **nadooc**.

SAL	NADOOC
qor-	aa
qor-	taa
qor-	aa
qor-	taa
qor-	naa
qor-	taan
qor-	aan

Salku waa qaybta aasaasiga ah, oo gudbisa micnaha falka erey ahaan. *Nadoocu* oo ah qaybta lagu dhejiyo salka dhammaadkiisa, waa isbeddelaa, arrintaasuna waxay ku xiran tahay: *qofka, tirada, caynta, amminka, muuqaalka* iyo *habka* oo giddigood dhaliya qaab faleedyada kala duwan. Isku jirka qaababka oo idil ee uu falku yeelan karo waxaa lagu magacaabaa **isrogrog**. Falalka dibkabayaasha leh waxay kala leeyihiin saddex nooc isrogrog. Si lagu ogaado in falku uu yahay isrogrogga 1° ama 2° ama 3° waxa gundhig u ah in laga eego qaabka uu yeesho falku marka uu yahay hab amarka kaliga ah, kaasoo ku jaan go'an qaabka salka falka. Si loo aqoonsado isrogrogga uu ka tirsan yahay fal waxaa ku filan in falka laga dhigo amarka oo keliga ah kaddibna la eego falka dhammaadkiisa.

1) ISROGROGGA I waxaa ka tirsan falalka amarkoodu keliga yahay oo ku dhammaada shibanyaal sida: *cun, qor, cab, jiid*, iwm.

2) ISROGROGGA II waxaa ka tirsan falalka amarkoodu keliga yahay oo ku dhammaada:

   a. *-i*
   1) *kari, mari, deji, badi*

   b. *-ee*
   2) *caddee, samee, jimee, xumee*

3) ISROGROGGA III waxaa ka tirsan falalka amarkoodu keliga yahay oo ku dhammaada:

   a. *-o*
   3) *baro, qaado, xiro, qabo*

   b. *-so*
   4) *baxso, raadso, joogso, tirso*

Si loo bayaamiyo waxaan halkan ku soo bandhigaynaa falalka qaarkood oo ka kala tirsan saddexda nooc isrogrog, iyagoo ku nadoocsan qofka I iyo II oo keliga ah oo amminkooduna yahay joogto caadaley, tagto fudud iyo timaaddo:

ISR. I		JOOGTO CAADALEY	TAGTO FUDUD	TIMAADDO
a.	keen	1. keenaa	keenay	keeni doonaa
		2. keentaa	keentay	keeni doontaa
b.	duqow	1. duqoobaa	duqoobay	duqoobi doonaa
		2. duqowdaa	duqowday	duqoobi doontaa
c.	kaftan	1. kaftamaa	kaftamay	kaftami doonaa
		2. kaftantaa	kaftantay	kaftami doontaa
ISR. II				
a.	kari	1. kariyaa	kariyey	karin doonaa
		2. karisaa	karisey	karin doontaa
b.	samee	1. sameeyaa	sameeyey	samayn doonaa
		2. sameeysaa	samaysey	samayn doontaa

Isr. III

a.	*xiro*	1. *xirtaa*	*xirtay*	*xiran doonaa*
		2. *xirataa*	*xiratay*	*xiran doontaa*
b.	*raadso*	1. *raadsadaa*	*raadsaday*	*raadsan doonaa*
		2. *raadsataa*	*raadsatay*	*raadsan doontaa*

LAYLI

1. Aqoonsada isrogrogayaasha falka ku jira weeraha soo socda idinkoo raadinaya fal kasta qaabkiisa salka ah.

   Tus.:   *cunay*   I   II   III

   cun

   1.1 *Saalax baa baxaya*

   1.2 *Shiikha masjidka ayuu ka soo laabtay*

   1.3 *Caruurtii weli fasax bay ku jirtaa*

   1.4 *Mar hore ayuu howshiisa dhammeeyay*

   1.5 *Mooge guriga ayuu cunto ku karsadaa*

   1.6 *Baabuurkii dib baa loo celiyey*

   1.7 *Ina Cabdille Xasan gabayo badan buu tiriyey*

   1.8 *Gaajo ayaa ku kalliftay falkaas*

   1.9 *Talo ayuu naga codsaday*

   1.10 *Tuducdaan baa muujisa raadkii gumaysiga*

2. Raadiya 15 fal, oo 5 iyaga ka mid ah ha ahaadeen isrogrogga I, shanna isrogrogga II, 5-ta kalena isrogrogga III. Mid walibana u yeela weer.

3. Akhriya warka soo socoda, kana soo saara falalka isrogrogga I oo idil.

   Qorraxdu subixii bay soo baxdaa, nuurkeeduna waa soo daahiraa, waxaana uu buuxiyaa arlada oo dhan, shimbiruhu way soo kaakacaan iyagoo u duulaya si ay u qaraabtaan, beeruhu waxa ay ku koraan iftiinka qorraxda, ubaxuna waxa uu ku dillaacsadaa iftiinkaasi, dadkuna waxa uu u toosaa hawlihiisa isagoo arlada garbaheeda ku soconaya oo ka raadsanaya fadli Ilaahay.

7.2.1.2 *Falal sifo*

Waxaa jira koox fal ah oo leh nadooc ka duwan kuwa leh saddexdii isrogrog ee aan horay u soo aragnay, waxay badankoodu leeyihiin micno aan ka fogeen sifo, yacni waxay ka hadlayaan yeelaha waxa uu yahay ama astaamihiisa u gaarka ah. Waxayna badankoodu yihiin fal magudbe sida: *nool, adag, dheer, badan, riman*. Falalkan, dhan haddii laga eego, waxay leeyihiin nidaam ammin iyo qaab si uga duwan kuwa leh falalka dibkabayaasha leh. Marka hore, waxaa ka maqan gebi ahaan amminka socda (joogto socota iyo tagto socota). Marka labaad joogtadu waxay ku rogrogantaa iyadoo laysku lammaaninayo fal iyo falkaaliye, yacni qaabka aan isbeddelayn ee leh salka fal sifo oo dhammaadkiisa lagu dhejinayo fal ahaansho oo leh qaab joogto oo horkabe leh.

1° k.	waan adk-***ahay***	
2° k.	waad adag-***tahay***	
3° k.l.	wuu adag-***yahay***	
3° k.dh.	way adag-***tahay***	
1° wa.	waan adag-***nahay***	
2° wa.	waad adag-***tihiin***	
3° wa.	way adag-***yihiin***	

Tagtadu waxay leedahay dibkabayaal u gaar ah, oo ka duwan kuwa falaka dibkabayaasha leh. Waxaan isu barbar dhigaynaa fal sifo (*adag*) iyo fal nooca dibkabayaasha ah (*arag*), oo labadoodaba la siinaayo qaab tagto:

1° k.	waan adk-***aa***	waan ark-***ay***
2° k.	waad adk-***ayd***	waad arag-***tay***
3° k.l.	wuu adk-***aa***	wuu ark-***ay***
3° k.dh.	way adk-***ayd***	way arag-***tay***
1° wa.	waan adk-***ayn***	waan arag-***nay***
2° wa.	waad adk-***aydeen***	waad arag-***teen***
3° wa.	way adk-***aayeen***	way ark-***een***

Falalka ka tirsan dirtan waxaa loo kala saari karaa laba kooxood:

a) koox yar oo ka kooban falal sifo oo asal ah, sida:
adag, cad, bisil, dheer, eg, feejig, culus, cas, cayrin, dhow, irmaan, fayow, cusub, dihin, kulul, fog, jecel, le'eg, shilis, madow,

macaan, oggol, la', moog, fudud, qabow, roon, leh, nool, nugul, yar, xun, san, neceb, og, iwm.

Waa kan tusaale muujinaya isrogroggooda oo leh qaab ammin tagto oo ebyoon:

1° k.	*waan yar-aa*	1° wa.	*waan yar-ayn*
2° k.	*waad yar-ayd*	2° wa.	*waad yar-aydeen*
3° k.l.	*wuu yar-aa*	3° wa.	*way yar-aayeen*
3° k.dh.	*way yar-ayd*		

b) koox ballaaran oo ka kooban falal sifo kuwa ugu badan oo ka soo jeeda falal kale ama magacyo iyadoo lagu kabayo salka *-an* ama *-san*.

5)	*xiran*	ka yimid falka	*xir*
	beeran	ka yimid falka	*beer*
	shidan	ka yimid falka	*shid*
	furan	ka yimid falka	*fur*
	deggan	ka yimid falka	*deg*
	rimman	ka yimid falka	*rin*
	karsan	ka yimid falka	*kari*
	fidsan	ka yimid falka	*fidi*
	jabsan	ka yimid falka	*jabi*
	faraxsan	ka yimid falka	*far(a)xi*
6)	*quruxsan*	ka yimid magaca	*qurux*
	caansan	ka yimid magaca	*caan*
	wanaagsan	ka yimid magaca	*wanaag*

Waa kan tusaale muujinaya isrogroggooda:

1° k.	*waan xirn-aa*	*quruxsan-aa*
2° k.	*waad xirn-ayd*	*quruxsan-ayd*
3° k.l.	*wuu xirn-aa*	*quruxsan-aa*
3° k.dh.	*way xirn-ayd*	*quruxsan-ayd*
1° wa.	*waan xirn-ayn*	*quruxsan-ayn*
2° wa.	*waad xirn-aydeen*	*quruxsan-aydeen*
3° wa.	*way xirn-aayeen*	*quruxsan-aayeen*

7.2.1.3 *Falal horkaabayaal leh*

Waxaa jira koox yar oo ka kooban falal, haddana adeesigoodu aad u badan yahay, oo iswaafaqsanaanta iyaga iyo qofka ay ku muujiyaan horkabayaal. An isu barbardhigno fal horkabe leh sida *aqaan* iyo fal dibkabe leh sida *cun* si aan u aragno goobta nadoocyada (iswaafaq-sanaanta):

	FAL HORKABE	FAL DIBKABE
1° k.	waan aqaanaa	waan cun-**aa**
2° k.	waad **t**-aqaanaa	waad cun-**t-aa**
3° k.l.	wuu **y**-aqaanaa	wuu cun-**aa**
3° k.dh.	way **t**-aqaanaa	way cun-**t-aa**
1° wa.	waan **n**-aqaanaa	waan cun-**n-aa**
2° wa.	waad **t**-aqaaniin	waad cun-**t-aan**
3° wa.	way **y**-aqaaniin	way cun-**aan**

Falalka dibkabayaasha leh waxay iswaafaqsanaanta falka iyo yeelaha ku leeyihiin isqabadka salka iyo nadooca dambe, halka falalka horkabayaasha lehi ay ku muujiyaan iswaafaqsanaanta salka hortiisa. Arrinta kale ee u gaarka ah falalkan horkabayaasha leh waa iyadoo lagu kala saaro joogtada iyo tagtada iswaydaar shaqalleed. Tus.:

	TAGTO	JOOGTO
1° k.	waan **aqaanaa**	waan **iqiin**
2° k.	waad **taqaanaa**	waad **tiqiin**
3° k.l.	wuu **yaqaanaa**	wuu **yiqiin**
3° k.dh.	way **taqaanaa**	way **tiqiin**
1° wa.	waan **naqaanaa**	waan **niqiin**
2° wa.	waad **taqaanniin**	waad **tiqiinneen**
3° wa.	way **yaqaanniin**	way **yiqiinneen**

Marka falalka horkabayaasha leh laga dhigayo tagto waxaa la beddelaa shaqallada, halka falalka dibkabayaashu ay kaga beddelaan nadooca. Shaqalka *a* oo laga dhex helo salka, marka uu leeyahay qaabka joogtada, wuxuu isu beddelaa *i* marka tagto laga dhigayo.

Falalka ugu caansan kooxdani waa kuwan: **aqoo, aal, imow, dheh** iyo **ahow**.

Hab khiska isrogrogga ee falalkan horkabayaasha leh ma aha mid oggolaanaya noocyada amminka iyo qaababka oo idil in uu yeesho falku. Waxaa markasta uusan oggolaanayn habka amarka iyo amminnada socda. Falka *ahaw* wuxuu horkabe leeyahay amminka joogtada oo keli ah. Inta soo hartay wuxuu u dhaqmaa sidii fal sifo:

	JOOGTO	TAGTO
1° k.	*ahay*	*ah-aa*
2° k.	*t-ahay*	*ah-ayd*
3° k.l.	*y-ahay*	*ah-aa*
3° k.dh.	*t-ahay*	*ah-ayd*
1° wa.	*n-ahay*	*ah-ayn*
2° wa.	*t-ihiin*	*ah-aydeen*
3° wa.	*y-ihiin*	*ah-aayeen*

LAYLI

1. Hoosta ka xarriiqa giddi falalka laga dhex helo sheekada soo socota, kaddib u kala saara saddexda koox faleed ee aan horay uga soo hadalnay, idinkoo adeegsanaya qaabka amarka oo qofka labaad oo keli ah. (kooxda A=f.dibkabe, kooxda B=f.sifo, kooxda C=f.horkabe).

    Rah baa waa iyadoo ay jiilaal tahay amaah qaatay baa la yiri. Wuxuuna ballan qaaday haddii la doogsado inuu qaan bixi doono.
    Kolkii la roobsaday baa, isagoo balli dabaaljoogleynaya, ninkii qaanta ku lahaa u yimid. Markuu deyntii weyddiistayna wuxuu ku yiri: "Xilligaan aniyo tolkeyba wax nalama weyddiiyo, oo waan wada waalannahay". Halkii buu dabaashii ka sii qabsaday, oo codkiisii lagu yiqiin xiriiriyay: "Waaq, waaq, waaq". Gugii dambe ayaa misana ninkii u yimid, markuu deyntii weyddiistana isla erayadii buu ugu jawaabay. "Rahu jiilaalkii waa deyn doon, gugiina wuu waalan yahay, oo weligiiba ma qaan baxo" baa la yiri.

2. Ma heli kartaan lix fal sifo kale oo ka duwan kuwa aan kor ku soo aragnay?

3. Ku sumada caddaymaha soo socda, hadday run yihiin ama been yihiin (R/B), goobaabin aad ku dul wareejinaysaan xarafka (R ama B) oo ka tarjumaya waxa ay tahay caddayn walba.

    3.1 Falalka horkbayaasha leh iyo yeelaha xiriir kama dhexeeyo.. R B

3.2 Falalka dibkabayaasha leh waxay leeyihiin lifaaqyada iswaafaqsanaanta oo ka badan kuwa falalka horkabayaasha leh.. R B

3.3 Salka falka horkabaha leh isbeddel baa ku dhacaya marki laga dhigayo qaab tagto................................. R B

3.4 *"In"* wuxuu ka mid yahay dibkabayaasha falalka sifada.. R B

3.5 Magacyada qaarkood waxay fal sifo ku noqdaan dibkabaha *-an* ama *-san*... R B

3.6 Falka *"ahaw"* wuxuu ka mid yahay falalka sifada ... R B

3.7 *"Rimman"* waa fal dibkabe... R B

3.8 Af soomaaligu 10 fal horkabe ayuu leeyahay........... R B

3.9 *"Bisil, cas, culus, cusub, dihin"* waa falal sifo .... R B

3.10 Lifaaqyada *"-an"* iyo *"-san"* waxay falal sifo ka dhigaan falal kale ama magacyo................................. R B

4. Ereyadan ka soo saar kuwa fal sifo ka ah idinkoo midkasta u yeelaya weer amminkeedu joogto yahay:
xun, dil, shilis, roon, oggol, gabow, nugul, wadaag, moog, neceb, dulqaad, macaan, kulul, xishood, irmaan, xilkas, halyey.

7.2.2 *Noocyada falkaaliyeyaasha*

Falalka qaarkood waxay la shaqeeyaan oo isku lammaanaan fal kale waxayna isku noqdaan hal curiye (ama shay). Haddii aan u soo qaadano tusaale ahaan weerahan:

7) *Waan **cuni doonaa***
8) *Waan **cuni karaa***

Sida aadba ka arki kartaan labadan weerood (7-8) midkiiba labo fal ayuu leeyahay, haseyeeshee midka labaad oo keliya ayaa muujiya summadda amminka iyo iswaafaqsanaanta falka iyo yeelaha. Falalka ka tirsan dirtatan tiro ahaan aad bay u yaryihiin waxaana loo kala qaybiyaa labo kooxood oo dabeecaddoodu kala duwan tahay, sidaa darteed kooxba goonideeda baan u lafaguraynaa.

I. FALKAALIYEYAASHA KOOXDA A
Eega tusaalayaasha soo socda:

9) *Way cun-**tay***
10) *Wuu cun-**ay***

11) *Wuu cuni jir-***ay**
12) *Way cuni jir-***tay**

Labada tusaale hore (9-10) waxay nadooca falka *cun* ay ku muujinayaan dibkabayaal ku dheggan isla falkaas, labada kalese (11-12) nadooc faleedkooda kuma cayiman falka *cun*, wuxuu ku cayiman yahay falka kale, oo ah *jir*. Falkaan dambe oo la dersay midka hore waxaa lagu magacaabaa **falkaaliye**, falka aasaasiga ahna sidiisa iskama beddelo *cuni*.

Falka koobaad (*cuni*) oo qaabkiisu aanu isbeddelin **masdar** baa lagu magacaabaa, midka labaad (*jir-*) oo ah kaaliye ayaa wada qaata nadooc faleedyada la xariira qofka, tirada iyo caynta yeelaha, wuxuu kaloo sidaa summadda amminka falka.

Falkaaliyeyaasha kooxda A waa saddex:

13) ***jir***   waan qori ***jir****ay*
14) ***doon***   waan qori ***doon****aa*
15) ***leh***   waan qori ***lah****aa*

Saddexdan fal (***jir***, ***doon***, ***leh***) waxay xataa u shaqeeyaan sidii fal madaxbannaan oo leh micnihiisa gaarka ah, tus.:

16) *Warsame xafiiska ayuu **jiraa***
17) *Maanta kalluun baan **doonayaa***
18) *Boondheere buu dukaan ku **lahaa***

Marka loo adeegsanayo sida fal kaaliye waxaa falalkan ka luma micnaha erey ahaaneed, waxayna noqdaan siyaabo lagu muujiyo qaar ka mid ah amminnada iyo hababka.

a. Falkaaliyaha ***jir*** waxaan looga maarmi karin si loo sameeyo <u>tagto</u> <u>socota</u>.

    19) *Ayeeyo baa yaraantayda iiga <u>sheekeen **jir**tay</u> miyiga*

b. Falkaaliyaha ***doon*** waxaan looga maarmi karin samaynta <u>timaad</u>-<u>dada</u>.

    20) *Berri baa laga <u>hadli **doon**a</u>*

c. Falkaaliyaha ***leh*** waxaan looga maarmi karin samaynta habka <u>shardiileyga</u>.

    21) *Waan ku <u>siin **lah**aa</u> ee waanan haynin*

II. FALKAALIYEYAASHA KOOXDA B

Waa falal ay isku lammaanaan falal kale si ay u cabbiraan suurtaggal, rabitaan iwm. Falalkan sababaha soo socda ayayna uga duwan yihiin falkaliyeyaasha kooxda B:

a. Falka kooxda B ma lumiyo micnihiisa asaleed marka uu isku lammaaninayo fal kale.

    22) *Waan <u>akhrin</u> <u>karaa</u>*

Halkan, falkaaliyaha *kar* wuxuu wax ku kordhiyaa micnaha falka *akhrin*, isagoo caddaynaya in hadluhu uu awood u leeyahay in uu ku kaco falkaas.

b. Falka looma adeegsado hal ammin ama hal hab, wuxuuse la socon karaa amminno iyo habab fara badan:

    23) *Wuu <u>ordi karaa</u>*   (joogto caadaley)
    24) *Wuu <u>ordi karay</u>*   (tagto fudud)
    25) *Wuu <u>ordi karayaa</u>*   (joogto socota)
    26) *In uu <u>ordi karo</u> baan filayaa*   (qaab dhimman)

c. Falka kooxda B isna markiisa wuxuu u baahan karaa falkaaliyaha kooxda A isagoo yeelanaya qaab masdar:

    27) *Wuu <u>ordi **kari** doona</u>*
    28) *Wuu <u>ordi **kari** lahaa</u>*
    29) *Wuu <u>ordi **kari** jiray</u>*

Falalka kooxda B kuwa ugu muhimsan waa kuwan:

    30) **Kar**   way qori **kartaa**
        Waa'   waan hurdi **waayay**
        Rab   wuu bixi **rabaa**
        Gaar   wuu dhici **gaaray**
        La'   waan garan **la'ahay**

Xataa falalkani, sida kuwa hore, waxay noqon karaan fal madaxbannaan oo leh micnihiisa gaarka ah:

    31) *Ina Ducaale baa la <u>**waayay**</u>*
    32) *Dayaaraddii Berbera bay <u>**gaartay**</u>*
    33) *Maxaad <u>**rabtaa**</u>?*
    34) *Carrabkaygu ma <u>**karo**</u>*
    35) *Dayaarad baan <u>**la'ahay**</u>*

LAYLI

1. Hoosta ka xarriiqa giddi falkaaliyeyaasha laga dhex helo haasaawaha soo socda:

    A- *Maxaad shaqada u aadi weyday?*

    B- *Boggaa layga hayaa oo ma dhaqaaqi karo.*

    A- *Maxaan kuu qaban karaa?*

    B- *Waxaan jeclaan lahaa in aad maamulahayga iga gaarsiiso cudurdaarka maqnaashahayga.*

    A- *Waa yahayee, cid dhakhtar kuu kaxayso ma wayday?*

    B- *Taas waxba ma aha, hadhow baan cid kale raadin doonaa.*

    A- *Heedhe, caafimaadka ayaa wax walba ka weynee, tagsi an kuugu yeero si aad u aaddo dhakhtarkii aad dugsiga isla dhigan jirteen.*

    B- *Waan aadi lahaayee amuu dariiqa xanuunkii iigu si daraa?*

    A- *Intaad adkaysan karto adkayso, kuna dhakhso waayo saacadda wiisatada baa kaa dhammaan rabta.*

    B- *Waa tahay, khayr Alla ha ku siiyo!*

2. Ku buuxiya goobaha banbanaan kaaliyeyaasha ku habboon:

    2.1 *Haddaad i tustid waan garan* _____

    2.2 *Berri ayaan iska arki* _____ *labadeenu*

    2.3 *Ma akhrin* _____ *okiyaale la'aan*

    2.4 *Ka gaar dukaanka waa la xiri* _____

    2.5 *Waa u qaadan kari* _____

    2.6 *Maxaad igula talin* _____ ?

    2.7 *Ku noqo halka aad waagi hore joogi* _____

    2.8 *Maxay dadkii hore isku waydaarsan* _____ ?

3. Weeraha soo socda qaar ayaa ka qaldan, maxaa yeelay falkaaliyeyaal aan ku habboonayn baa ku dhex jira weerahaas. Raadiya oo saxa.

    3.1 *Toddobaadka soo socda baa Cali imaan jiray*

    3.2 *In aan ku arko baan dooni rabaa*

    3.3 *Arraweelo ragga way dili kartay*

    3.4 *Mar baan dhici gaaray*

    3.5 *Haddaad runta ii sheegi lahayd dhibaatadan lama kulmi waayeen.*

    3.6 *Ma garan rabo waxa uurkaaga ku jira*

    3.7 *Siduu kuugu wargelin lahaa ayuu garan la'yahay*

3.8 *Haddaad xoog waydid xiilo ma waydid.*

7.3 Qaabka iyo micnaha falka

7.3.1 *Shaqada fal gudbaha iyo fal magudbaha*
Eega weerahan:

1) *Shamso way <u>seexatay</u>*
2) *Shamso jalaato ayay <u>cuntay</u>*

Hawsha yeelaha (*Shamso*) ee weerta (1), oo qeexaya falka *seexo*, ma gudubto, kumana dhacdo layeele.

Weerta (2), hawsha *Shamso* waxay u gudbaysaa layeelaha *jalaato*. Haddaba falalka, marka laga eegayo dabeecadahan, waxaa loo kala saaraa **gudbe** iyo **magudbe**: falka *cun* waa gudbe waayo yeele (Y) iyo layeele (LY) ayuu leeyahay, halka falka *seexo* uu ka yahay magudbe, maadaama uu leeyahy yeele keli ah oo aanu la jirin la yeele.

Tusaalooyin kale:

FAL GUDBE	FAL MAGUDBE
Ardaygu cashar ayuu <u>qoray</u>	*Gabadhu way <u>dhooftay</u>*
Y LY	Y
Bisaddu jiir bay <u>dishay</u>	*Koobku wuu <u>jabay</u>*
Y LY	Y
Baana baa <u>tolay</u> shaarkan	*Odaygu wuu <u>gaajooday</u>*
Y LY	Y

Micna ahaan markii loo eego, falal baa jira oo badanaa u shaqeeya sida fal magudbayaal. Waxayna yihiin kuwa sheega waxa uu yahay yeelaha ama waxa ku dhacaba (*dhimo, duqow, qunfac, ooy, hammaanso, lulmoo, gama'*, iwm.) ama kuwo tilmaama dhaq-dhaqaaq (*soco, orod, kac, duul, dhoof, safar*, iwm.) ama kuwa tilmaama dhawaaq ama qaylo ka timid yeelaha (*qayli, cabaad, ci', gurxan, danan*, iwm.). Dhammaan falalkan, sida badan, ma oggolaadaan in ay yeeshaan layeele, haseyeeshee weerta ay ku jiraan waxaa laga dhex heli karaa magac kale oo aanu ahayn layeele, kaas oo lagu aqoonsado joogitaanka horyaalaha.

3) Cali baa *Jannaale **u** socda*
4) Cali baa *Jannaale arkay*

Haddaba falka ku jira weerta hore (3) oo ah *soco* wuxuu u baahan yahay horyaalka *u* si uu u oggolaado ama ula qabsado magaca aanu layeele ahayn (*Jannaale*), sidaas darteed waa fal magudbe. Laakiin falka *arag* oo ku jira weerta labaad (4) waa falgudbe maadaama horyaal la'aan uu si toos ah ula qabsado la yeelaha.

Waxaa loo baahan yahay in si foojigan loo ilaaliyo sida dhabta ah ee uu falku u shaqeeyo, maxaa yeelay fal gudbayaal badan baa noqon kara fal magudbayaal iyadoo la beddelayo qaabkooda. Sidaas oo kale fal magudbayaashu iyana waxay isu beddeli karaan falgudbe.

5) *Ilmuhu waraaqihii way gubeen*
   Y   LY   F (gudbe)
6) *Waraaquhu way gubteen*
   Y   F (magudbe)

Kala soocidda fal gudbayaasha iyo fal magudbayaasha waxay ku salaysan tahay micnaha falalka iyo sida ay weertu noqon doonto kaddib markii falalkaas ay ka mid noqdaan. Xagga dhismaha weerta dib baan ugu soo noqon doonnaa, marka aan ka hadli doonno weereynta, haatanse waxaa muhim ah in aynu garanno farqiga u dhaxeeya fal gudbayaasha iyo fal magudbayaasha, maxaa wacay waa arrin lagama maarmaan u ah ka hadlidda ifafaalooyin kale oo la xiriira falalka.

LAYLI

1. Sheega falalka ku jira weeraha soo socda in ay yihiin fal gudbe ama fal magudbe:

    1.1 *Mire wuu daalan yahay*

    1.2 *Waduhu baabuurka wuu joojiyey*

    1.3 *Sicirku kor buu u socdaa*

    1.4. *Xasan baa buuggan curiyey*

    1.5 *Markabku wuu quusay*

    1.6 *Dayaxu dhulka ayuu ku wareegaa*

    1.7 *Hashu way godlatay*

1.8 *Seynab cambe bay cuntay*

2. Ku buuxiya goobaha banbannaan ee weeraha soo socoda layeele ku habboon, si falku uu ugu hawlgalo falgudbe ahaan.

    2.1 *Libaaxu* _____ *buu cunay*

    2.2 *Mursal baa* _____ *qoray*

    2.3 *Sacdiyo* _____ *bay dhashay*

    2.4 *Tuuggii* _____ *buu maqlay*

    2.5 *Max'ed* _____ *buu akhriyey*

    2.6 *Hooyo kasta* _____ *bay jeceshahay*

    2.7 _____ *bay mukulaashi qaadatay*

    2.8 *Fuundiga baa* _____ *dhisay*

7.3.2 *Falal ku farcama sal ballaarin*

Fal salkiisa waa la ballaarin karaa iyadoo lagu darayo lifaaqyo beddelaya micnaha salka falka. Lifaaqyadan waxay falka siiyaan nadoocyo qaababkoodu kala duwan yahay oo la xiriira qofka, amminka, iwm. Taasina waxay la micna tahay in, falalka ka farcamay ku kordhinta lifaaqyada, ay ka tirsan yihiin isrogrog faleedyo kala duwan, kuwaasoo aan horay uga soo hadalnay arrimahooda, haatanse habka farcamidda falka ayaan danaynaynaa. Lifaaqyada ugu muhimsan waa *in* iyo *an*, maadaama adeegsigoodu uu aad u badan yahay. Sidaan horeyba ugu soo sheegnay, iyagu waxay isku lifaaqaan fal salkiisa si ay u sameeyaan sal cusub.

7.3.2.1 *-in*

Lifaaqa **in** guud ahaan waa **lifaaq sababeed**, yacni wuxuu tilmaamaa in uu jiro qof hawl qabanaya, waxqabadkiisuna waxaa u sabab ah qof kale. Tus.:

    7) *Faarax wuu <u>dhoof-ayaa</u>*
    8) *Faarax Cali buu <u>dhoof-in-ayaa</u>*

Tusaalaha hore (7) in *Farax* uu dhoofayo baa ku cad, midka dambe (8) kuma cadda in uu *Faarax* dhoofayo laakiin sabab buu u yahy dhoofidda *Cali*, warkaasna waxaa na siiyay lifaaqa *-in-* oo laga hela salka iyo nadooca dambe dhexdooda.

Haddii lifaaqan (*-in*) lagu dhejiyo sal ka samaysan fal magudbe, fal gudbe ayuu isu rogayaa. Waakan tusaale kale iyo falka *kar*.

9) *Shaahu wuu karayaa*
10) *Cali shaah buu karinayaa*

Yeelaha weerta (9) waa *shaah*, oo keligiis *kara*, mana laha layeele, sidaas darteed falka *kar* waa fal magudbe. Midda kalese (10), *Cali* (oo ah yeelaha) baa *kariya shaaha* (oo noqday layeele). Haddaba falka *karin* (*kar+in*) waxaa ka dhigay falgudbe lifaaqa *-in*. An eegno tusaalooyin kale:

11) *Barre wuu duulayaa*
12) *Barre diyaarad ayuu duulinayaa*
13) *Wiilashu way dhoofayaan*
14) *Wiilashu walaalkood bay dhoofinayaan*
15) *Koobku wuu jabayaa*
16) *Inanku koobka buu jebinayaa*

Lifaaq sababeedku labo qaab buu uga muuqan karaa isrogrogga: *-in* iyo *-i*. *-In* waxay muuqataa markii falku uu ku mataansan yahay fal kale oo ay isku noqdaan hal qaab faleed (timaaddo, shardilay, tagto caadaley iyo joogto socota) iyo marka falku uu leeyahay qaab joogto socota.

17) *Waan karin doonaa*   (timaaddo)
18) *Waan karin lahaa*   (shardiley)
19) *Waan karin jiray*   (tagto caadaley)
20) *Waan karinayaa*   (joogto socota)

Inta soo hartay oo idil lifaaqa *-i* baa ka muuqda:

21) *Waan kariyey*   (tagto fudud)
22) *Waan kariyaa*   (joogto caadaley)
23) *Inaan kariyo*   (joogto dhimman)

Lifaaqa *-i* wuxuu keenaa qaar ka mid ah isbeddel codeedka: haddii fal salkiisu uu ku dhammaado *-i* lagu dhejiyo dibkabe ku bilaabma shaqal, labadaas gabal xarafka *-y-* ayaa isu keena.

24) *Wuu kari-y-ay*
25) *Wuu xooji-y-ay*

Haddii isla salkaas oo ku dhammaado -*i*, lagu dhejiyo dibkabe ku billaabma *t*-, shibanahan *s* buu isu rogaa:

26) *Way kari-s-ay* < (*kari+t+ay*)
27) *waad jooji-s-ay* < (*jooji+t+ay*)

Ugu dambaynti, lifaaq sababeedku, mararka qaarkood, wuxuu isbeddel shaqaleed ku ridaa salka ereyga. Tus.:

28) *bax+i* → *bixi*

Waxaa halkan ku soo taxaynaa tusaalooyin falal, kuwaasoo la jira lifaaq sababeedka iyo labadiisa qaab:

ISROGROGGA I	ISROGROGGA II	
AMAR	AMAR	MASDAR
mar	*mari*	*marin*
gal	*geli*	*gelin*
ba'	*bi'i*	*bi'in*
deg	*deji*	*dejin*
dhac	*dhici*	*dhicin*
daaq	*daaji*	*daajin*
yaab	*yaabi*	*yaabin*
daal	*daali*	*daalin*
dun	*dumi*	*dumin*
nuug	*nuuji*	*nuujin*
dhal	*dhali*	*dhalin*
hagaag	*hagaaji*	*hagaajin*

7.3.2.2 -*an*

Lifaaqa **-an** wuxuu tilmaamaa marka yeeluhu uu isu qabto hawsha isaga naftiisa, sidaas awgeeda baana loogu magacaabay **lifaaq falasho**.

Si aan u aragno isbeddelka micneed tusaalooyinka soo socda ayaan isugu barbardhigaynaa falalka *dhaq* iyo *beer*.

29) *Wuu dhaqayaa*
30) *Wuu dhaqanayaa*
31) *Wuu beerayaa*
32) *Wuu beeranayaa*

Tusaalooyinka (29 iyo 31) waxaanu ka garanaynaa in yeeluhu uu samaynayo hawsha, haseyeeshee ma cadda in hawshaas uu u qabanayo naftiisa ama cid kale, halka tusaalooyinka (30 iyo 32) ay aad ugu cad yihiin in yeeluhu hawsha isagu isu qabanayo, taasina waxaa muujinaya lifaaqa *-an* oo ka dhex muuqda falalkooda.

Haddii lifaaqan uu ku dhego fal gudbe, wuxuu ka dhigi karaa fal magudbe, sida aan ka arki doonno tusaalooyinka soo socda iyo falalka *gub* iyo *waal*:

33) *Cali qashinka ayuu gubayaa*
34) *Qashinku wuu gubanayaa*
35) *Cali wiilki buu waalayaa*
36) *Wiilku wuu waalanayaa*

Falalka (33) iyo (35) waa fal gudbayaal, maadaama ay leeyihiin yeele iyo layeele (*Cali/qashinka, Cali/wiilka*), laakiin tusaalooyinka (34) iyo (36) oo falalkooda ay ku dhex jiraan lifaaqa *-an* fal magudbayaal ayay noqdeen. Sidaa awgeed layeele ma laha, *qashin* iyo *wiil*-na yeelayaal ayay noqdeen.

Lifaaqan saddex siyood ayuu u muuqdaa: **-an**, **-o**, **-at**.

- Qaabka **-an** wuxuu ka muuqdaa masdarka oo wehliya fal-kaaliyeyaal iyo qaabka joogtada socota.

    37) *Hablaha ayaa xulan doona*   (falkaaliyaha *doon*)
    38) *Torrey baa la xiran jiray*   (falkaaliyaha *jir*)
    39) *Soortu wey guban lahayd*   (falkaaliyaha *leh*)
    40) *Dhar baan dhaqanayaa*   (joogto socota)

- Qaabka **-o** amarka keliga ah buu ka muuqda:

    41) *Qaado! Baro! Xiro!*

- Qaabka **-at** waxaa laga dhex helaa inta soo hartay, mararka qaarkoodna isbeddel codeed ayuu keenaa:

    42) (*Iyadu*) *way baratay*   < (*bar+at+tay*)
    43) (*Iyadu*) *way bartay*   < (*bar+tay*)

Mararka qaarkood *t*-da *d* bay isu rogtaa, sidaa tusaalaha soo socda:

    44) *Waan baxsaday*   < (*baxso+tay*)

Waa kuwan tusaalooyin falal leh lifaaq falasho, oo qaabab kala duwan leh:

A) | **ISROGROGGA I** | | **ISROGROGGA IIIA** | |
|---|---|---|---|
| | AMAR | AMAR | MASDAR |
| | *wad* | *wado* | *wadan* |
| | *gad* | *gado* | *gadan* |
| | *beer* | *beero* | *beeran* |
| | *qor* | *qoro* | *qoran* |
| | *fur* | *furo* | *furan* |

B) | **ISROGROGGA II** | | **ISROGROGGA IIIB** | |
|---|---|---|---|
| | AMAR | AMAR | MASDAR |
| | *fadhi* | *fadhiiso* | *fadhiisan* |
| | *guuri* | *guurso* | *guursan* |
| | *iibi* | *iibso* | *iibsan* |
| | *akhri* | *akhriso* | *akhrisan* |
| | *caddee* | *caddayso* | *caddaysan* |

Kooxda (A) waxay ku bilaabataa falalka isrogrogga I, kaddib markii lagu daro sal ballaariyaha falashada -*an*, isrogrogga III ayay isu beddelaan iyagoo ku dhamaanaya -*o* marka ay yihiin amar, -*an* marka ay yihiin masdar. Koxda (B)-se falalka isrogrogga II ayay ku bilaabataa - oo hore u lahaayeen lifaaq sababeed - waxyna isubedddelaan isrogrogga III kaddib marka lagu lifaaqo sal ballaariyaha falashada oo isu roga -*so* kolka uu yahay amar iyo -*san* kolka uu yahay masdar.

LAYLI

1. Tusaalooyinka soo socda ka dhex raadiya falalka leh lifaaq sababeedka iyo kuwa leh lifaaqa falashada, kuna kala qora taxanaha A iyo B:

    1.1 *Daahir ayaa iga yaabiyey maanta*

    1.2 *Batuulo garbasaar bay soo gadatay*

    1.3 *Waagii hore xoolaha waa la dhaci jiray*

    1.4 *Xafiiska ayuu baran lahaa*

    1.5 *Soomaalidu go'ayay xiran jirtay*

    1.6 *Waraaqda halkeeda ku kaydi*

    1.7 *Farsamayaqaankii baa hagaajinaya motoorka*

    1.8 *Waraaq buu qoranayaa*

    1.9 *Gabar fiican ayuu guursanayaa*

Sarfaha falalka

1.10 *Halkaaga fariiso*

	A	**B**
Tus.:	*yaabiyey*	*gadatay*
	.....	.....

2. Sameeya weero ay ku dhex jiraan ereyada hoos ku taxan, kuwaas oo aad ka dhigaysaan fal gudbe iyo fal magudbe:
fid, toos, dhoof, engeg, yeer, kac

Tus.: falka *kac* → *Sicii wuu kacay* (magudbe)
Cali sicii wuu kiciyay (gudbe)

7.3.2.3 *Lifaaqyo kale*

Labadii lifaaq ee aan kor ku soo xusnay ka sokow, waxaa jira kuwa hoostan ku taxan oo si kooban aan uga hadli doonno:

I	-am	IV	-aan
II	-siin	V	-oob
III	-ayn	VI	-oon

I) Lifaaqa **-am** waa lifaaq **yeele dahsoon**: fal micnihiisa muujinaya in uu markasta yahay falgudbe ayaa qaab yeele dahsoon lahaada kaddib markii hawsha falku ay ku dhacdo yeelaha, yacni waa marka uu ka maqan yahay weerta midka qabtay hawsha, yeeluhuna waa mid ahaa layeele markii falka weertaasi uu ahaa falgudbe. Tusaale ahaan aan u soo qaadanno falka *fur*:

45) *Wiilk<u>u</u>   albaabka buu <u>furay</u>*
         Y   LY

Sida idiin muuqata, falka *fur* wuxuu u baahan yahay fale wax fura (yacni yeele) iyo waxa la furo (yacnii layeele). Laakiin maxaa dhacaya haddii uusan muuqan yeelulu?

46) *Albaabk<u>u</u> wuu <u>furmay</u>*
           Y

Layeelaha oo falka ku dhacay (*waa albaabkee*) yeele ayuu noqday, taasina waxaa ayidaya sumadda yeelaha oo ka muuqata *albaabka* (waa ***u***-dee) falkuna qaabkiisii buu beddelay waayo lifaaqa **-am** baa

lagu ballaariyay salkiisa, inkasto inta badan la masaxo shaqalkiisa -
a. Waxaase jira falal muujiya lifaaqa oo idil -*am* sida falka *gunud*:

47) *Xariggu wuu guntamay*

Lifaaqan qaabkiisi -*an* ayuu noqon karaa kolka uu ku dhamaado erey ama alan, sida qaabka amarka oo keliga ah:

48) *Furan! Xiran! Guntan!*

Yaanse lagu khaldamin qaabkan -*an* qaabkii lifaaqa falashada (-*an*) oo u gaar ah falalka lammaanan iyo joogtada socota (eeg bog 119). Tusaalooyin ayaan samaynaynaa si ay u caddaato arrintan:

49) *Cali albaabka ayuu xirayaa*
50) *Cali albaabka ayuu xiranayaa*
51) *Albaabkii wuu xirmayaa*

Falka tusaalaha (49) qaabkiisa (*xir*) ma laha lifaaq, midka tusaalaha (50) lifaaqa falashada -*an* ayaa ku xirmay (*xiran*), kaddibna nadooca joogtada socota baa lagu sii dhejiyay, falka tusaalaha (51) yeele dahsoon ayuu noqday kaddib markii lagu dhejiyay lifaaqa -*am* (*xirm*).

II) Lifaaqa **-siin** waa **lifaaq yeelsiin**. Lifaaqan micnaha falka wuxuu ku kordhinayaa in faluhu sababo in qof kale sameeyo falka.

52) *Ruqiyo cunuggeeda ayay caano cabsiinaysaa*

Lifaaqan laba qaab ayuu yeeshaa, xaaladda ayayna ku xiran tahay:
a) *siin* oo amminnada lammaanan iyo joogtada socota loo adeegsado.
b) *sii* oo qaababka soo haray oo idil loo adeegsado:

53) *Isaga ayaa warka na gaarsiin doona*
54) *Macallinka ayaa ku dareensiinaya*
55) *Baabuurka socodsii!*
56) *Caruurta baan cayaarsiiyey*

III) Lifaaqa **-ayn** (-**eyn**) wuxuu abuura falal ka soo jeeda magacyo iyo falal sifo:
a) Magacyada sida *waran, subag, qado* waxa aanu ka samayn karnaa falalka soo socda oo leh lifaaqa -**ayn**:

57) *Waan qadaynayaa*

58) *Wuu subag**ayn**ayaa*
59) *Way warm**ayn**ayaan*

b) Falal sifo sida *cad, fudud, kulul* ayaan uga dhigi karnaa dibkabe:

60) *Derbiga ayaan cadd**ayn**ayaa*
61) *Dersiga buu fudud**ayn**ayaa*
62) *Wax ayuu kulul**ayn**ayaa*

Falalka leh sal ballaarinta noocaan ahi isrogrogga II ayay ka tirsan yihiin.

Lifaaqaan qaabka soo socda ayuu lahaan karaa:

a) **-ayn** (**-eyn**) oo u gaar ah falalka lammaanan iyo joogtada socota

63) *Derbi ayuu cadd**ayn**ayaa / cadd**ayn** doonaa*

b) **-ee** oo u gaar ah amar oo keli ah

64) *Derbiga cadd**ee***

c) **-eey/-ey** oo loo adeegsado inta qaab nadooceed ee soo hartay oo idil

65) *Derbiga ayuu cadd**eey**ey*

Waxaan halkan ku soo taxaynaa falal wata lifaaqa **-ayn**:

A)

FALAL SIFO	ISROGROGGA II	
	AMAR	MASDAR
adag	*adkee*	*adk**ayn***
dheer	*dheeree*	*dheer**ayn***
fog	*fogee*	*fog**ayn***
kulul	*kululee*	*kulul**ayn***
weyn	*weynee*	*weyn**ayn***
yar	*yaree*	*yar**ayn***
cab	*cabbee*	*cabb**ayn***

B)

MAGACYO	ISROGROGGA II	
	AMAR	MASDAR
casho	*cashee*	*cash**ayn***
sonkor	*sonkoree*	*sonkor**ayn***
qiimo	*qiimee*	*qiim**ayn***

IV) Lifaaqa **-aan** falal cusub buu ka sameeyaa sal fal sifo, isagoo ku biirinaya micne *noqosho* micnihii lahaa salka falka. Tus.:

66) *Wuu dheer**aan**ayaa* (ka yimid *dheer*)
67) *Way ladn**aan**ayaan* (ka yimid *ladan*)

Lifaaqaanna qaabab kala duwan ayuu yeeshaa marka laga eego dhanka isrogrogga:

a) -aan oo u gaar ah falalka lammaanan iyo joogtada socota

68) *Wuu adk**aan** karaa*
69) *Wuu kulul**aan**ayaa*

b) -aw oo u gaar ah amar keli ah

70) *Kulul**aw**! Adk**aw**!*

c) -aad oo loo adeegsado isrogrogayaasha kale ee soo haray

71) *Wuu adk**aad**ay*
72) *Wuu kulul**aad**aa*
73) *Inuu kulul**aad**o*

V) Lifaaqa **-oob** fal ayuu ka dhigaa magac, falka ka dhashana micno *noqosho* ayuu kasbadaa:

74) *Wuu biy**oob**ayaa* (ka yimid *biyo*)

Lifaaqan qaababkiisu waxay noqon karaan:

a) -oob marka magacu ku dhammaado shaqalka *o* ama *i(y)*:

75) *Biy**o*** *Wuu biy**oob**ayaa*
76) *Oda**y*** *Odoy**oob**ay*

b) -ow (-aw) marka magacu ku dhammaado shibbane:

77) *Tuug* *Tuug**ow***
78) *Col* *Coll**ow***
79) *Baraf* *Barafaw*

VI) Lifaaqa **-ood** isna waxaa loo adeegsadaa si magaca looga dhigi lahaa fal isagoo ku kordhinaya micnaha *dareemid*

80) *Dhaxan* (magac)   *Wuu dhaxmooday*

Qaababka lifaaqan waxay noqon karaan:

a) -oon oo la raacsiiyo masdarka (falalka lammaanan iyo joogtada socota)

81) *Wuu dhaxmoon doonaa*
82) *Wuu cidloonayaa*

b) -ood amminnada soo haray oo idil ayaa loo adeegsadaa

83) *Waan dhaxmooday*   (ka yimid *dhaxan*)
84) *Wuu cidloodaa*   (ka yimid *cidla'*)
85) *Carood*   (ka yimid *caro*)
86) *Dhibtood*   (ka yimid *dhib*)

Annagoo soo koobanya waxaan soo aragnay, marka sal fal ama magac lagu nudo lifaaq waxaan ka soo saaraynaa fal cusub. Falkan cusub sifooyin micneed oo si kale ah ayuu leeyay, yacni micnihii uu hore u lahaa ka sokow mid kale ayaa ku sii kordhay. Dabcan mid waliba oo ka mid ah falalkan cusub wuxuu ka tirsanaanayaa kooxaha isrogrogga ee aan kor ku soo qeexnay midkooda. Shaxda soo socota ayaa koobaysa lifaaqyada aan soo aragnay oo idil iyo waxyaabaha u gaarka ah, oo la xiriira, isrogrogga iyo micnaha uu lifaaqu ku soo kordhiyay (F = fal, M = magac):

SAL	LIFAAQ	ISR.	MICNAHA AASASIGA AH
F	**in**	II	sababe
F	**siin**	II	yeelsiin
F	**an**	III	falasho
F	**am**	I	yeele dahsoon
F	**aan**	F.sifo	beddelid/noqosho
F	**ayn**	F.sifo	beddelid/noqosho
M	**ayn**	II	beddelid/noqosho
M	**oob/ow**	I	beddelid/noqosho
M	**ood**	III	dareemid

LAYLI

1. Ereyada soo socda, idinkoo ka dhigaya qaab yeele dahsoon, u sameeya weero:

   Tus.: qabso = *maxaa ka qabsamay hawsha*

   aas, afayso, samayso, sar, tir

2. Ereyada ku xusan layliga hore (1) u yeela midkiiba labo weerood idinkoo adeegsanaya qaabka falashada iyo midka yeelaha dahsoon:

   Tus.: qabso = 1. *Cali hawl buu qabsanayaa*
   2. *Wax baa qabsamay*

3. Weer ka sameeya erey kastoo hoos ku qoran, idinkoo adeegsanaya lifaaqa *-siin/-sii*:

   Tus.: kor = *kursiga buu korsiiyay*

   cun, daal, mar, ka hadal, ka ilmee, garo, cab, daaddah.

4. U yeela weero falaka iyo magacyada soo socda idinkoo adeegsanaya lifaaqa *-ayn*:

   cas, xun, fiican, jid, run, xor, dan, dhow.

5. Hoosta ka xarriiqa falalka leh liifaaqyada *-aan*:

   5.1 *Maalinba maalinta ka dambaysa buu sii fiicnaanayaa*

   5.2 *Beer buu falanayaa*

   5.3 *Maalin baad ogaan doontaa*

   5.4 *Waan garan lahaa macallinka*

   5.5 *Dugsiga baa ku fogaaday*

   5.6 *Cilmibaaris baan jeclaan lahaa*

   5.7 *Duruus badan baan qaadannaa*

   5.8 *Ogow oo iga dambee, dan iyo xarrago isweyday*

   5.9 *Wax la necbaan karo ma ah*

   5.10 *Arjigii waa layga oggolaaday*

6. Ku dhejiya lifaaqa u baahan magacyada soo socda si ay u noqdaan falal, midkastana u yeela weer:

   duq, bahal, riyo, jiriirico, gabow, caato, daymo, cidlo, duug, cadho.

7. Ka dhex hela sheekada soo socota falalka leh lifaaqyada aan soo baranay:

> Taarikhda ay bilaabantay ciyaarta kubbadda cagtu aad bay u fog tahay. Cayaartaasu waxay ka soo ifbaxday dalka Shiinaha dhalashadii Nabi Ciise ka hor. Waagaa kubbaddu waxay ka samaysnayd harag; waxase lagu cabbayn jiray alaabo fudfudud oo aanay harraatidoodu cagta wax yeelayn.
>
> Boqorradii Shiinaha ee waayadaasina xiisa weyn bay u hayeen ciyaarta, waxayna ku dhiirigelin jireen ciidamada qalabka sida inay dhisaan kooxo dhawr ah oo tartanno dhex maraan si ay u kala helaan abaal gudyo waaweyn, sida maanta oo kale.

7.3.3 Magacyo ka soo farcama falal

Faqradda aan soo dhaafnay waxaan ku soo aragnay falal ka soo farcami kara falal kale ama magacyo iyadoo lagu kabayo dibkabayaal; arrintaas lidkeeduna waa suurtaggal, yacni fal ayaa laga dhigi karaa magac iyadoo lagu lifaaqaayo dibkabayaal. Eega weeraha soo socda:

87) **Qoslidda** badan ma fiicna
88) Halkan **qosle** loogama baahna
89) **Qosol** aan laysla qabin qoonsi ayuu leeyahay.

Weerahaan middiiba waxaa ku jira magac oo isku sal leh. Magacaas falka *qosol*, oo ka tirsan isrogrogga I, ayuu ku qotoman yahay. Weerta (87) magaceeda wuxuu ka samaysan yahay *qosol* lagu daray dibkabe falka ka dhiga magac *-id*. Magacan cayntiisu waa dheddig waxaana caddaynaaya qodobkiisa *-da*. Haddaba *qosol+id* wuxuu soo saaraa *qoslid*.

Magaca weerta (88) wuxuu ka yimid falka *qosol* oo lagu daray dibkabaha *-e*. Dibkabahan magac ka sokow wuxuu sii kordhiyaa micne tilmaamaya qofka falka sameeyey, yacnii **magac fale** ayuu ka dhigayaa.

Magaca *qosol* ee weerta (89) wuxuu qaabkiisa ku jaango'an yahay midka falka, saas ay tahay magac ahaan ayaa loo adeegsadaa. Waxaan oran karnaa in xataa marka kan falka *qosol* lagu daray dibkabe ka dhigay magac, haseyeeshee dibkabahan ma muuqdo oo waa eber (Ø). Midda kale magaca (89) cayntiisu waa lab oo qodobka -*ka* ayuu qaataa (*qosol+ka*).

Arrimaha aan ku soo aragnay falka *qosol* waa hab guud oo ay wadaagaan falal badan oo ka kala tirsan isrogrogyada kala duwan (xataa kuwa faraca).

Haddaba iyadoo laga ambaqaadaayo sal fal waxaa ka soo farcami kara magacyadan kala ah:

sal fal + dibkabe Ø	=	**magac saleed** (sida tus. 89)
sal fal + dibkabe -*id*	=	**magac faleed** (sida tus. 87)
sal fal + dibkabe -*e*	=	**magac fale** (sida tus. 88)

Sida aan ku arki doonno, dibkabaha keena magac faleedka wajiyo kala duwan ayuu leeyahay, isrogrogga falka ayuuna ku xiran yahay.

I) Magac saleed

Magac saleedyadu waa kuwa qaabkooda la midka ah qaabka falka, oo sidaan horay ugu sheegnay lagu daray dibkabe Ø. Haddaba magacyada waafaqsan falalka isrogrogga II iyo III waxay ka soo farcameen sal + salballaariye. Tus.:

Isrogrogga	Sal + Dibkabe	Magac Saleed
I	*qosol*+ Ø	*qosol*(*ka*)
	aas+ Ø	*aas*(*ka*)
	abuur+ Ø	*abuur*(*ka*)
II	*karis*+ Ø	*karis*(*ka*)
	buufis+ Ø	*buufis*(*ka*)
	rumays+ Ø	*rumays*(*ka*)
III	*leexsan*+ Ø	*leexsad*(*ka*)
	barad+ Ø	*barad*(*ka*)
	xulad+ Ø	*xulad*(*ka*)
Falal Sifo	*yar*+ Ø	*yar*(*ka*)
	dheer+ Ø	*dheer*(*ka*)
	weyn+ Ø	*weyn*(*ka*)

Falaka isrogrogga III waxay u muuqdaan in aanay wada waafaqsanayn waxa aan kor ku soo sheegnay, haseyeeshee haddii si qoto dheer loo lafaguro, oo haatana aan ku habboonay, waxaa idiin caddaan lahayd in xataa iyagu ay u shaqeeyaan sida kuwa kale.

Ugu dambayntii, waxa muuqata in yar oo keli ah oo ka tirsan falalka sifada ah in ay sameeyaan magacyada noocan ah. Sidaan horayba u soo sheegnay, magac saleedyada giddigoodu waa lab.

II) Magac Faleed

Magac faleedyadu waxay ka yimaadaan fal lagu daray dibkabe magaceed oo isrogroga wuxuuna ku xiran yahay isrogrogga falka: *-id* falaka isrogrogga I baa leh, *-in* kuwa II, *-sho* kuwa III iyo *-aan* oo u gaar ah falal sifo.

Isrogrogga	Sal + Dibkabe	Magac Faleed
I	qosol+*id*	qosl*id*(da)
	aas+*id*	aas*id*(da)
	abuur+*id*	abuur*id*(da)
II	kari+*in*	kar*in*(ta)
	buufi+*in*	buuf*in*(ta)
	rumays+*in*	rumay*n*(ta)
III	leexsad+*sho*	leexsa*sho*(da)
	barad+*sho*	bara*sho*(da)
	xulad+*sho*	xula*sho*(da)
Falal Sifo	yar+*aan*	yar*aan*(ta)
	dheer+*aan*	dheer*aan*(ta)
	weyn+*aan*	weyn*aan*(ta)

Magac faleedyada oo idili waa dheddig.

III) Magac Fale

Magacyadan waxay ka yimaadaan sal fal oo lagu daray lifaaqa *-e* (ama *-ye* marka salku uu ku dhammaado shaqal), si loo sameeyo magac fale oo lab ah.

Isrogrogga	Sal + Dibkabe	Magac Fale
I	qosol+*e*	qosl*e*(ha)
	aas+*e*	aas*e*(ha)
	abuur+*e*	abuur*e*(ha)
II	kari+*e*	kari*ye*(ha)
	buufi+*e*	buufi*ye*(ha)
	rumee+*e*	rumee*ye*(ha)
III	leexso+*e*	leexsa*de*(ha)
	baro+*e*	bar*te*(ha)
	mayro+*e*	mayr*te*(ha)

Falal Sifo   yar+e   yare(ha)
              dheer+e   dheere(ha)
              weyn+e   weyne(ha)

Magacyo fale waxay noqon karaan xitaa dheddig. Markaasna dibkabaha -*to* ayuu noqonayaa, haseyeeshee ma badna adeegsigoodu; tus. *abbuurto, kariso, barato*.

Si loo gunaanado gorfayntan waxaa habboonaan lahayd in sharraxaad tifaftiran laga bixiyo giddi ifafaalooyinka la xiriira codadka, oo ay soo ifbaxeen, gabalo isu yimid dartood, laakiin waa arrin u baahan war badan. Waxaase idin dareensiinaynaa oo keliya in qaabka codka badanaa loo eegin sida aan u maqalno oo keliya, si aan uga salgaarno tabaha guud ee kala haga dhismaha afka.

Waxaan halkan ku soo koobaynaa wixii aan ka sheegnay, ilaa haatan, magacyada falka ka yimid.

ISR.	SAL	MAGAC SALEED	MAGAC FALEED	MAGAC FALE
I	qosol	qosol(ka)	qoslid(da)	qosle(ha)
II	kari	karis(ka)	karin(ta)	kariye(ha)
	samays	samays(ka)	samayn(ta)	sameeye(ha)
III	barad	barad(ka)	barasho(da)	barte(ha)
F.Sifo	yar	yar(ka)	yaraan(ta)	yare(ha)

LAYLI

1. Ka dhiga falalka soo socda magacyo saleed iyo magacyo faleed, idinkoo mid waliba weer u yeelaya:

   joogso, jooji, joog, bislee, saadi, beenee, cab, magool, baxso, naso

2. Isla ereyada layliga hore (1) ka sameeya magacyo fale oo ah lab iyo dheddig.

3. Magacyo saleedyadan ku ag qora mid waliba magac faleedka uu waafaqsan yahay:

   Tus: *jebis(ka)*   *jebin(ta)*
          qaybis(ka)   _____
          kireys(ka)   _____
          caddays(ka)   _____
          miiq(a)   _____
          guur(ka)   _____

keensad(ka) _____

daaq(a) _____

guursad(ka) _____

4. Ka dhex raadiya weeraha soo socda magacyo ka soo farcamay falal:

   4.1 *Hubsashadu gaf ayay kaa ilaalisaa*

   4.2 *Ilaalinta iyo daryeelka caafimaadku waa wax muhim ah*

   4.3 *Garsooraha baa faray fulinta xukunkaas*

   4.4 *Dayaaradaha duulistooda ayuu bartay*

   4.5 *Tagto daaye timaaddo u war hay.*

8. HOGATUSKA BARADIGMAYAASHA FALALKA

Wax bayaanin darteed ayaa halkan dib loogu soo bandhigay baradigmayaasha falalka qaarkood oo matali kara noocyada falalka oo idil.

8.1 Falalka dibkabayaasha leh

AMAR

ISROGROGGA	I	IIA	IIB	IIIA	IIIB
Qof. 2° k.	cun	toosi	caddee	dhaqo	qabso
Qof. 2° wa.	cuna	toosiya	caddeeya	dhaqda	qabsada

Marka laga dhigo amar diidmo waxaa soo baxaya qaab kale oo ka hormarsan *ha*:

Qof. 2° k.	cunin	toosin	caddaynin	dhaqin	qabsan
Qof. 2° wa.	cunina	toosinina	caddaynina	dhaqanina	qabsanina

MASDAR

Masdarka marna lama adeegsado isagoo keligiis ah, saas ay tahay aad buu muhim u yahay marka falku uu u baahan yahay fal kale oo kaaliye ah si loo sameeyo: timaaddada, shardileyda iyo tagtada caadaley.

ISROGROGGA	I	IIA	IIB	IIIA	IIIB
	cuni	toosin	caddayn	dhaqan	qabsan

8.1.1 *Habka ebyoon*

A) JOOGTO CAADALEY

Waxaa loo adeegsadaa dhacdooyin la caadaystay ama soo noqnoqda oo aanay weli joogsan dhiciddoodu ama samayntoodu.

ISR.	I	IIA	IIB	IIIA	IIIB
1° k.	cunaa	toosiyaa	caddeeyaa	dhaqda	qabsadaa
2° k.	cuntaa	toosisaa	caddaysaa	dhaqataa	qabsataa
3° k.l.	cunaa	toosiyaa	caddeeyaa	dhaqdaa	qabsadaa
3° k.dh.	cuntaa	toosisaa	caddaysaa	dhaqataa	qabsataa
1° wa.	cunnaa	toosinnaa	caddaynaa	dhaqannaa	qabsannaa

2° wa.	cuntaan	toosisaan	caddaysaan	dhaqataan	qabsataan
3° wa.	cunaan	toosiyaan	caddeeyaan	dhaqdaan	qabsadaan

- Joogtada caadaleyda oo **diidmada** ah waxaa marwalba hor taagan **ma**:

Isr.	I	IIA	IIB	IIIA	IIIB
1° k.	cuno	toosiyo	caddeeyo	dhaqdo	qabsado
2° k.	cunto(id)	toosiso(id)	caddayso	dhaqato(id)	qabsato
3° k.l.	cuno	toosiyo	caddeeyo	dhaqdo	qabsado
3° k.dh.	cunto	toosiso	caddayso	dhaqato	qabsato
1° wa.	cunno	toosinno	caddayno	dhaqanno	qabsanno
2° wa.	cuntaan	toosisaan	caddaysaan	dhaqataan	qabsataan
3° wa.	cunaan	toosiyaan	caddeeyaan	dhaqdaan	qabsadaan

B) Joogto Socota

Waxaa loo adeegsadaa fal lagu jiro hawshiisa islamarka uu qofku hadlayo ama sheegayo falkaas, mararka qaarkoodna waxaa xitaa loo adeegsadaa **timaaddo dhow**.

Isr.	I	IIA	IIB
1° k.	cunayaa	toosinayaa	caddaynayaa
2° k.	cunaysaa	toosinaysaa	caddaynaysaa
3° k.l.	cunayaa	toosinayaa	caddaynayaa
3° k.dh.	cunaysaa	toosinaysaa	caddaynaysaa
1° wa.	cunaynnaa	toosinayaa	caddaynayaa
2° wa.	cunayaan	toosinaysaan	caddaynaysaan
3° wa.	cunayaan	toosinayaan	caddaynaaan

Isr.	IIIA	IIIB
1° k.	dhaqanayaa	qabsanayaa
2° k.	dhaqanaysaa	qabsanaysaa
3° k.l.	dhaqanayaa	qabsanayaa
3° k.dh.	dhaqanaysaa	qabsanaysaa
1° wa.	dhaqanaynaa	qabsanaynaa
2° wa.	dhaqanaysaan	qabsanaysaan
3° wa.	dhaqanayaan	qabsanayaan

- Joogtada socota ee **diidmada** ah waxaa mar waliba ka horreysa **ma**:

ISR.	I	IIA	IIB
1° k.	cunayo	toosinayo	caddaynayo
2° k.	cunayso(id)	toosinayso(id)	caddaynayso(id)
3° k.l.	cunayo	toosinayo	caddaynayo
3° k.dh.	cunayso	toosinayso	caddaynayso
1° wa.	cunayno	toosinayno	caddaynayno
2° wa.	cunaysaan	toosinaysaan	caddaynaysaan
3° wa.	cunayaan	toosinayaan	caddaynayaan

	IIIA	IIIB
1° k.	dhaqanayo	qabsanayo
2° k.	dhaqanayso(id)	qabsanayso(id)
3° k.l.	dhaqanayo	qabsanayo
3° k.dh.	dhaqanayso	qabsanayso
1° wa.	dhaqanayno	qabsanayno
2° wa.	dhaqanaysaan	qabsanaysaan
3° wa.	dhaqanayaan	qabsanayaan

C) TAGTO

Waxay tilmaamaysaa fal dhacay waqti tagay.

ISR.	I	IIA	IIB	IIIA	IIIB
1° k.	cunay	toosiyay	caddeeyay	dhaqday	qabsaday
2° k.	cuntay	toosisay	caddaysay	dhaqatay	qabsatay
3° k.l.	cunay	toosiyay	caddeeyay	dhaqday	qabsaday
3° k.dh.	cuntay	toosisay	caddaysay	dhaqatay	qabsatay
1° wa.	cunnay	toosinnay	caddaynay	dhaqannay	qabsannay
2° wa.	cunteen	toosiseen	caddayseen	dhaqateen	qabsateen
3° wa.	cuneen	toosiyeen	caddeeyeen	dhaqdeen	qabsadeen

- Tagtada fudud ee **diidmada** ah waxaa mar kasta hortaagan **ma**, qaabkeeduna isma beddelo, isla qaabkii ayaa qof waliba qaata.

ISR.	I	IIA	IIB	IIIA	IIIB
1° k.	cunin	toosin	caddayn	dhaqan	qabsan
2° k.	cunin iwm.	toosin	caddayn	dhaqan	qabsan

D) TAGTO SOCOTA

Waxaa loo adeegsadaa fal, waqti tegey gudihiisa, muddo socday.

Isr.	I	IIA	IIB
1° k.	cunayay	toosinayay	caddaynayay
2° k.	cunaysay	toosinaysay	caddaynaysay
3° k.l.	cunayay	toosinayay	caddaynayay
3° k.dh.	cunaysay	toosinaysay	caddaynaysay
1° wa.	cunaynay	toosinaynay	caddaynaynay
2° wa.	cunayseen	toosinayseen	caddaynayseen
3° wa.	cunayeen	toosinayeen	caddaynayeen

	IIIA	IIIB
1° k.	dhaqanayay	qabsanayay
2° k.	dhaqanaysay	qabsanaysay
3° k.l.	dhaqanayay	qabsanayay
3° k.dh.	dhaqanaysay	qabsanaysay
1° wa.	dhaqanaynay	qabsanaynay
2° wa.	dhaqanayseen	qabsanayseen
3° wa.	dhaqanayeen	qabsanayeen

- Tagtada socota ee **diidmada** ah waxaa mar kasta ka horreysa **ma**, qaabkeedna isma beddelo, isla qaabkii baa qof waliba qaata.

Isr.	I	IIA
1° k.	cunayn/cunaynin	toosinayn/toosinaynin
2° k.	cunayn/cunaynin iwm.	toosinayn/toosinaynin

	IIB	IIIA
1° k.	caddaynayn/ caddaynaynin	dhaqanayn/dhaqanaynin
2° k.	caddaynayn/ caddaynaynin iwm.	dhaqanayn/dhaqanaynin

	IIIB
1° k.	qabsanayn/qabsanaynin
2° k.	qabsanayn/qabsanaynin iwm.

E) Tagto caadaley

Waxaa loo adeegsadaa dhacdo la caadastay ama ku soo noqnoqotay ammin tegay gudihiisa. Waxayna ka kooban tahay masdarka falka iyo falkaaliyaha **jir**.

Isr.	I	IIA	IIB
1° k.	cuni jiray	toosin jiray	caddayn jiray
2° k.	cuni jirtay	toosin jirtay	caddayn jirtay
3° k.l.	cuni jiray	toosin jiray	caddayn jiray
3° k.dh.	cuni jirtay	toosin jirtay	caddayn jirtay
1° wa.	cuni jirnay	toosin jirnay	caddayn jirnay
2° wa.	cuni jirteen	toosin jirteen	caddayn jirteen
3° wa.	cuni jireen	toosin jireen	caddayn jireen

Isr.	IIIA	IIIB
1° k.	dhaqan jiray	qabsan jiray
2° k.	dhaqan jirtay	qabsan jirtay
3° k.l.	dhaqan jiray	qabsan jiray
3° k.dh.	dhaqan jirtay	qabsan jirtay
1° wa.	dhaqan jirnay	qabsan jirnay
2° wa.	dhaqan jirteen	qabsan jirteen
3° wa.	dhaqan jireen	qabsan jireen

- Tagtada caadaleyda ee **diidmada** ah waxaa mar kasta ka horraysa **ma**, qaabkeedna isma beddelo.

Isr.	I	IIA	IIB
1° k.	cuni jirin	toosin jirin	caddayn jirin
2° k.	cuni jirin	toosin jirin	caddayn jirin
	iwm.		

Isr.	IIIA	IIIB
1° k.	dhaqan jirin	qabsan jirin
2° k.	dhaqan jirin	qabsan jirin
	iwm.	

F) Timmaddo

Waxaa loo adeegsadaa fal dhacaya ammin soo socda. Waxayna ka kooban tahay isku jirka masdarka iyo falkaaliyaha ***doon***.

Isr.	I	IIA	IIB
1° k.	cuni doonaa	toosin doonaa	caddayn doonaa
2° k.	cuni doontaa	toosin doontaa	caddayn doontaa
3° k.l.	cuni doonaa	toosin doonaa	caddayn doonaa
3° k.dh.	cuni doontaa	toosin doontaa	caddayn doontaa

1° wa.	*cuni doonnaa*	*toosin doonnaa*	*caddayn doonnaa*
2° wa.	*cuni doontaan*	*toosin doontaan*	*caddayn doontaan*
3° wa.	*cuni doonaan*	*toosin doonaan*	*caddayn doonaan*

	IIIA	IIIB
1° k.	*dhaqan doonaa*	*qabsan doonaa*
2° k.	*dhaqan doontaa*	*qabsan doontaa*
3° k.l.	*dhaqan doonaa*	*qabsan doonaa*
3° k.dh.	*dhaqan doontaa*	*qabsan doontaa*
1° wa.	*dhaqan doonnaa*	*qabsan doonnaa*
2° wa.	*dhaqan doontaan*	*qabsan doontaan*
3° wa.	*dhaqan doonaan*	*qabsan doonaan*

- Timaaddada **diimada** ah waa in laga hormariyaa **ma**:

Isr.	I	IIA	IIB/IIIA/IIIB
1° k.	*cuni doono*	*toosin doono*	(*caddayn/dhaqan/qabsan*
2° k.	*cuni doonto(id)*	*toosin doonto(id)*	*doono*)[6]
3° k.l.	*cuni doono*	*toosin doono*	
3° k.dh.	*cuni doonto*	*toosin doonto*	
1° wa.	*cuni doonno*	*toosin doonno*	
2° wa.	*cuni doontaan*	*toosin doontaan*	
3° wa.	*cuni doonaan*	*toosin doonaan*	

G) SHARDILEY

Waxaa loo adeegsadaa fal dhiciddiisu ku xiran tahay shardi. Qaab-keeduna wuxuu ka kooban yahay masdar iyo falkaaliyaha *leh*:

Isr.	I	IIA	IIB
1° k.	*cuni lahaa*	*toosin lahaa*	*caddayn lahaa*
2° k.	*cuni lahayd*	*toosin lahayd*	*caddayn lahayd*
3° k.l.	*cuni lahaa*	*toosin lahaa*	*caddayn lahaa*
3° k.dh.	*cuni lahayd*	*toosin lahayd*	*caddayn lahayd*
1° wa.	*cuni lahayn*	*toosin lahayn*	*caddayn lahayn*
2° wa.	*cuni lahaydeen*	*toosin lahaydeen*	*caddayn lahaydeen*
3° wa.	*cuni lahaayeen*	*toosin lahaayeen*	*caddayn lahaayeen*

---

[6] Qaabka falkaaliyaha ee raaca shantan fal oo qaab masdar leh waa isku mid.

	IIIA	IIIB
1° k.	*dhaqan lahaa*	*qabsan lahaa*
2° k.	*dhaqan lahayd*	*qabsan lahayd*
3° k.l.	*dhaqan lahaa*	*qabsan lahaa*
3° k.dh.	*dhaqan lahayd*	*qabsan lahayd*
1° wa.	*dhaqan lahayn*	*qabsan lahayn*
2° wa.	*dhaqan lahaydeen*	*qabsan lahaydeen*
3° wa.	*dhaqan lahaayeen*	*qabsan lahaayeen*

- Shardileyda **diidmada** ah waa in laga hormariyaa *ma*:

Isr.	I	IIA	IIB	IIIA	IIIB
1° k.	*cuneen*	*toosiyeen*	*caddeeyeen*	*dhaqdeen*	*qabsadeen*
2° k.	*cunteen*	*toosiseen*	*caddayseen*	*dhaqateen*	*qabsateen*
3° k.l.	*cuneen*	*toosiyeen*	*caddeeyeen*	*dhaqdeen*	*qabsadeen*
3° k.dh.	*cunteen*	*toosiseen*	*caddayseen*	*dhaqateen*	*qabsateen*
1° wa.	*cunneen*	*toosinneen*	*caddayneen*	*dhaqanneen*	*qabsanneen*
2° wa.	*cunteen*	*toosiseen*	*caddaydeen*	*dhaqateen*	*qabsateen*
3° wa.	*cuneen*	*toosiyeen*	*caddeeyeen*	*dhaqdeen*	*qabsadeen*

8.1.2 *Habka dhimman*

Waxaa loo adeegsadaa weeraha dhimman oo ku xiran weer kale

A) JOOGTO DHIMMAN

Tus.:

1) *Gabadhu in ay hooyadeed <u>aragto</u> ayay jeceshahay*
2) *Marka aan <u>toosiyo</u> ayaad samaynaysaa*

Isr.		I	IIA	IIB
1° k.	(*aan*)	*cuno*	*toosiyo*	*caddeeyo*
2° k.	(*aad*)	*cunto(id)*	*toosiso(id)*	*caddeeyso(id)*
3° k.l.	(*uu*)	*cuno*	*toosiyo*	*caddeeyo*
3° k.dh.	(*ay*)	*cunto*	*toosiso*	*caddeeyso*
1° wa.	(*aan*)	*cunno*	*toosinno*	*caddeeyno*
	(*aynu*)	*cunno*	*toosinno*	*caddeeyno*
2° wa.	(*aad*)	*cuntaan*	*toosisaan*	*caddeeysaan*
3° wa.	(*ay*)	*cunaan*	*toosiyaan*	*caddeeyaan*

	IIIA	IIIB
1° k.	*dhaqdo*	*qabsado*
2° k.	*dhaqato*(id)	*qabsato*(id)
3° k.l.	*dhaqdo*	*qabsado*
3° k.dh.	*dhaqato*	*qabsato*
1° wa.	*dhaqanno*	*qabsanno*
	dhaqanno	*qabsanno*
2° wa.	*dhaqataan*	*qabsataan*
3° wa.	*dhaqdaan*	*qabsadaan*

- Joogtada dhimman oo **diidmo** ah isma beddesho:

Isr.	I	IIA	IIB	IIIA	IIIB
1° k.	(*aanan*) *cunin*	*toosin*	*caddayn*	*dhaqan*	*qabsan*
2° k.	(*aadan*) *cunin*	iwm.	iwm.	iwm.	iwm.
3° k.l.	(*uusan*) *cunin*				
3° k.dh.	(*aysan*) *cunin*				
1° wa.	(*aynan*) *cunin*				
2° wa.	(*aydan*) *cunin*				
3° wa.	(*ayan*) *cunin*				

B) Tagto dhimman

Isr.	I	IIA	IIB
1° k.	(*aan*) *cunay*	*toosiyay*	*caddeeyay*
2° k.	(*aad*) *cuntay*	*toosisay*	*caddaysay*
3° k.l.	(*uu*) *cunay*	*toosiyay*	*caddeeyay*
3° k.dh.	(*ay*) *cuntay*	*toosisay*	*caddaysay*
1° wa.	(*aan*) *cunnay*	*toosinnay*	*caddaynay*
2° wa.	(*aad*) *cunteen*	*toosiseen*	*caddayseen*
3° wa.	(*ay*) *cuneen*	*toosiyeen*	*caddeeyeen*

	IIIA	IIIB
1° k.	*dhaqday*	*qabsaday*
2° k.	*dhaqatay*	*qabsatay*
3° k.l.	*dhaqday*	*qabsaday*
3° k.dh.	*dhaqatay*	*qabsatay*
1° wa.	*dhaqannay*	*qabsannay*
2° wa.	*dhaqateen*	*qabsateen*
3° wa.	*dhaqdeen*	*qabsadeen*

- Tagatada dhimman oo **diidmo** ahi waxay la mid tahay joogtoda dhimman oo diidmo ah, ismana beddesho.

8.1.3 *Hab talo*

Habkan wuxuu cabbiraa rabitaan, rajo, duco iyo amar fudud. Tus:

3) *An cunno* raashinka
4) *Ha caddeeyeen* warka

Isr.		I	IIA	IIB
1° k.	(*an*)	cuno	toosiyo	caddeeyo
2° k.	(*ad*)	cuntid	toosisid	caddaysid
3° k.l.	(*ha*)	cuno	toosiyo	caddeeyo
3° k.dh.	(*ha*)	cunto	toosiso	caddayso
1° wa.	(*an*)	cunno	toosinno	caddayno
	(*aynu*)	cunno	toosinno	caddayno
2° wa.	(*ad*)	cunteen	toosiseen	caddaysaan
3° wa.	(*ha*)	cuneen	toosiyeen	caddeeyaan

		IIIA	IIIB
1° k.		dhaqdo	qabsado
2° k.		dhaqatid	qabsatid
3° k.l.		dhaqdo	qabsado
3° k.dh.		dhaqato	qabsato
1° wa.		dhaqanno	qabsanno
		dhaqanno	qabsanno
2° wa.		dhaqateen	qabsateen
3° wa.		dhaqdeen	qabsadeen

- Qaabka **diidmadu** isma beddelo waxaana wehliya qurubka diidmada **yaan** oo ku lifaaqan magacuyaalka yeelaha.

Isr.		I	IIA	IIB	IIIA	IIIB
1° k.	(*yaanan*)	cunin	toosin	caddaynin	dhaqanin	qabsanin
2° k.	(*yaanad*)	cunin	toosin	caddaynin	dhaqanin	qabsanin
3° k.l.	(*yaanu*)	cunin	iwm.	iwm.	iwm.	iwm.
	(*yuusan*)	cunin				
3° k.dh.	(*yaanay*)	cunin				
	(*yaysan*)	cunin				

1° wa.	(yaanan)	cunin
	(yaynu)	cunin
2° wa.	(yaanad)	cunin
3° wa.	(yaanay)	cunin
	(yaysan)	cunin

8.2 Falal sifo

8.2.1 *Hab ebyoon*

A) Joogto

Isr.

1° k.	adkahay	fiicnahay
2° k.	adag tahay	fiican tahay
3° k.l.	adag yahay	fiican yahay
3° k.dh.	adag tahay	fiican tahay
1° wa.	adag nahay	fiican nahay
2° wa.	adag tihiin	fiican tihiin
3° wa.	adag yihiin	fiican yihiin

Joogto **diidmo**:

1° k.	ma adki	ma fiicni
2° k.	ma adkid	ma fiicnid
3° k.l.	ma adka	ma fiicna
3° k.dh.	ma adka	ma fiicna
1° wa.	ma adkin	ma fiicnin
2° wa.	ma adkidin	ma fiicnidin
3° wa.	ma adka	ma fiicna

B) Tagto

1° k.	adkaa	fiicnaa
2° k.	adkayd	fiicnayd
3° k.l.	adkaa	fiicnaa
3° k.dh.	adkayd	fiicnayd
1° wa.	adkayn	fiicnayn
2° wa.	adkaydeen	fiicnaydeen
3° wa.	adkaayeen	fiicnaayeen

- Qaabka **diidmadu** isma beddelo:

1° k.   *ma adkayn*   *ma fiicnayn*
2° k.   *ma adkayn*   *ma fiicnayn*
          iwm.

C) Tagto Caadaley

1° k.   *adkaan jiray*   *fiicnaan jiray*
2° k.   *adkaan jirtay*   *fiicnaan jirtay*
3° k.l.   *adkaan jiray*   *fiicnaan jiray*
3° k.dh. *adkaan jirtay*   *fiicnaan jirtay*
1° wa.   *adkaan jirnay*   *fiicnaan jirnay*
2° wa.   *adkaan jirteen*   *fiicnaan jirteen*
3° wa.   *adkaan jireen*   *fiicnaan jireen*

- Qaabka **diidmadu** isma beddelo:

1° k.   *ma adkaan jirin*   *ma fiicnaan jirin*
          iwm.

D) Timaaddo

1° k.   *adkaan doonaa*   *fiicnaan doonaa*
2° k.   *adkaan doontaa*   *fiicnaan doontaa*
3° k.l.   *adkaan doonaa*   *fiicnaan doonaa*
3° k.dh. *adkaan doontaa*   *fiicnaan doontaa*
1° wa.   *adkaan doonnaa*   *fiicnaan doonnaa*
2° wa.   *adkaan doontaan*   *fiicnaan doontaan*
3° wa.   *adkaan doonaan*   *fiicnaan doonaan*

- Qaabka **diidmada**:

1° k.   *adkaan doono*   *fiicnaan doono*
2° k.   *adkaan doonto*   *fiicnaan doonto*
3° k.l.   *adkaan doono*   *fiicnaan doono*
3° k.dh. *adkaan doonto*   *fiicnaan doonto*
1° wa.   *adkaan doonno*   *fiicnaan doonno*
2° wa.   *adkaan doontaan*   *fiicnaan doontaan*
3° wa.   *adkaan doonaan*   *fiicnaan doonaan*

E) Shardiley

1° k.   *adkaan lahaa*   *fiicnaan lahaa*
2° k.   *adkaan lahayd*   *fiicnaan lahayd*
3° k.l.   *adkaan lahaa*   *fiicnaan lahaa*
3° k.dh. *adkaan lahayd*   *fiicnaan lahayd*

1° wa.	*adkaan lahayn*	*fiicnaan lahayn*
2° wa.	*adkaan lahaydeen*	*fiicnaan lahaydeen*
3° wa.	*adkaan lahaayeen*	*fiicnaan lahaayeen*

- Qaabka **diidmada**:

1° k.	*ma adkaadeen*	*ma fiicnaadeen*[7]
2° k.	*ma adkaateen*	*ma fiicnaateen*
3° k.l.	*ma adkaadeen*	*ma fiicnaadeen*
3° k.dh.	*ma adkaateen*	*ma fiicnaateen*
1° wa.	*ma adkaanneen*	*ma fiicnaanneen*
2° wa.	*ma adkaateen*	*ma fiicnaateen*
3° wa.	*ma adkaadeen*	*ma fiicnaadeen*

8.2.2 Hab dhimman

A) Joogto

Qaab ahaan waxay la mid tahay joogto ebyoon, haseyeeshee shaqalka ugu dambeeya ayay ku leedahay toon dheer.

1° k.	(*in*) *aan adkahay*	(*in*) *aan fiicnahay*
2° k.	(*in*) *aad adag tahay*	(*in*) *aad fiican tahay*
3° k.l.	(*in*) *uu adag yahay*	(*in*) *uu fiican yahay*
3° k.dh.	(*in*) *ay adag tahay*	(*in*) *ay fiican tahay*
1° wa.	(*in*) *aan adag nahay*	(*in*) *aan fiican nahay*
2° wa.	(*in*) *aad adag tihiin*	(*in*) *aad fiican tihiin*
3° wa.	(*in*) *ay adag yihiin*	(*in*) *ay fiican yihiin*

- Qaabka **diidmadu** isma beddelo.

1° k.	(*in*) *aanan adkayn*	(*in*) *aanan fiicnayn*
2° k.	(*in*) *aanad adkayn*	(*in*) *aanad fiicnayn*
	iwm.	iwm.

---

[7] Ama qaab aan isbeddelin:
1°k. *ma adkaan lahayn*   *ma fiicnaan lahayn*
     iwm.

B) TAGTO

1° k.	(in) aan adkaa	(in) aan fiicnaa
2° k.	(in) aad adkayd	(in) aad fiicnayd
3° k.l.	(in) uu adka	(in) uu fiicnaa
3° k.dh.	(in) ay adkayd	(in) ay fiicnayd
1° wa.	(in) aan adkayn	(in) aan fiicnayn
2° wa.	(in) aad adkaydeen	(in) aad fiicnaydeen
3° wa.	(in) ay adkaayeen	(in) ay fiicnaayeen

- Qaabka **diidmadu** isma beddelo.

1° k.	(in) aanan adkayn	(in) aanan fiicnayn
2° k.	(in) aanad adkayn	(in) aanad fiicnayn
	iwm.	iwm.

8.3 Falal horkabayaal leh

Shantan fal ee soo socota way ka duwan yihiin falalka intooda kale oo idil, maadaama ay leeyihiin horkabayaal isrogroga.

8.3.1 *Hab ebyoon*

A) JOOGTO CAADALEY

1° k.	aqaan	aal (aallaa)	iraahdaa	imaaddaa
2° k.	taqaan	taal (taallaa)	tiraahdaa	timaaddaa
3° k.l.	yaqaan	yaal (yaallaa)	yiraahdaa	yimaaddaa
3° k.dh.	taqaan	taal (taallaa)	tiraahdaa	timaaddaa
1° wa.	naqaan	naal (naallaa)	niraahdaa	nimaaddaa
2° wa.	taqaaniin	taalliin (taallaan)	tiraahdaan	timaaddaan
3° wa.	yaqaaniin	yaalliin (yaallaan)	yiraahdaan	yimaaddaan

1° k.	ahay
2° k.	tahay
3° k.l.	yahay
3° k.dh.	tahay
1° wa.	nahay
2° wa.	tihiin
3° wa.	yihiin

- Qaabka **diidmada** waxaa mar kasta laga hormariyaa **ma**:

1° k.	aqaan	aal	iraahdo	imaaddo	ihi
2° k.	taqaan	taal	tiraahdo	timaaddo	tihid
3° k.l.	yaqaan	yaal	yiraahdo	yimaaddo	aha
3° k.dh.	taqaan	taal	tiraahdo	timaaddo	aha
1° wa.	naqaan	naal	niraahno	nimaadno	ihin
2° wa.	taqaaniin	taalliin	tiraahdaan	timaaddaan	tihin
3° wa.	yaqaaniin	yaalliin	yiraahdaan	yimaaddaan	aha

B) Joogto Socota

Falalka horkabayaasha leh ma wada laha qaabkan, inta lehna waxay lumisaa horkabayaasha[8]

	IRAAH	IMAAD	AH
1° k.	oranayaa	imanayaa	ahanayaa
2° k.	oranaysaa	imanaysaa	ahanaysaa
3° k.l.	oranayaa	imanayaa	ahanayaa
3° k.dh.	oranaysaa	imanaysaa	ahanaysaa
1° wa.	oranaynaa	imanaynaa	ahanaynaa
2° wa.	oranaysaan	imanaysaan	ahanaysaan
3° wa.	oranayaan	imanayaan	ahanayaan

- Qaabka **diidmada** mar kasta **ma** ayaa laga hormariyaa[9]:

1° k.	ma oranayo	imanayo	ahanayo
2° k.	ma oranayso(-id)	imanayso(-id)	ahanayso(-id)
3° k.l.	ma oranayo	imanayo	ahanayo
3° k.dh.	ma oranayso	imanayso	ahanayso
1° wa.	ma oranayno	imanayno	ahanayno
2° wa.	ma oranaysaan	imanaysaan	ahanaysaan
3° wa.	ma oranayaan	imanayaan	ahanayaan

ama:

1° k.	odhan	maayo	iman	maayo
2° k.	odhan	mayso(-id)	iman	mayso(-id)
3° k.l.	odhan	maayo	iman	maayo
3° k.dh.	odhan	mayso	iman	mayso

---

[8] *Aqaan* iyo *aal* ma laha qaabkan.
[9] Labada kale ma laha qaabkan.

1° wa.	odhan	mayno	iman	mayno	
2° wa.	odhan	maysaan	iman	maysaan	
3° wa.	odhan	maayaan	iman	maayaan	

C) TAGTO (FUDUD)

1° k.	iqiin	iil (iillay)	iri (idhi)	imi(d)	ahaa
2° k.	tiqiin	tiil (tiillay)	tiri (tidhi)	timi(d)	ahayd
3° k.l.	iqiin	iil (iillay)	iri (idhi)	imi(d)	ahaa
3° k.dh.	tiqiin	tiil (tiillay)	tiri (tidhi)	timi(d)	ahayd
1° wa.	niqiin	niil (niillay)	niri (nidhi)	nimi(d)	ahayn
2° wa.	tiqiineen	tiilleen	tiraahdeen	timaaddeeen	ahaydeen
3° wa.	yiqiineen	yiilleen	yiraahdeen	yimaaddeeen	ahaayeen

- Tagtada fudud oo **diidmada** ahi isma beddesho mar kastana waxaa raacsan *ma*:

1° k.	ma aqoon(in)	ma ool(in)	ma oran(in)	ma iman(in)	ma ahayn
	iwm.	iwm.	iwm.	iwm.	

D) TAGTO SOCOTO

1° k.	oranayay	imanayay[10]
2° k.	oranaysay	imanaysay
3° k.l.	oranayay	imanayay
3° k.dh.	oranaysay	imanaysay
1° wa.	oranaynay	imanaynay
2° wa.	oranayseen	imanayseen
3° wa.	oranayeen	imanayeen

- Tagtada socota ee **diidmada** ahi isma beddesho, *ma* ayaana raacsan:

1° k.	ma oranayn(in)	ma imanayn(in)[11]
	iwm.	iwm.

---

[10] Saddaxda fal kale (*aqoo, aal, ahow*) ma laha qaabkan.
[11] Eeg summadda 10.

E) Tagto Caadaley

1° k.	*aqoon jiray*	*oolli jiray*	*oran jiray*	*imaan jiray*
2° k.	*aqoon jirtay*	*oolli jirtay*	*oran jirtay*	*imaan jirtay*
3° k.l.	*aqoon jiray*	*oolli jiray*	*oran jiray*	*imaan jiray*
3° k.dh.	*aqoon jirtay*	*oolli jirtay*	*oran jirtay*	*imaan jirtay*
1° wa.	*aqoon jirnay*	*oolli jirnay*	*oran jirnay*	*imaan jirnay*
2° wa.	*aqoon jirteen*	*oolli jirteen*	*oran jirteen*	*imaan jirteen*
3° wa.	*aqoon jireen*	*oolli jireen*	*oran jireen*	*imaan jireen*

1° k.	*ahaan jiray*
2° k.	*ahaan jirtay*
3° k.l.	*ahaan jiray*
3° k.dh.	*ahaan jirtay*
1° wa.	*ahaan jirnay*
2° wa.	*ahaan jirteen*
3° wa.	*ahaan jireen*

- Qaabka **diidmadu** isma beddelo, **ma** ayaana raacsan:

1° k.	*aqoon jirin*	*oolli jirin*	*oran jirin*	*imaan jirin*
	iwm.	iwm.	iwm.	iwm.
1° k.	*ahaan jirin*			
	iwm.			

F) Timaaddo

1° k.	*aqoon doonaa*	*oolli doonaa*	*oran doonaa*	*imaan doonaa*
2° k.	*aqoon doontaa*	*oolli doontaa*	*oran doontaa*	*imaan doontaa*
3° k.l.	*aqoon doonaa*	*oolli doonaa*	*oran doonaa*	*imaan doonaa*
3° k.dh.	*aqoon doontaa*	*oolli doontaa*	*oran doontaa*	*imaan doontaa*
1° wa.	*aqoon doonnaa*	*oolli doonnaa*	*oran doonnaa*	*imaan doonnaa*
2° wa.	*aqoon doontaan*	*oolli doontaan*	*oran doontaan*	*imaan doontaan*
3° wa.	*aqoon doonaan*	*oolli doonaan*	*oran doonaan*	*imaan doonaan*

1° k.	*ahaan doonaa*
2° k.	*ahaan doontaa*
3° k.l.	*ahaan doonaa*
3° k.dh.	*ahaan doontaa*

1° wa.	*ahaan doonnaa*			
2° wa.	*ahaan doontaan*			
3° wa.	*ahaan doonaan*			

- Qaabka **diidmada** waxaa mar walba raacsan *ma*:

1° k.	*aqoon doono*	*oolli doono*	*oran doono*	*imaan doono*
2° k.	*aqoon doonto*	*oolli doonto*	*oran doonto*	*imaan doonto*
3° k.l.	*aqoon doono*	*oolli doono*	*oran doono*	*imaan doono*
3° k.dh.	*aqoon doonto*	*oolli doonto*	*oran doonto*	*imaan doonto*
1° wa.	*aqoon doonno*	*oolli doonno*	*oran doonno*	*imaan doonno*
2° wa.	*aqoon doontaan*	*oolli doontaan*	*oran doontaan*	*imaan doontaan*
3° wa.	*aqoon doonaan*	*oolli doonaan*	*oran doonaan*	*imaan doonaan*

1° k.	*ahaan doono*
2° k.	*ahaan doonto*
3° k.l.	*ahaan doono*
3° k.dh.	*ahaan doonto*
1° wa.	*ahaan doonno*
2° wa.	*ahaan doontaan*
3° wa.	*ahaan doonaan*

G) Shardiley

1° k.	*aqoon lahaa*	*oolli lahaa*	*oran lahaa*
2° k.	*aqoon lahayd*	*oolli lahayd*	*oran lahayd*
3° k.l.	*aqoon lahaa*	*oolli lahaa*	*oran lahaa*
3° k.dh.	*aqoon lahayd*	*oolli lahayd*	*oran lahayd*
1° wa.	*aqoon lahayn*	*oolli lahayn*	*oran lahayn*
2° wa.	*aqoon lahaydeen*	*oolli lahaydeen*	*oran lahaydeen*
3° wa.	*aqoon lahayeen*	*olli lahayeen*	*oran lahayeen*

1° k.	*imaan lahaa*	*ahaan lahaa*
2° k.	*imaan lahayd*	*ahaan lahayd*
3° k.l.	*imaan lahaa*	*ahaan lahaa*
3° k.dh.	*imaan lahayd*	*ahaan lahayd*
1° wa.	*imaan lahayn*	*ahaan lahayn*
2° wa.	*imaan lahaydeen*	*ahaan lahaydeen*
3° wa.	*imaan lahayeen*	*ahaan lahayeen*

- Qaabka **diidmada** oo raacsan *ma*:

1° k.	aqaaneen	aalleen	iraahdeen	imaadeen	ahaadeen
2° k.	taqaaneen	taalleen	tiraahdeen	timaadeen	ahaateen
3° k.l.	yaqaaneen	yaalleen	yiraahdeen	yimaadeen	ahaadeen
3° k.dh.	taqaaneen	taalleen	tiraahdeen	timaadeen	ahaateen
1° wa.	naqaaneen	naalleen	niraahdeen	nimaadeen	ahaanneen
2° wa.	taqaanneen	taalleen	tiraahdeen	timaadeen	ahaateen
3° wa.	yaqaanneen	yaalleen	yiraahdeen	yimaadeen	ahaadeen

8.3.2 Hab dhimman

A) JOOGTO

1° k.	aan aqaanno	aan aallo	aan iraahdo	aan imaaddo
2° k.	aad taqaanno	aad taallo	aad tiraahdo	aad timaaddo
3° k.l.	uu yaqaanno	uu yaallo	uu yiraahdo	uu yimaaddo
3° k.dh.	ay taqaanno	ay taallo	ay tiraahdo	ay timaaddo
1° wa.	aan naqaanno	aan naalno	aan niraahno	aan nimaadno
	aynu naqaanno	aynu naalno	aynu niraahno	aynu nimaadno
2° wa.	aad taqaanaan	aad taallaan	aad tiraahdaan	aad timaaddaan
3° wa.	ay yaqaannaan	ay yaallaan	ay yiraahdaan	ay yimaaddaan

1° k.	aan ahaado
2° k.	aad aahato
3° k.l.	uu ahaado
3° k.dh.	ay aahato
1° wa.	aan ahaanno
	aynu ahaanno
2° wa.	aad ahataan
3° wa.	ay ahaadaan

- Qaabka **diidmadu** isma beddelo, waxaana raacsan magacuyaal ku lifaaqan qurubka diidmada *an*:

1° k.	aanan aqoon	aanan oollin	aanan oran	aanan iman
2° k.	aadan aqoon	aadan oollin	aadan oran	aadan iman
3° k.l.	uusan aqoon	uusan oollin	uusan oran	uusan iman
3° k.dh.	aysan aqoon	aysan oollin	aysan oran	aysan iman
1° wa.	aynan aqoon	aynan oollin	aynan oran	aynan iman
2° wa.	aydan aqoon	aydan oollin	aydan oran	aydan iman
3° wa.	ayan aqoon	ayan oollin	ayan oran	ayan iman

1° k.	aanan ahaan			
2° k.	aadan ahaan			
3° k.l.	uusan ahaan			
3° k.dh.	aysan ahaan			
1° wa.	aynan ahaan			
2° wa.	aydan ahaan			
3° wa.	ayan ahaan			

B) TAGTO

1° k.	aan iqiin	aan iil (iillay)	aan iri	aan imid
2° k.	aad tiqiin	aad tiil (tiillay)	aad tiri	aad timid
3° k.l.	uu yiqiin	uu yiil (yiillay)	uu yiri	uu yimid
3° k.dh.	ay tiqiin	ay tiil (tiillay)	ay tiri	ay timid
1° wa.	aan niqiin	aan niil (niilnay)	aan niri	aan nimid
	aynu niqiin	aynu niil (niilnay)	aynu niri	aynu nimid
2° wa.	aad tiqiineen	aad tiilleen	aad tiraahdeen	aad timaaddeen
3° wa.	ay yiqiineen	ay yiilleen	ay yiraahdeen	ay yimaaddeen

1° k.	aan ahaa
2° k.	aad ahayd
3° k.l.	uu ahaa
3° k.dh.	ay ahayd
1° wa.	aan ahayn
	aynu ahayn
2° wa.	aad ahaydeen
3° wa.	ay ahaayeen

- Qaabka **diidmadu** wuxuu u dhaqmaa habkii diidmada ee joogtada dhimman.

1° k.	aanan iqiin	aanan iil	aanan oran	aanan iman
2° k.	aadan iqiin	aadan iil	aadan oran	aadan iman
3° k.l.	uusan iqiin	uusan iil	uusan oran	uusan iman
3° k.dh.	aysan iqiin	aysan iil	aysan oran	aysan iman
1° wa.	aynan iqiin	aynan iil	aynan oran	aynan iman
2° wa.	aydan iqiin	aydan iil	aydan oran	aydan iman
3° wa.	ayan iqiin	ayan iil	ayan oran	ayan iman

1° k.	aanan ahaan
2° k.	aadan ahaan
3° k.l.	uusan ahaan
3° k.dh.	aysan ahaan
1° wa.	aynan ahaan
2° wa.	aydan ahaan
3° wa.	ayan ahaan

8.3.3 Hab talo

Tus.:

5) Bal sidaas <u>an iraahdo</u>
6) <u>Ha yaqaanno</u> hadduu rabo

1° k.	an aqaan	an aallo	an iraahdo	an imaaddo
2° k.	ad taqaanno	ad taallo	ad tiraahdo	ad timaaddo
3° k.l.	ha yaqaanno	ha yaalo	ha yiraahdo	ha yimaaddo
3° k.dh.	ha taqaanno	ha taallo	ha tiraahdo	ha timaaddo
1° wa.	an naqaanno	an naallo	an niraahno	an nimaadno
	aynu naqaanno	aynu naallo	aynu niraahno	aynu nimaadno
2° wa.	ad taqaaneen	ad taalleen	ad tiraahdeen	ad timaaddeen
3° wa.	ha yaqaaneen	ha yaalleen	ha yiraahdeen	ha yimaaddeen

1° k.	an ahaado
2° k.	ad ahatid
3° k.l.	ha ahaado
3° k.dh.	ha ahaato
1° wa.	an ahanno
	aynu ahanno
2° wa.	ad ahaateen
3° wa.	ha ahaadeen

- Qaab **diidmo**:

1° k.	yaanan aqoon	yaanan oollin	yaanan oran	yaanan iman
2° k.	yaanad aqoon	yaanad oollin	yaanad oran	yaanad iman
3° k.l.	yuusan aqoon	yuusan oollin	yuusan oran	yuusan iman
	yaanu aqoon	yaanu oollin	yaanu oran	yaanu iman
3° k.dh.	yaanay aqoon	yaanay oollin	yaanay oran	yaanay iman

1° wa.	*yaanan aqoon*	*yaanan oollin*	*yaanan oran*	*yaanan iman*
	yaynu aqoon	*yaynu oollin*	*yaynu oran*	*yaynu iman*
2° wa.	*yaanad aqoon*	*yaanad oollin*	*yaanad oran*	*yaanad iman*
3° wa.	*yaanay aqoon*	*yaanay oollin*	*yaanay oran*	*yaanay iman*
1° k.	*yaanan ahaan*			
2° k.	*yaanad ahaan*			
3° k.l.	*yuusan ahaan*			
	yaanu ahaan			
3° k.dh.	*yaanay ahaan*			
1° wa.	*yaanan ahaan*			
	yaynu ahaan			
2° wa.	*yaanad ahaan*			
3° wa.	*yaanay ahaan*			

BAABKA SADDEXAAD

9. WEER FUDUD

Ilaa iyo hadda waxaan soo haynay oo ku koobnayn ereyada (ama qayb iyaga ka mid ah), dabeecadahooda iyo dirayntooda. Dhab ahaanti, markaan adeegsanayno luqad kuma hadalno ereyo keli-keli u taagan, waxaanse adeegsannaa weero, yacni erayo si wadajir ah laysaga dumay. An niraahno laysu dumay, maxaayeeley sidaan hoos ku arkayno hal tusaale ayaan ka samayn karnaa weero kala duwan annago adeegsanayna ereyo isku mid ah:

1) *Axmed baa Maryam jecel*
2) *Maryam baa Axmed jecel*

Labada weerood waxay ka samaysan yihiin erayo isku mid ah, laakiin way kala duwan yihiin mar hadday soo gudbinayaan macno kala geddisan. Inkastoo erayadu ay isku mid yihiin, waxay kala duwanaantu salka ku haysaa habka ay isagu dhafan yihiin; arrinkaasoo ah nidaamka weer waliba ay ereyadeedu isugu xigaan ayaa kala duwan.

Haddaba, weeri waxay ka samaysan tahay erayo wadajira oo isugu dhafan si waafaqsan xeerar naxweed. Si aan u fahanno arrinkaas kuma filna in aan aqoonsanno ereyada, waxaase u baahannahay in aan fahamno xeerarka isku haya wadajirka ereyadaas, isla markaasna u hawlgelinaya iyagoo wadajira.

3) *Waxaan cuno ayaan arkayaa*
4) *Waxaan arko ayaan cunayaa*

9.1 Khabarka

An isla eegno tusaalooyinkan:

5) *Macallinkaa buug i*
6) *Adigaa baabuur*
7) *Xamar baan*

Ma waxaan oran karnaa (5), (6) iyo (7) waa weero? Jawaabtu waa maya. Sababtuna ma aha arrin ku xiran tirada ereyada, waayo waxaa jira weero ka kooban hal, labo ama saddex erey:

8) *Kaaley*

9) *Ii sheeg*
10) *I sii buugga*

Maxay ku kala duwan yihiin weeraha (5-7) iyo kuwa (8-10)? Tusaalooyinka (5-7) waxay ka samaysan yihiin taxane ereyo ah, waxaana ognahay in ay yihiin magacyo iyo magacuyaallo. Tusaalooyinka (8-10) iyaguse waxay mar walba leeyihiin fal oo amar ah iyo ereyo kale. Waxay u baahanyihiin si weer looga dhigo (5-7) in lagu daro wax kale:

11) *Macallinkaa buug i **siiyay***
12) *Adigaa baabuur **waday***
13) *Xamar baan **imid***

Waxa aan ku darnay waa wax weerta oo dhan si wadajir ah isugu haya, waxaana lagu magacaabaa **khabar**.

Waxay, marka, weer kasta leedahay **khabar**; kaasoo isna markiisa aan ka maarmi karin in uu hawlgeliyo hal ama in ka badan oo xubno ah. Sidaa darteed khabarku wuxuu isku xiraa xubnaha kale ee weerta isagoo isla markaasna muujinaya xiriirka dhexdooda ka jira.

Bal an dib u jaleecno tusaalooyinkii dhowaa. Khabarka tusaalaha (11[aad]) waa *siiyey* (oo ah tagtada falka *sii*); haddaan u kuurgelno macnaha falkan, si aan u fahamno, waxaa loo baahan yahay in aan madaxa ku hayno qofka wax siinaya, shayga la bixinayo iyo qofka ama noolaha waxa la siinayo. Yacni khabarka sida *sii* wuxuu leeyahay micna ahaan qaab uu ku hawlgeliyo saddex shay oo lagu magacaabo **mawduucyo**.

Tusaalaha (12[aad]), khabarku waa *wad*. Marka laga eego dhanka micnaha, wuxuu u baahan yahay oo keliya laba mawduuc: kan waxa wada iyo shayga la wado. Khabarka *imòw*-na oo ah tusaalaha (13[aad]) waa la mid.

Haddii aan soo koobno waxaan oran karnaa, si loo sameeyo weer, in loo baahan yahay khabar iyo mawaadiic macnaha khabarka u baahan. Yacni tirada mawaadiicda waxay ku xiran tahay inta uu yahay dalabka micnaha khabarka.

Waxaa caadi ahaan jira khabarro u baahan hal mawduuc oo keliya:

14) *Cali waa <u>dheer yahay</u>*
15) *Miiska waa <u>yar yahay</u>*

Markan, khabarku wuxuu sheegayaa, *tayo, sifo,* halkii uu ka xiriirin lahaa xubno kale.

Si aan u muujinno qaabka ay weertu u habaysan tahay, waxaan khabarka ku dhex qoraynaa afargeesle leh laamo tiradoodu la eg tahay inta ay yihiin mawduucyadu:

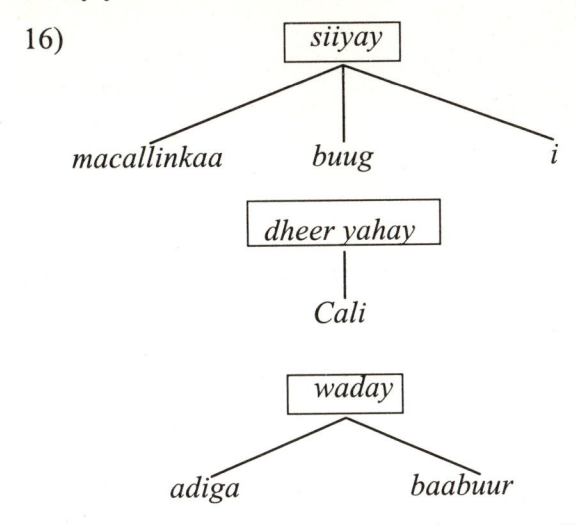

16)
```
              siiyay
        /       |       \
  macallinkaa  buug      i

              dheer yahay
                  |
                 Cali

               waday
              /     \
          adiga    baabuur
```

Waxaa habboon, marka aan qorayno, in mawaadiicda kala duwan had iyo jeer isku sì laysku xijiyo, walow marka la hadlayo isku xiggaasi uu isbeddeli karo. Hadday weertu leedahay saddex mawduuc sida (11) waxaa laanta 1^{aad} lagu qorayaa (waa tan bidixdee) mawduuca tilmaamaya qofka falka sameeyey, tan labaadna qofka ama shayga falka ku dhacaya, tan saddexaadna qofka hawsha loo qobanaya ama meesha uu falku ku socdo. Khabarka iyo mawduucyadiisu waxay sameeyaan **weer gaaban** (arrinkaa dib ayaan uga hadli doonnaa).

LAYLI

1. Khabar ku dara mid kastoo ka mid ah weeraha soo socda:

    Tus.: *Cali filin ayuu* _____
           Cali filin ayuu firsaday

    1.1 *Walaalkay Roma buu ka* _____
    1.2 *Adeerkiis buu* _____
    1.3 *Asli dugsiga ayay* _____
    1.4 *Guriga noogu* _____
    1.5 *Ina Cabdulle Xasan Ingriis ayuu la* _____

1.6 *Calanka Soomaaliyeed waxaa la* _____ *12 oktobar 1954*
1.7 *Barni Jowhar bay ka soo* _____
1.8 *Dahabo ayaa i* _____ *arrintaas*
1.9 *Shineemada horteed dad badan baa* _____

2. Ku muuji weeraha soo socda afargeesle iyo laamihiisa:

   2.1 *Wiilka baan guriga geeyey*

   2.2 *Ruqiya shaah bay karisay*

   2.3 *Diiriye lacag ayuu Jaamac bankiga uga soo qaaday*

   2.4 *Nimankan baa ii gargaaray*

   2.5 *Aqoon ayaa horumar leh*

   2.6 *Shabeel baa arigii cunay*

   2.7 *Raage baabuurkii buu motoor cusub u soo gaday*

   2.8 *Xaamud ayaa Waraaqdii xafiiska ka keenay*

   2.9 *Buugga Calasow baa curiyey*

   2.10 *Xerada duddun ayaa ku ag taalla*

3. Idinkoo adeegsanaya khabarrada soo socda mid kasta ka sameeya weer gaaban:

   qaad, cun, keen, gaar, xiran, guntan, furan, cartan, gasho, baro, guurso, karso

4. Hoosta ka xarriiqa khabarka ku jira weeraha soo socda, isla markaasna ku kala qora mawduucyada hoostooda lambarrada (1,2,3) hadba lambarka ku haboon, idinkoo raacaya nidaamka aan horay u soo aragnay. Tus.:

   Cali *adiga buu ku dilay*
     1   2

   Adiga *buu ku dilay* **Cali**
     2   1

   4.1 *Anaa qoray qoraalkaas*

   4.2 *Gabadhaas ayaa ii sheegtay warka*

   4.3 *Saalax geed buu waraabinayaa*

   4.4 *Muuna baa tallaashay geedka*

   4.5 *Axmed dersi buu Ciise u dhigay*

   4.6 *Isagaa idin ku arkay baarka*

   4.7 *Walaashay way i jeceshahay*

   4.8 *Tuuggii derbi ayuu ka booday*

   4.9 *Maryan caano bay siisey wiilkeeda*

   4.10 *Hanad baa waraaq u qoray aabbihiis*

4.11 *Cali dadka ayuu u naxriistaa*
4.12 *Giddigeenne Cali ayaanu jecel nahay*
5. Sameeya, kuna muujiya afargeesle iyo laamihiisa:
   - 5 weerood oo khabarku leeyahay hal mawduuc
   - 6 weerood oo khabarku leeyahay laba mawduuc
   - 4 weerood oo khabarku leeyahay saddex mawduuc

9.1.1 *Weli iyo khabarka*

Hawsha khabarku ku ma koobna oo keliya in uu cayimo tirada mawaadiicda laga dhex heli karo weerta, wuxuu kaloo xitaa xul ku sameeyaa mawaadiicda si ay u noqdaan kuwo la socon kara macnaha khabarka. Haddaan soo qaadanno tusaalaha soo socda oo ah weer qumman oo la oggolaan karo:

17) *Macallinkii buug buu i siiyay*

Waxaase aan la oggolaan karin weeraha sida:

18) **Miiskii wiilkii buu arkay*
19) **Beentii baa jabisay geedka*

Bal aan dib u eegno weeraha aan soo aragnay, si aan u ogaanno koox naxweedka ay ka tirsan yihiin ereyada lagu magacaabay **khabar**.

Tusaalooyinka (11), (12) iyo (13) khabarrada ku jira waa *siiyey*, *waday* iyo *imid*. Waxayna ka mid yihiin dirta aan ku magacaawnay **fal** (eeg kor bog 158).

Laakiin haddii aan eegno weeraha (14) iyo (15), khabarku kama samaysna oo keliya falka ahaanshaha ee wuxuu ka samaysan yahay iskudhafka ah: *dheer yahay* iyo *yar yahay*.

Waxaan haddaba oran karnaa in markaan adeegsanayno ereyga **khabar** aanan ula jeedin in aan tilmaamayno koox ereyeed, laakiinse aan u jeedno dawrka ama **shaqada** ay ereyada qaarkood ka qabtaan weerta dhexdeeda. Shaqadan inta badan waxaa qabta falka, waxaase jira dir kale oo iyaguna qaban kara. Sida weeraha:

20) *Cali waa <u>macallin</u>*
21) *Adigu waa <u>arday</u>*

Waxaa halkan ka muuqda in xitaa magaca, oo caadi ahaan buuxiya qaybta mawduuca ee dhismaha weerta, uu gudan karo hawsha khabarka, sida ku cad tusaalooyinkan (20) iyo (21) oo leh magacyo (*macallin, arday*) oo u taagan khabar.

Xitaa markan, haddii aan rabno in aan soo gudbino arrin kale oo falka oo keliya lagu cabbiri karo sida amminka, waxaa waajib nagu ah in aan adeegsanno curiye faleed, markaasna **magac-khabareed-ku** wuxuu dib u buuxinayaa kaalin mawduuc:

22) *Cali macallin buu ahaa*

Waxaan ku soo koobi karnaa in magaca iyo falkaba ay weerta dhex-deeda ka fulin karaan hawsha khabarka, tirada mawduucyadana waxa xukuma macnaha khabarka.

Bal haddana an eegno weeraha soo socda:

23) *Anigu moos baan cunayaa*

Khabarku waa *cunayaa*, waana fal u baahan laba mawduuc: kan wax cunaya (*anigu*) iyo shayga la cunayo (*moos*). Waxaase dhici karta in dadku markay si caadi ah u hadlayaan ay yiraahdaan:

24) *Moos baan cunayaa*

Farqiga u dhexeeya (23) iyo (24) wuxuu yahay in weerta (24) uu ka maqan yahay mawduuca 1^{aad} (*anigu*) oo ah yeelaha, oo la xadfi karo. In yeeluhu yahay magacuyaalka 1^{aad} oo keli ah waxaa laga aqoonsan karaa qurubka *aan* (oo lagu dhafay *baa*) iyo nadooca falka.

Isla sidaas waxaan u samayn karnaa weer sida:

25) *Anigu waan cunayaa*

Markan, mawduuca aan sida cad uga muuqanin weerta waa layeelaha oo la xadfay, waxase laga fahmi karaa waxa laga hadlayo. Haddaba, micne ahaan khabarka *cun* wuxuu markasta leeyahay laba mawduuc xitaa marka uu weerta ka muuqdo mid keliya.

Marka weerta ay ka samaysan tahay hal khabar oo keli ah iyo mawduucyada u baahan waxaan ku magacaabi karnaa **weer gaaban**. Nala eega tusaalooyinkan:

26) *Cali waa yimid*
27) *Aadan buug ayuu keenay*
28) *Aadan buug ayuu guriga geeyay*

29) *Afrax baa kariyay cuntada*
30) *Maryan ayaa dirac soo gadatay*
31) *Maryan baa gabadheeda dirac u soo gadday*
32) *Aadan buug buu Cali u keenay*
33) *Cali Xamar buu ka cararay*

Khabarka weeraha (31-33) wuxuu ka kooban yahay fal+horyaale. Maadaama ay isku xigaan labadooduba mid qura ayaan ku tirinaynaa, walow midkastoo iyaga ka mid ah uu xiriir la leeyahay xubin gaar ahaaneed oo markan aan loogu yeeraynin magac balse la yiraahdo **oraah magaceed** (**OM**). OM-ku waa xubin ka tirsan weerta, waxaa lagu aqoonsadaa, yacni **madax** u ah, magac ama magacuyaal, hase yeeshee waxaa ku lifaaqsanaan kara curiyeyaal kale (qodobbo, tilmaamayaal, iwm.). Dib baanna ugu soo noqon doonnaa dhismaha OM-ka.

Haddii weer sida tan (33) laga saaro horyaalaha, waxa isla markiiba khasab noqonaya inuu weerta ka go'o mawduuca ama oraah magaceedka la xariira horyalahaas, haddii kale weertu waxay noqonaysaa qalad:

34) **Cali Xamar buu <u>cararay</u>*

Haddaba waxqabadka khabarka weerta sida midda (33) waxaa fuliya falka iyo horyaalayaasha.

Waxaase jira xubno laga dhex heli karo weerta oo iyagu aan ka mid ahayn dhismaha mawduucyada uu khabarku u baahan yahay ama dalbanayo. Waxaan ula jeednaa curiyeyaal aan ku dari karno weerta sida:

35) <u>*Berri*</u> *Cali baa imanaya*
36) <u>*Halkan*</u> *Axmed baa <u>iigu</u> yimid*

Weerahan waxay had iyo jeer yihiin weero fudud mar hadday leeyihiin hal khabar inkastoo laga dhex heli karo curiyeyaal kale, marka loo eego weer gaaban.

LAYLI

1. Muujiya dhismaha khabar/mawduuc ee weerahan idinkoo ka tegeya qurubyada sida *baa, bay, ayaa, waa, wuu,* iwm.
 Tus.: *Isagu Maryan ayuu u egyahay*

                        u egyahay

        Isagu   *Maryan*

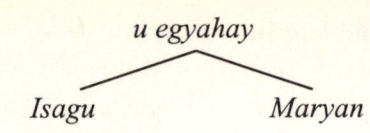

1.1 *Cali Xamar waa imanayaa*
1.2 *Dugsigii baa la xiraya*
1,3 *Faadumo caano way cabtay*
1.4 *Axmed waa arkay askari*
1.5. *Lacagta nimankaas u qaad*
1.6 *Anigu ninkii waa la shaqeeyay*
1.7 *Sarkaalka baan warqaddan Cali ugu dhiibay*
1.8 *Cali buuggii ayuu Axmed ka qaatay*

2. U yeela weer midkasta oo ka mid ah khabarrada soo socda, idinkoo ku daraya giddi mawduucyada lama huraanka u ah:
   u sheeg, sug, horukac, dhig, bixi, dhaqo, gado, karso, kari, qor, qorsii, kor, korsii, dhal, jecleyso.

3. Qaar ka mid ah weeraha soo socda ma dhammaystirna oo waxaa ka maqan mawduuc buuxiya macanaha falka. Soo sara weerahaas, isla markaasna dhammaystira:

   3.1 *Waraaq ayaan ku qoray*
   3.2 *Cali baa taabtay*
   3.3 *Anigu buug baan akhriyay*
   3.4 *Shaah baan siiyey*
   3.5 *Layligan wuu fudud yahay*
   3.6 *Naxwuhu feker buu kordhiyaa*
   3.7 *Waaya-aragnimada baa u keentay*
   3.8 *Hawl baa lagu gaari karaa*
   3.9 *Qalbi furan buu Muuse igu soo dhoweeyay*
   3.10 *Yaxya ayaa baranayay*

4. Qaar ka mid ah falalkani waxay u baahan yihiin horyaalayaal si ay khabar u sameeyaan, kuwo kalena uma baahna. Ku dara horyaalayaasha falalka u baahan, isla markaasna weer geliya khabar kasta:
   hadal, gooy, akhri, kulan, dar, xariiq, jir, dagaallan, tol, baxso.

5. Sameeya 10 weerod oo 5 khabarkoodu yahay magac, 5ta kalana fal sifo.
       Tus.:   *Cali waa macallin*
                  Cabdalla waa gaaban yahay

6. Tirtira curiyeyaasha dheeraadka ah si loo sameeyo weer gaaban.
    Tus.:   *Berri aniga baa moos cunaya* →
            Aniga baa moos cunaya

   6.1 *Daartii ayaan maanta soo arkay*
   6.2 *Daa'uud baa goor dhow imanaya*
   6.3 *Xalay maqaayad baan ka casheeyey*
   6.4 *Maryan Cali ayay la baxday*
   6.5 *Aadan baabuur buu Baraawe ku tegey*
   6.6 *Rootiga mindida baan ku gooyay*

7. Ku xiriiriya *fallaar* horyaalaha khabarka iyo mawduuciisa:
    Tus.: *Cali baa Axmed buug   u geeyay*

   7.1 *Fowsiya baa la hadashay Cali*
   7.2 *Ladan guriga bay mukulaal ku xirtay*
   7.3 *Hilowle baa dayaarad ku yimid*
   7.4 *Dhirta dabka ka ilaali*
   7.5 *Seynab baa guriga quful ku xirtay*
   7.6 *Dalmar buug ayuu Axmed u soo gaday*
   7.7 *Sagal baa la cayaartay wiilka*
   7.8 *Shalay bay dayaaraddu Berbera ka soo duushay*
   7.9 *Beri ayaa dawaco yaxaas carrab ka amaahsatay*
   7.10 *Cuntada u gee martida*

8. Si aad u ogaataan in si fiican aad u samayseen layliga hore, dib u qora idinkoo ka tegeya horyaalayaasha iyo mawduuciisa.
    Tus.:   *Cali baa Axmed buug u geeyay* →
            Cali baa buug geeyay

9.1.2 *Mawduucyada weerta fudud*

Si loo aqoonsado mawaadiicda ku dhex jirta weerta gudaheeda, iyadoo laga eegayo dhinaca macnaha khabarka, waxaan adeegsannay lambarrada (1,2,3) oo aan ku hoos qornay inta khabar ee ku dhex jira weerta. Balse an dib u fiirinno weerahan:

   37) <u>*Anigu*</u> *moos ayaan cunay*
   38) <u>*Nimankaasu*</u> *odayaal bay ahaayeen*
   39) <u>*Aabbahàa*</u> *saaxibkay buu ahaa*

40) _Naagi libaax ayay aragtay_

Weeraha (37-40), mawduuca hore, oo ah yeelaha, waa ereyga hoosta ka xarriiqan, wuxuuna markasta yahay weerta madaxeeda ama bilowgeeda. Laakiin, ma intaasaan ku salayn karnaa si aan u aqoosanno yeele ku jira weer? An fiirinno weerahanna:

41) *Shalay baa _anigu_ moos cunay*
42) *Shalay baan moos cuunay, _anigu_*
43) *Saxiibkay ayuu ahaa _abbahàa_*

Weeraha (41-43), oraah magaceedka (OM) yeelaha ah uguma horreeyo weerta, saas ay tahay waan aqoonsan karnaa dhibaato la'aan. Haddii aan u fiirsanno qaabka yeelaha waxaan helaynaa in ay jiraan wax noo fududaynaya aqoosigooda. Weeraha (37, 38) waxaa ka jira -*u* oo ah dibkabe u gaar ah yeelaha. Tan (39) waxaa ku dhacay isbeddel codkaceed (*aabbàhaa* oo noqda *aabbahàa*). Weerta (40)-na waxaa ka muuqda dibkabaha -*i* oo isna u gaar ah yeelaha. Dibkabayaashaan (-*u*, -*i*) waxay yihiin summad sarfiyeed oo ka mid ah habdhiska **kayska**.

Af soomaaliga yeelahu uun baa calaamado ka leh, walow ay jiraan afaf kale oo leh layeele iyo mawaadiic kale oo wata dibkabayaal u gaar ah.

Haddii aan soo koobno waxaan oran karnaa in ay ka jiraan dhismaha weerta dhexdeeda waxyaabo muujinaya xiriirka ka dhexeeya khabarka iyo mawaadiicdiisa waxaana ka mid ah **summadda yeelaha**. Waxaa run ahaanti u sii dheer weerta soomaliyeed in ay leedahay waxyaabo kale, dib baase u arki doonnaa, marka aan falanqayn doonno curiyeyaalka kale ee laga dhex heli karo weerta fudud sida *buu, i*, iwm.

Haddii aan dib ugu laabanno weeraha (37-39):

37) _Anigu_ moos baan _cunay_
38) _Nimankasu_ odayaal bay _ahaayeen_
39) _Aabbahàa_ saaxiibkay buu _ahaa_

Waxaan ogaanaynaa in falka weerta (37) uu wax ka sheegayo qofka 1[aad] uuna yahay habka ebyoon oo waqti tagay. Tan (38), qofka 3[aad] oo wadar ah, midda (39)-na qofka 3[aad] oo keli ah. Qaababka kala duwan ee falku wuxuu la xiriiraa kala geddisanaanta qofka iyo tirada ee yeeluhu yeeshay. Falku wuxuu ka waafaqaa yeelaha xagga qofka, tirada iyo xataa jinsiga, sida ku cad weeraha aan horay u soo aragnay (40, 44):

    40) <u>Naagi</u> libaax ayay ara*g*tay
    44) <u>Caasho</u> moos ayay cuntay

halkaas oo falku naqonayo qofka 3^{aad} oo keli ah oo dheddig ah oo ammin tagay.

Sidaan horayba aan ugu soo carrabbaabnay mawadiicda kale ee laga dhex heli karo dhismaha weerta fudud ma laha summad sarfeed oo tilmaanta habdhiska kayska. Sidaa darteed orah magaceedku inuu yahay layeele ama layeele dadban si toos ah loogu ma aqoonsan karo qaabkiisa.

Mawaadiicda kale ee ku tiirsan horyaalayaasha oo ah, dhisma ahaan, qayb ka mid ah khabarka, iyaguna ma laha summadda habdhiska kayska.

Marka laga eego dhinaca macnaha, mawaadiic ka dhexaysa xiriir waa isku wada heer oo ma kala muhimsana. Laakiin marka la samaynayo weer waxaa caadiyan laga ambaqaadaa hal mawduuc, kaasoo noqda yeelaha, waa waxa laga hadlayo oo waafaqa falka. Calaakullixaal, waxaa dhacda in siyaabo kala duwan uu afku u muujin karo isla xiriirkaas. An tusaale ahaan u qaadanno xiriirka labadan sawir ay cabbirayaan:

    Cali   *Caasho*

Xiriirkan waxaan ku muujin karnaa labo fal oo kala duwan: *sii* iyo *hel* oo yeelayaashooduna ay kala duwan yihiin. Haddii hadluhu uu yiraahdo:

    45) *Cali buug ayuu Caasho <u>siiyay</u>*

Waxaa yeele noqonaya qofka falka qabanaya ama sababaya isugudbinta buugga, haddiise uu yiraahdo:

46) *Caasho buug ayay Cali ka heshay*

Yeluhu waa qofka buugga helay.

LAYLI

1. Ka sameeya fal kasta laba weerood oo ay kala geddisan yihiin yeelayaashoodu:
   tiri, gee, mari, codso, jiid, tuur, xoogso, rid, celi, saar.

   Tus.: 1) *Cali lacag buu tiriyay*
   2) *Kombiyuuterka baa tiriyay*

2. Waxaa jira falal isku xiriir muujinaya, laakiin oggolaanaya in mawaadiicda lays dhaafsiiyo haddaba hela falalkaas, una yeela weero. Tus.: *hel* iyo *dir*:
   1. *Saciid baa Warsame Warqad u diray*
   2. *Warsame baa Saciid Warqad ka helay*

3. Hoosta ka xariiqa yeelaha ku jira weer kasta, sheegana waxa aad ku aqoonsateen:

   3.1 *Ninku ari ayuu sii wadaa*

   3.2 *Gabari wiil bay la timid*

   3.3 *Shalay ayuu dhoofay wiilku*

   3.4 *Gabadhu saaxibaddeeda bay la haasaawdaa*

   3.5 *Aad buu xafiisku uga fog yahay xaafadda*

   3.6 *Inamadu duruus bay bartaan*

   3.7 *Halkaasay gooli nin ku dishay*

   3.8 *Goosha bay cawshu ka carartay*

   3.9 *Caguhuu wax ka dayay tuuggu*

   3.10 *Isagu dadka ayuu u roon yahay*

4. Hoosta ka xarriiqa layeelaha, yacni mawduuca 2[aad] ee ku dhex jira weeraha soo socda:

   4.1 *Leyla lacag ayay amaahisay walaasheed*

   4.2 *Macallinku buugaag buu siiyey ardayda*

   4.3 *Kuraygii ayaa geela harada geeyay*

   4.4 *Asli baa guriga keentay caanaha*

   4.5 *Aadan bas ayuu wiilkiisa saaray*

   4.6 *Shufeerku baabuurkii buu garaashka geliyay*

4.7 *Doonidu dad bay Kismaayo geeysay*
4.8 *Geesigii jilbaha ayuu dhulka dhigtay*
4.9 *Alaab badan bay soo gadday Maryan*
4.10 *Cali xaafaddan buu dejiyay hooyadii*

5. Layeelayaasha tooska ah ee ku jira weeraha soo socda hal xarriiqin hoos uga yeela, mawaadiicda ku tiirsan horyaalayaashana laba xarriiqmood:

Tus.: *Shaqanaceebka baa <u>dhibaato</u> u keenay <u>dalkeenna</u>*

5.1 *Cilmi aqoon ayuu ka kororsaday wargeysyada*
5.2 *Ganacsaduhu bankiga buu lacag ka sarriftay*
5.3 *Xoghayuhu Faarax ayuu wasiirka u geeyay*
5.4 *Ibraahim baa middi xarigga ku jaray*
5.5 *Ardaygu maktabadda buu duruus ku akhristaa*
5.6 *Telefiishinka ayaan ka daawannay barnaamijkaas*
5.7 *Shircilmiyeedkii baa Cali ka soo kororsaday aqoontaas*
5.8 *Samow cilmi ayuu darajadaas ku gaaray*
5.9 *Saalax beer buu ka soo saaray hantidaas*
5.10 *Ku baahibeela kalluunka!*

9.1.3 *Rugaha warka*

Weeraha aan ku soo lafagurnay faqraddii dhowayd waxaan ku soo aragnay in yeelaha weertu uusan hal meel ka dhicin weerta dhexdeeda. Waxaan kaloo ogaannay in aan ku aqoonsan karno yeelaha meel kastoo weerta uga jiro summadda kayska iyo falka oo isaga uun waafaqo. Laakiin an eegno sida weertan ay noqonayso:

47) *Adiga **baa** moos cunay*

Haddii laga eego dhinaca macnaha, shaki nooga ma jiro in yeelaha weerta (47) uu yahay *adiga*. Maxaa wacay shay aan noolayn, sida moos, ma samayn karo falka *cun* illaa wax nool mooye, sidaas ay tahay yeelaha weertaani wuxuu lumiyey dabeecadihii lagu yiqiin: 1) ma laha summaddii yeelaha, yacni waxaan haysannaa *adiga* ee ma hayno *adigu*; 2) falka ma waafaqsana yeelaha, waayo waxay ahayd in qaabka falka soo gudbinayo qofka 2^{aad} oo keli ah uu ahaado *cuntay*. Haddaba waxaad mooddaa in yeeluhu uu lumiyey wixii lagu aqoonsan lahaa oo dhan. Waa maxay waxyaabaha u gaarka ah weerta (47) ?

Khabarka (*cun*) iyo mawaadiicda (*adiga* iyo *moos*) ka sokow weertan waxaa ka dhex muuqda ereyga **baa**. Xitaa ereygan wuxuu weerta dhexdeeda ka qabtaa hawl u gaar ah, hawshaas oo ah in uu tilmaamo qaybta weerta ka mid ah ee xambaarsan warka **cusub**. An sii faahfaahinno.

Markaan hadlayno waxaan had iyo jeer sheegnaa wax cusub oo aan ku darayno war hore u jiray, yacnii khabar xambaarsan war cusub oo lagu kabayo arrin dhegeystuhu yaqaanno, sababtoo ah markaas dhow baa laga hadlay, ama wuxuu qayb ka yahay xaaladda laga hadlayo, ama hadluhu waxay la tahay in dhagaystuhu madaxa ku hayo arrintaas. Haddii an soo qaadanno weer tebineed fudud, sida badan yeeluhu wuxuu yahay mawduuc laga warhayo, khabarka iyo mawduucyada kale ayaa ah war cusub.Sida weerta:

48) *Adigu moos* **baad** *cuuntay*

Yeeluhu waa *adigu*, waana war horay loo yiqiin. Laakiin *baa* oo ku xigta *moos* waxay noo sheegeysaa in layeelahu uu yahay war cusub. Haddii aan u soo noqonno weertii (47) waxaan ogaaneynaa in *baa* ay ku xigto oraah magaceed yeele ah. Marka yeeluhu wuxuu weertan gudaheeda ka yahay. qaybta warka cusub. Hase ahaatee warka laga helay weerta inteeda kalena waa mid horay loo ogaa. Arrintan waxaa caddaanaysaa marka la lafaguro weer weyddiimeeddan:

49) *Yaa moos cunay ?*

Hadluhu, markuu weertan adeegsado, wuxuu noo sheegayaa in qof uu *moos cunay*. Wuxuuna dhegeystaha ka rabaa in uu cayimo qofkaas. Jawaabta su'aashaasi waxay lahaan kartaa qaabkan oo keliya:

50) *Adiga* **baa** *moos cunay*

ee ma ah:

51) *Adigu moos* **baad** *cuntay*

Weer sida midda (51) waa jawaab su'aasheedu tahay:

52) *Maxaa adigu cuntay?*

Markaasna hadluhu wuxuu og yahay in dhegeystuhu wax cunay, mase oga waxa uu cunay. Sidaas awgeed jawaabtu waxay tilmaamaysaa in layeeluhu soo gudbinayo warka cusub iyadoo *baa* lagu xijiyay *moos*.

Had iyo jeer weer tebineeddu waxay leedahay qurub u xil saaran in uu tilmaamo qaybta weerta ka mid ah ee xambaarsan warka cusub.

Qurubkaas oo lagu magacaabo **qurub diiradeed**, wuxuu yeelan karaa qaabab kala duwan, weerta dhexdeedana meel kala duwan buu ka gelaa. Hadba meesha uu weerta uga jiro wuxuu si kala duwan saamayn ugu yeeshaa dhismaha weerta iyo iskuxigga ereyada ama xubnaha weerta.

Waxaa marka lama huraan ah in aan si fiican u deresno dabeecadaha u gaarka ah *baa*, *ayaa* iyo *waa* oo iyagu ah qurub diiradeedyada.

LAYLI

1. U kala saara weeraha soo socda kuwa naxwa ahaan qumman iyo kuwa aan qummanayn; sababtana raaciya:

    1.1 *Cali yimid*

    1.2 *Cali Axmed buugaggii ayuu u keenay*

    1.3 *Nin iyo dameer meel duur ku wada noolaa*

    1.4 *Cali walaalkiis baad aragtay*

    1.5 *Rooti la cunay*

    1.6 *Moos baa wiilkii cunay*

    1.7 *Miisku guriga yaallaa*

    1.8 *Macallinku dersiga ayuu sharraxay*

    1.9 *Gabadhu miyiga way taqaannaa*

    1.10 *Sirmaqabe Allaa u sahan ah*

2. Hoosta ka xarriqa oraah magaceedka diiradaysan, yacni raacsan qurub diradeed:

    2.1 *Wadaadku tusbax dheer ayuu sitaa*

    2.2 *Ushiisu afka ayay ka madowdahay*

    2.3 *Tuulada baa ka yar magaalada*

    2.4 *Sixirrowyadu lacag ayay wax magaratada ka dhammeeyeen*

    2.5 *Maroodi ayaa magaalada soo gelay*

    2.6 *Odaygu jiscin fiican buu wiilka siiyey*

    2.7 *Shimbiruhu cayayaan bay cunaan*

2.8 *Gorayadu sur dheer bay leedahay*
2.9 *Berri ayaan waraaq kuu soo qori doonaa*
2.10 *Dayaaraddu Jabuuti ayay u duushay*

9.2 Qurubyo diiradeedyada: rugahooda

Waxaan soo aragnay in dhammaan **baa**, **ayaa**, iyo **waa** ay yihiin qurub weereedyo. **Baa** iyo **ayaa** waa laysku beddeli karaa. Laakiin **waa** waxay leedahay dhaqan iyo rugo ka duwan.

Labada qurub *baa* iyo *ayaa* waa isku mid oo isku hawl ayay weerta dhaxdeeda ka qabtaan, faraqa keliya ee u dhexeeyana wuxuu la xiriiraa hadba gobolka la joogo. Maxaa yeeley gobollada qaarkood waxaa ku badan adeegsiga *ayaa* kuwana *baa*.

9.2.1 *Baa/Ayaa*

Baa ama **ayaa** waxay had iyo jeer summaddaa oo ku xigsataa oraah magaceed (OM) sida:

    1) *Wiilkii **baa** yimid*
         OM   F

laakiin suuraggal ma aha:

    2) **Wiilkii yimid baa*
         OM   F

Bal an eegno weerahan:

    3) <u>*Cali **baa** yimid*</u>
    4) <u>*Wiilkii **ayaa** yimid*</u>
    5) <u>*Cali walaalkiisa **baa** yimid*</u>
    6) <u>*Wiilkii aan la hadlay **ayaa** yimid*</u>

Weerahan oo dhan waxay ka samaysan yihiin hal khabar oo leh hal mawduuc, ahna yeele. Haddaan u fiirsanno rugta *baa/ayaa* waxaan ogaanaynaa in waxa bidixda ka xiga ay wada yihiin hal xubin oo ah oraah magaceed. Annagoo dib uga hadli doonna dhismaha oraah magaceedka, haatan waxaa idinku filan in aad ogaataan in oraah magaceedku uusan ka koobnaan karin keliya hal magac ama hal magacuyaal oo wata tifaftirayaal, balse uu ka koobnaan karo hal magac wax ka badan sida ku cad (5) amaba hal magac iyo weer dhan sida (6). Calaakullixaal curiyeyaashaas oo dhan waxay samaynayaan hal xubin waxaana muujinaya rugta **baa/ayaa** ay ku dhacayso.

Waxaad ogaanaysaan in arrintaanu ay ansax tahay, mar haddii ay qalad yihiin weeraha soo socda:

7) *Cali **ayaa** walaalkiisa yimid*
8) *Wilkii **baa** aan la hadlay yimid*

Sababtuna ay tahay in **baa/ayaa** ay ku dhex jirto oraah magaceedka gudihiisa, halkii laga rabay in ay ku sugnaato dhammaadka OM-ka. Yacni *Cali walaalkiisa* waa hal OM, sidaas oo kale weerta *wiilkii aan la hadlay*. Oraah magaceedka ay **baa-/ayaa**-du diiradaynayso waa inuu had iyo jeer ka horreeyaa falka sida weertan:

9) *Cali **baa** moos cunay*

haddii kale waa qalad:

10) *Moos cunay Cali **baa***

Arrimaha ku saabsan xiriirka qurubdiiradeedka **baa/ayaa** iyo weerta ma aha wax intaas ku eg; waxaa jira in weeruhu ay ku kala duwan yihiin xagga dhismaha, taasoo ugu wacan hawsha uu weerta gudaheeda ka qabto OM-ka suntan, ha ahaado yeele ama mawduuc kale iyo isku xigga OM-yada. Waa jirtaa in arrimahan ay u muuqan karaan wax adag, laakiin u fiirsaada in weerahan si joogta ah aad u adeegsataan marka aad hadlaysaan, sidaa darteed horay ayaad u tiqiineen dhismahan. Waxa haatan aan wadno waxay tahay oo keliya in aad ka fekertaan si aad u fahamtaan waxyaabahan oo hore u tiqiineen maadaama aad adeegsataan, laakiin aanad garanayn sidii looga hadli lahaa ama loo sifayn lahaa.

Waxaan ula jeednaa in si cad u baran rabtaan aqoonta ama qalabkii idiin fududayn lahaa sidii aad u sharxi lahaydeen ama uga hadli lahaydeen afkiinna hooyo. An u fiirsanno weeraha soo socda:

11) *Wiilkii moos **buu** cunay*
12) *Wiilkii moos **baa** cunay*

Qurub diiradeedka *baa* wuxuu (11) iyo (12) ka tilmaamayaa oraah magaceed aan ahayn yeele laakiin ah layeele. Haddaba, maxaa u sabab ah in naxwa ahaan (11) aan niraahno sax, (12)-na qalad?

Weerta (11) dhexdeeda, *baa* waxaa ku dhafan *-uu*. Sida aad ogtihiinna, *-uu* waa magacuyaal dhimman oo yeele ah oo ah qofka saddexaad oo keliya, yacni *wiilkii* iyo *-uu* waxay wax ka sheegayaan isla qofkii. Waxay taas caddaan u tahay in haddii yeelaha la beddelo, uu magacuyaalkuna beddelmayo:

    13) *Adigu moos **baad** cuntay*

Haddii aan isbarbardhigno (11) iyo (12) waxaan ogaanaynaa in weerta (12) uu ka maqanyahay magacuyaalka tilmaama yeelaha (*uu*), sidaas ayayna ku noqotay weer qalad ah.

Xeerka I

> Waxaan haatan ku soo gabaggabeynaynaa in marka ***baa/ayaa*** ay sumadayso layeelaha, waxaa khasab ah in weerta laga dhex helo ***baa/ayaa*** lagu dhafo magacuyaalka dhimman ee yeelaha.

Bal an eegno weerahan:

    14) *Moos **buu** wiilkii cunay*
    15) *Moos **baa** wiilkii cunay*

Waa sax labadan weerood (14) iyo (15), in kastoo *baa*, ay weli sumadayso layeelaha, mar waxay ku lifaaqan tahay magacuyaalka yeelaha (*uu*), marna waa keligeed.

Maxaa keenay farqiga u dhexeeya weeraha (11)-(12) iyo (14)-(15)? Isku xigga mawduucyada ayaa keenay. Weeraha (11) iyo (12) yeelaha waa oraah magaceedka 1^{aad}, layeelahana kan 2^{aad}. Yacni yeelihii wuxuu ka horreyaa layeelaha. Laakiin (14) iyo (15) iskuxiggoodu waa isweydaarsan yahay, layeelaha ayaa ka horreeya yeelaha. Marka arrintu saas ay tahay khasab ma aha in weerta uu ka dhex muuqdo magacuyaalka dhimman ee yeeluhu.

Gabaggabadii xeerka 1^{aad} waxay ku salaysanayd weeraha (11) iyo (12) waa inaanse dib u habaynaa arrintaas waayo waxaa ka maqan dabeecadda weeraha (14) iyo (15).

Xeerka II

> Marka **baa/ayaa** ay sumadayso oraah magaceed aan yeele ahayn waa khasab in halkaas uu ka muuqdo magacuyaal dhimman oo yeele ah (*uu, ay, aan*, iwm.) isagoo isku lifaaqaya **baa-/ayaa**-da, waxase shardi ah in yeeluhu uu ka horreeyo oraah magaceedka ay **baa-/ayaa**-du suntay (waxaa horay loola jeedaa wixii xiga dhanka bidix). Tusaale: *Cali moos **buu** cunay*. Halkaan *Cali* baa ugu horreeya. Haddiise yeeluhu uu ka danbeeyo oraah magaceedka **baa-/ayaa**-da raacsan, adeegsiga magacuyaalka dhimman waa khiyaar oo khasab ma aha (14-15).

Siyaabaha loo samayn karo iskuxijinta xubnaha weerta weli ma dhamma. Waxaan og nahay, annaga oo ka duulayna wixii aan horay u soo sheegnay, in oraah magaceedka ku suntan *baa-/ayaa*-du uusan ka daba mari karin falka. Waxaase weli noo haray inay suurtaggal tahay qaabka kan:

16) *Moos **buu** cunay <u>wiilkii</u>*
17) **Moos **baa** cunay <u>wiilkii</u>*

Baa waxay weerahan ka sumadaysaa layeelaha, yeeluhuna wuxuu dib dhacaa falka. Marka isku xigga xubnaha weerta uu sidan noqdo, ku soo celinta magacuyaalka yeelaha (*uu*) waa khasab. Waxaa marqaati u ah qaladnimada weerta (17).

Xitaa xeerka II[aad] waa in aan dib u habeeynaa si aan u tixgelino waxyaabahan oo samaynaa xeer III[aad].

Xeerka III

> Marka **baa/ayaa** ay sumadayso oraah magaceed aan yeele ahayn, adeegsiga magacuyaalka yeeluhu waa khasab:
> 1. Marka yeeluhu ka horreeyo oraah magaceedka ay **baa-/ayaa**-du suntay.
> 2. Marka yeeluhu uu ka danbeeyo falka.
>
> Wuxuu yahay khiyaar:
>
> Marka yeeluhu ka dambeeyo oraah magaceedka ay **baa-/ayaa**-du sumadayso (yeeluhuna uu ka horreeyo falka).

Shaxdan baan ku soo koobayna qaababka suraggalka ah iyo inta aan ahayn (*).

1	2	3	TUSAALOOYIN
Y	LY**buu**	F	Wiilkii moos **buu** cunay
*Y	LY**baa**	F	*Wiilkii moos **baa** cunay
LY**buu**	Y	F	Moos **buu** wiilkii cunay[12]
LY**baa**	Y	F	Moos **baa** wiilkii cunay
LY**buu**	F	Y	Moos **buu** cunay wiilkii
*LY**baa**	F	Y	*Moos **baa** cunay wiilkii

Sharraxaadda aan kor ku bandhignay waxaa dabcan loo gudbin karaa xataa weeraha uu yeeluhu ka yahay qofka 3ad oo dheddig ama wadar ah:

18) *Maryan moos **bay/ayay** cuntay*
19) **Maryan moos **baa/ayaa** cuntay*
20) *Moos **bay/ayay** Maryan cuntay*
21) *Moos **baa/ayaa** Maryan cuntay*[13]
22) *Moos **bay/ayay** cuntay Maryan*
23) **Moos **baa/ayaa** cuntay Maryan*
24) *Nimankii garannuug **bay/ayay** qabteen*
25) **Nimankii garannuug **baa/ayaa** qabteen*
    iwm.

Malaha waad dareenteen inta aan sharraxaynay dhismaha weeraha, marka *baa-/ayaa*-du sumaddo layeelaha waxaa xataa dhawr jeer ugu

---

[12] Qaabkaan qalad buu la noqon karaa dadka qaarkood.
[13] Eeg summadda 12.

yeernay OM-ka aan *yeelaha ahayn*. Waxaan ula jeednaa in xataa marka *baa/ayaa* ay sumaddo mawduuc saddexaad oo ku xiran falka ama mawduuc falka kula xirma horyaale waa khasab in la raaco xeerarka aan kor ku soo xusnay:

26) *Cali <u>Ubax</u> **buu** buugaggii u keenay*
27) **Cali <u>Ubax</u> **baa** buugaggii u keenay*
28) *<u>Ubax</u> **buu** Cali buugaggii u keenay*
29) *<u>Ubax</u> **ayaa** Cali buugaggii u keenay*
30) *<u>Ubax</u> **ayuu** buugaggii u keenay Cali*
31) **<u>Ubax</u> **ayaa** buugaggii u keenay Cali*

LAYLI

1. Sameeya 10 weerood oo layeeluhu diiradaysan yahay, idinkoo isticmaalaya falal leh laba ama saddex mawduuc, layeeluhuna ku sugan yahay rugta 2^{aad} marka laga eego iskuxigga ereyada.
    Tus.:   *Jumcaale geeli buu ceelka u kaxeeyay*
2. Markaan sharaxaynay weeraha leh saddex mawduuc tixgelin lama siin inta siyood ee suurtaggalka ah iskuxigga xubnaha weeraha. Adinkoo la kaashanaya macallinka, sameeya weer kastoo suuraggalka ah, isla markaasna hubiya haddii xeerarka ku saabsan rugaha qurub diiradeedka *baa* iyo ku soo celinta magacuyaalka yeelaha ee qofka 3^{aad} ay daboolayaan xaaladaha oo dhan.
    Tus.:   *Cali buugaggii Ubax buu u keenay*
    *Cali buugaggii Ubax baa u keenay
    iwm.
3. Sameeya 4 weerood oo middiiba leh saddex mawduuc oo layeeluhu diiradaysan yahay, kaddibna beddela iskuxigga curiyeyaasha si loo helo baa oo aan ku dhafnayn magacuyaalka dhimman ee yeelaha. Isu eega waxa aad samayseen, kana dooda natiijadooda.
4. Ku hor qora calaamadda qaladka (*) weeraha aan hagaagsanayn, kaddib u sameeya si naxwa ahaan sax ah, sharxana sababta ay naxwa ahaan u khaldanayeen:

    4.1 *Nin taajir buu ahaa*
    4.2 *Nimankii xeradii ayaa yimaadeen*
    4.3 *Xeradii ayay yimaadeen nimankii*
    4.4 *Gaari cusub buu soo iibsaday Cali*
    4.5 *Ninkii gaarigii cusbaa ayuu watay*
    4.6 *Ninkii gaarigii baa cusbaa watay*
    4.7 *Naag baa kale la listay saca*

4.8 *Ismaqalku dhaqaalaha ayuu ku jiraa*

4.9 *Maan dad waa mudacyo caaraddood*

4.10 *Garoonka ayay kubbadda tegi jireen*

4.11 *Nin soori qaadday nin seefi qaadday baa ka roon*

4.12 *Arigii libaax buu cunay*

4.13 *Afkii ba'ay yiri wuu tubtiina karaa*

4.14 *Odaygu dhalada ayay subkaday*

4.15 *Geeljire wuu usha meeshuu ka gooynaayo og yahay*

4.16 *Tuuggu dadka dhacay*

4.17 *Gartu Ilaaheed bay taqaan*

4.18 *Qorina qiiqiisa buu uraa waa qofna qowlkiisa buu hadlaa*

4.19 *Buug kale baa rabnaa*

4.20. *Geedba ayuu mirihiisa dhalaa*

5. Hoos ka xarriiqa weeraha leh qurub weereedyada *baa* ama *ayaa* ee ku jira sheekada soo socota. Kaddibna guuriya oo ka hadla weerahaas (yacni raadiya ereyada ku diiradaysan *baa* ama *ayaa*, nidaamka iskuxigga ereyada iyo haddii ay jirto ama aanan jirin soo celinta magacuyaalka yeelaha).

   Diiq baa meel miyi ah joogay. Maalin buu geed fuulay, wuu qayliyey. Qayladii baa dawaco maqashay, markaas bay u timid. Geedkii hoostiisa bayna joogsatay. Waxay ku tiri diiqii: "War cod wanaagsanidaa? Soo deg oo si fiican iigu celi, waan ku tuugayaayee". Markaas ayuu diiqi yiri: "Aqalkaas hortiisa in yar igu sug aniga ayaa kuu imanaya ee".

   Dawacadii halkii bay tagtay, waxase ay aragtay ey, markaas ayay cagaha wax ka dayday.

   Waxaa halkan aan ka garan karnaa in dawacadu ay doonaysay in diiqa dhuunta qabato, marka uu qaylada billaabo oo indhaha isku dhejiyo. Diiqu isna jar kale ayuu u degey, illayn dawaco iyo ey laysma tuso ee.

9.2.2 *Weli iyo baa/ayaa*

Ilaa iyo hadda waxaan soo argnay dhismaha weeraha oo ay *baa*-du sumaddo yeelaha iyo kuwa aan yeele ahayn. Waxaan ogaannay in weerta nooca hore aanay **baa/ayaa** ku lifaami karin magacuyaalka yeelaha. Nooca labaadse adeegsiga iyo iska dhaafidda magacuyaalka yeelaha waxay ku xiran tahay iskuxigga oraah magac-ceedyada weerta.

Laakiin dhammaan weerahan soo aragnay yeeluhu wuxuu ahaa qofka saddexaad. Marka waa in aan hubinnaa in xeerku uu ku qumman yahay xataa qofka 2^{aad} iyo kan 1^{aad} (keli ama wadar):

    32) *Adigu moos baad cuntay*
    33) **Adigu moos baa cuntay*
    34) *Moos baad adigu cuntay*
    35) **Moos baa adigu cuntay*
    36) *Moos baad cuntay adigu*
    37) **Moos baa cuntay adigu*

Weeraha (32) iyo (33) iskuxigga xubnaha waa yeele layeele iyadoo layeeluhu diiradaysan yahay. Haddaan la adeegsan magacuyaalka yeelaha weertu sax ma aha naxwa ahaan. Weeraha (34) iyo (35) iskuxiggu waa layeele yeele. Sidoo kale, haddaan magacuyaalka yeelaha la adeegsan weertu waa qalad. Kuwa (36) iyo (37) iskuxiggoodu waa layeele yeele, iyadoo yeeluhu ka danbeeyo falka. Weerta (37) oo aan la adeegsan magacuyaalka yeelaha waa qalad. Waxaan haddaba samayn karnaa xeerkan:

9.2.2.1 *Xeer*

> Marka **baa/ayaa** ay sumadayso oraah magaceed aan yeele ahayn, isla markaasna yeelaha weertu yahay qofka 2^{aad} ama 1^{aad} (keli ama wadar) magacuyaalka yeeluhu waa khasab.

Markan iskuxigga oraah magaceedyada ku jira weerta gudeheeda ma aha mid wax ka beddeleya adeegsiga magacuyaalka yeelaha oo khasab ah. Ogow marka yeeluhu uu yahay qofka 1^{aad} ama 2^{aad} inta badan lama sheego magacuyaalladaas; sidaas awgeed waxaan maqalnaa marka la hadlayo:

    38) *Moos baan cunay*

meesha laga dhihi lahaa

    39) *Anigu moos baan cunay*

Weerta (39) waxaa la adeegsadaa marka la doonayo in si gaar ah xoogga loo saaro in uu cunay mooska qofka hadlaya ee uusan cunin qof kale.

Halkan kuma soo wada bandhigayno tusaalooyin la socda magacuyaallada 1^{aad} iyo 2^{aad} oo wadar ah, laakiin in ay waafaqsan yihiin xeerka aan samaynay waxaan ku hubsanaynaa layliyada soo socda.

LAYLI

1. Dhisa weero ugu yaraan 2 mawduuc leh: labo oo yeelahoodu yahay *aniga*, labo *adiga*, labo *annaga*, labo *iyaga*, labana *idinka* iyo layeelaha oo diiradaysan.

2. Weeraha aad horay u samayseen bedbeddela iskuxigga xubnahooda, hubiyana waxa ku dhacaya soo celinta magacuyaalka yeelaha.

   Tus.:   *Anigu hilib **baan** kariyay*
   1. *Hilib **baan** anigu kariyay*
   2. *Hilib **baan** kariyay, anigu*

3. Weeraha soo socda qaarkood waa sax, qaarna ma aha. Geliya weeraha qaladka ah magacuyaal dhimman oo yeele ah halka looga baahan yahay, ama ka saara haddii ay ku jiraan kuwa aan loo baahnayn. Idinkoo kooxo isu qaybinaya isu barbardhiga weeraha aad saxdeen kana dooda sababta aad u saxdeen.

   3.1 *Annaga ayaa libaax weyn na arkay*

   3.2 *Annaga ayaan libaax weyn na arkay*

   3.3 *Idinku maroodi ayaa aragteen*

   3.4 *Diiq baa meel miyi ah joogay*

   3.5 *Colaad geed hoostiisa baa joogsaday*

   3.6 *Wacays aad ayaa u cod wanaagsan yahay*

   3.7 *Iyadu xishood ayaa la aamustay*

   3.8 *Adigu qoraa weyn ayaa tahay*

   3.9 *Iyagu horay ayaa noogu sheegeen arrintan*

   3.10 *Adiga iyo Awees xaggee baa gesheen?*

   3.11 *Ninka soo socda baa ila dhashay*

   3.12 *Annagu waraaq baa ka helnay Faadumo*

   3.13 *Nin waliba wuxuu galo baa abaal gudkiisa leeyahay*

   3.14 *Cabdullahi beerti ayaa u kallahay*

   3.15 *Abuukar iyo Muriiddi baa kalluun dabtay*

   3.16 *Shalay baa Xersi dukaanka iigu yimid*

3.17 *Dariiqa dhaxdiisa baa ku kulannay*
3.18 *Hadal yar iyo howl badan baa horumar leh*
3.19 *Dagaal sokeeye ayaa dalka dib u dhigay*
3.20 *Nimaan aqoon lahayn qabiil baa tiigsadaa*

9.2.3 *Waa*

Waxaan horay u soo sheegnay in hadluhu markuu soo saarayo weer, si uu wax ugu sheego dhegeystihiisa, yacni iyadoo ah weer tebineed, waxaa lagama maarmaan ah in weertaas laga dhex helo *baa/ayaa* ama *waa*. Waxaa marka muuqata inaysan ahayn suuraggal in hal weer laga wada dhex helo *baa/ayaa* iyo *waa*:

40) **Cali baa moos waa cunayaa*

Baa/ayaa horay ayaan uga soo hadalnay balse aan isku dayno in aan ogaanno dabeecadaha *waa*.
Marka *waa* ay ku jirto weer waxaan ognahay in, warka *cusub* uu ku jiro *khabarka*, weertuna tahay mid tebineed.
Rugta qurubka *waa* wuxuu yahay bilowga koox faleedka. **Koox faleedku** (KF) wuxuu ka kooban yahay *fal*, *horyaalayaal*, *falkaab jiheed*, *mugacuyaal qoflawe* (*la*), iyo **magacuyaallo layeele**:

41) *Cali Axmed **wuu** dilay*
42) *Axmed guriga **waa** u orday*
43) *Rooti **waa** la cunay*
44) *Cali buugga **waa** ii soo gaday*

Waxaase qalad ah naxwa ahaan dhammaan weeraha ay *waa* ka dhacayso meel kale:

45) **Cali **wuu** Axmed dilay*
46) ****Waa** rooti la cunay*
47) **Axmed **waa** guriga u orday*
48) **Axmed guriga u **waa** orday*
49) **Cali buugga soo **waa** gaday*
50) **Cali buugga soo gaday **waa***

Waxaa haddana arkaynaa dabeecadda magacuyaalka yeelaha ee dhimman marka weerta laga dhex helayo *waa*, yacni in adeegsiga magacuyaalku uu khasab yahay iyo in kale iyo xaaladaha ku xiran baan arkaynaa. Bal u fiirsada weerahaan:

51) *Cali **waa** yimid*
52) *Cali **wuu** yimid*
53) *Anigu Cali **waa** arkay*
54) *Anigu Cali **waan** arkay*

Weeraha (51-54) dhammaantood waa sax naxwa ahaan. Arrintanaana keentay:

9.2.3.1 *Xeer*

> Marka qurub diiradeedka *waa* uu ku dhex jiro weer adeegsiga ama iska dhaafidda magacuyaalka dhimman ee yeelaha ma aha khasab.

Magacuyaalka yeele ee dhimman wuxuu xitaa isku lifaaqaa *waa* (sida xaaladda *baa/ayaa*). Haddii yeelaha weerta la xadfo, waa marka ay suuraggal tahaye, waxaa aad loo adeegsadaa dhimman magacuyaalka oo aan ahayn khasab:

55) A: *Cali ma yimid?*
    B: *Ha, **waa** yimid*
56) A: *Muxuu sameeyey Cali?*
    B: ***Wuu** yimid*
    B: ***Waa** yimid*

Arrintan waxaa ay dhab tahay marka khabarku yahay fal. Haddii uu yahayse magac, adeegisga magacuyaalka yeele ee dhimman suuraggal ma aha:

57) A: *Muxuu yahay Cali?*
    B: ***Waa** macallin*
    B: ****Wuu** macallin*

LAYLI

1. Weeraha soo socda oo ku dhex jira diiradeeyaha *baa*, waxaad u rogtaan weero leh *waa* idinkoo samaynaya isbeddellada lama huraanka ah (waa haddi ay jiraan):

    1.1 *Nimankii ayaa Xamar yimid*
    1.2 *Ninka waanagsan Cali buu ahaa*
    1.3 *Axmed jaamacadda ayuu buugag geeyay*

1.4 *Wiilkii baa ka tegaya guriga*
1.5 *Inankasu khudrad ayuu keenay*
1.6 *Luul baa dahabkii ka xiisadhacday*
1.7 *Berri ayuu Cali dhoofayaa*
1.8 *Marti baa guriga timid*
1.9 *Qalin cusub ayaan soo gatay*
1.10 *Arigii baa xerada ku soo noqday*

2. Weeraha soo socda waa jawaabo ee u sameeya su'aalaha ku habboon.

   Tus.: S.: *Maxaad cuntay?*   S.: *Yaa arkay wiyisha?*
   J.: *Moos baan cunay*   J.: *Daahir baa arkay wiyisha*

   2.1 S.:
   J.: *Sagaaro ayuu ugaarsaday*

   2.2 S.:
   J.: *Raaxo baa noo timid*

   2.3 S.:
   J.: *Dugsiga ayuu aaday*

   2.4 S.:
   J.: *Yaxya baa shaah cabbay*

   2.5 S.:
   J.: *Cali guriga buu aaday*

   2.6 S.:
   J.: *Cali baa guriga aaday*

   2.7 S.:
   J.: *Raage sac buu lisay*

   2.8 S.:
   J.: *Caruurta ayaa jecel macmacaanka*

   2.9 S.:
   J.: *Caruurtu macmacaanka ayay jeceshahay*

   2.10 S.:
   J.: *Ubax cashar ayay baratay*

3. Hoosta ka xarriiqa weeraha tebineed ee ku jira sheeka xariirta soo socota, kaddibna ka hadla qaababka weereed ee la xariira diiradaynta.

Waxaa la yiri: waagii hore diinku hilib guduudan ayuu ahaa oo dusha xayaabo ku leh.

Maalin ayaa shimbiruhu u heshiiyeen inay cunaan hilibkaas fiican ee jilicsan. Diinkii baa loo soo digay: "Shimbirihii baa kuu heshiiyay ee dhuumo oo isqari!". Wuxuu ku tiraabay: "Sow halkay iigu showrayeen Ilaah ma joogin?". Waxaa lagu yiri: "Haa, shaki kuma jiro". Kaddib diinkii baa yiri: "Haddaba ka xil la'aada wax aan ka baqanayo ma jirto, maxaa yeelay Ilaahay isaga ayaa yaqaana sida uu ii ilaalinayo. Anna isaga ayaan baryayaa oo taladay saaranayaa".

Shimbirihii ayaa diinkii soo weeraray. Waxay u yimaadeen diinkii oo qolof adag Eebbe ku dahaaray. Kumase qancin, qoloftii bay afkooda yuuban la dhaceen, oo is yiraahdeen ka dhex dusiya, waxaase ka raacday mahadho iyo waxaan laga soo waaqsan. Waxay cunaan iskaba daayee shimbir walba afkii ayaa soo laabmay, isagana korkii ayaa ka buusbuusmay.

9.3 Magacuyaallo dhimman

Si aan u dhammaystirno sifaynta dhismaha weer tebineedda gaaban waa in aynu weli wax ka ogaannaa ifafaalooyinka qaarkood oo la xariira magacuyallada. Bal eega weerahan:

1) *Cali aniga ay**uu** **i** dilay*
2) *Cali aniga w**uu** **i** dilay*

Labada weeroodba *Cali* waa yeele, *aniga*na waa layeela. Laakiin xaggeen ka helnay warkan mar haddii aan ogaannay in iskuxigga oraah magaceedyadu uusan ahayn mid go'an? Waxay jawaabtu noqon kartaa in *Cali* uu leeyahy codkac, yacni yeele ahaan buu u suntan yahay. Laakiin waxaa jira oo weerta laga dhex heli karaa waxyaabo kale oo lagu kala aqoonsado yeelaha iyo layeelaha.

Weeraha (1) iyo (2) waxaa loo adeegsaday laba magacuyaal: ***uu*** oo u joogta yeelaha iyo ***i*** oo u joogta layeelaha (eeg bog 163). Haddaba magacuyaalkaas dhimman baan ku kala garan karnaa midka yeelaha ah iyo kan layeelaha ah. Haddiise *aniga* beddelkeeda la isticmaalo *adiga* waxay weeruhu noqonayaan:

3) *Cali adiga buu **ku** dilay*
4) *Cali adiga wuu **ku** dilay*

Halkaasoo *ku* tahay magacuyaalka qofka 2^{aad} ee keliga ah.
Haddii aan ka tagno magacuyaalka layeelaha ah weeruhu waxay noqonayaan qalad naxwa ahaan:

5) **Cali adiga buu dilay*
6) **Cali aniga wuu dilay*

Annagoo ka shidaal qaadanayna waxa aan soo aragnay waxaan samaynaynaa xeerkan:

adeegsiga magacuyaalka layeelaha waa khasab.

Waxaase la moodaa in weerahan soo socda ay burinayaan xeerka aan soo sheegnay:

7) *Cali Xasan buu arkay*
8) *Cali Xasan wuu arkay*

Weerahan (7-8) ma laha dhimman oo magacuyaalka layeelaha ah. Waayo af soomaaligu ma laha (Ø) qofka saddexaad magacuyaalka layeele ah. Wuxuu arrinkan waafaqayaa sida ku cad weerahan:

9) *Waan **ku** arkay*
10) *Waan arkay*

Weerta (9) waxaa ku jira *ku* oo ah magacuyaalka layeelaha ee qofka labaad; tan (10) maadaama aanay ka muuqan magacuyaal layeele (Ø) waa inuu ahaadaa qofka saddexaad oo laga garan karo arrinka markaas laga hadlayo. Bal an haddana isufiirinno labadan weerood si aan u hubsanno in uu yahay eber (Ø) magacuyaalka layeele ee qofka saddexaad:

11) *Cali Xasan waa arkay*
12) *Cali anigu waa arkay*

Weerta (11) laba siyood baa loo akhrin karaa: mar *Cali* waa yeele, *Xasan*-na layeele. Marna *Xasan* ayaa noqonaya yeele, *Cali*-na layeele. Laakiin weerta (12) *anigu* keliya ayaa ah yeele. Haddii kale waxaa khasab noqon lahayd in la adeegsado magacuyaalka layeele. Waxay weertuna noqon lahayd "*Cali aniga waa **i** arkay*".

Haddii aan samaynayno weer tebineed, adeegsiga ama iska dhaafidda magacuyaalka yeelaha waxay ku xiran tahay nooca qurub diiradeedka iyo iskuxigga xubnaha oraah magaceedka, laakiin adeegsiga magacuyaalka layeelahu waa khasab.

Khasabnimada dib u adeegsiga magacuyaalka layeelaha ah waxaa la wadaaga oraah magaceedyada kale oo aan ahayn yeele oo laga dhex heli karo weerta:

13) *Cali baa <u>adiga</u> **ku**<u>u</u> soo ordayay*
14) **Cali baa adiga <u>u</u> soo ordayay*
15) *Axmed <u>annaga</u> buu **na**<u>ga</u> ordayay*
16) **Axmed annaga buu <u>ga</u> ordayay*

Weeraha (14) iyo (16) sax ma aha oo waxaa ka maqan *ku* iyo *na* oo ay ku dhex jiraan (13) iyo (15), waxayna yihiin magacuyaallada layeele ee *adiga* iyo *annaga*. Labadan oraah magaceed ee ku jira dhismaha weeraha waxay ku tiirsan yihiin horyaallada kala ah *u* iyo *ga*, waxayna yihiin layeeleyaal dadban. Hase-ahatee, adeegsigoodu waa khasab:

17) *Wuu **ka**aga qaaday*

Ereyga *kaaga* wuxuu ka samaysan tahay **ku**+*u*+*ka*; **ku** waa magacuyaalka layeelaha qofka 2^{aad} oo ku tiirsan horyaalka *u*. *Ka*-na waxay tiirinaysaa magacuyaalka qofka 3^{aad} oo ah eber (Ø). Haddii aan si kale u sheegno waxaan soo qaadanaynaa tusaale in *Cali* uu buug siiyay *Axmed*, buuggaasoo uga soo qaaday *Xasan*. Haddii aan markaas *Axmed* la hadlayno waxaan oran karnaa: "*Wuu kaaga qaaday*". Waxaa *waa* iyo falka weertan u dhexeeya 2 magacuyaal oo layeele ah iyo 2 horyaale. Labada magacuyaal waxaa ka muuqda hal keliya, waayo midka qofka 3^{aad} waa eber (Ø), sida aan dhawr jeer horay ugu soo aragnay.

Waxyaabahan aan soo sheegnay iskuduubkoodii waxay caddaynayaan in weerta af soomaaligu ay ka kooban tahay hal khabar oo ka samaysan fal (ama magac, eeg bog 161) iyo mararka qaarkood horyaalayaal. Waxaa kaloo la jiri kara magacuyaallo yeele, kuwaas oo ku dhafmi kara qurub diiraadeedka iyo magacuyaallo u taagan oraah magaceedyo aan yeele ahayn, kuwaas oo ay ka hormaraan horyaalayaasha, islamarkiina ay isku dhafaan.

Ugu dambayntii waxaa weerta ka mid ah oraah magaceedyo kaamil ah, yacni magacyada iyo magacuyaallada kaamilka ah oo weerta dhankeeda khabarka xiga ay ku yeeshaan magacuyaallo dhimman oo ayaga matila, iyagoo ah yeele ama layeele.

Iskuxigga oraah magaceedyadu waa xor, waxayse ku xiran tahay meesha ay kaga dhacayaan weerta qurub diiradeedka iyo magacuyaallada dhimman.

Waxaa, markan, habboon in aan isku dayno sidii aan ku muujin lahayn wararka aan soo ururinnay oo idil oo ku saabsan weerta fudud. Waxaanu adeegsanaynaa shax noo fududaynaysa sharraxaadda, annagoo waqti badan naga lumin, waxyaabo aan la arkayn oo ilaa haatan hadal keliya aan ku cabbiraynay. Waxaan horay u muujinay khabarka iyo mawduucyada annagoo adeegsanayna afargeesle ku dhex qoran khabarka iyo mawaadiicda oo xariiqmo kula dheggan khabarka.

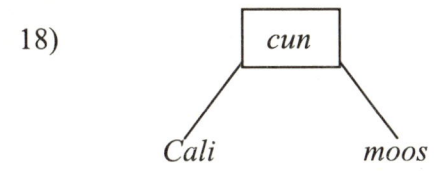

18)

```
        ┌─────┐
        │ cun │
        └─────┘
         /   \
       Cali   moos
```

Shaxdan waxay noo sheegaysaa khabar leh laba mawduuc. Labada mawduucna ay kala yihiin *Cali* iyo *moos*. Waxaan ognahay in *Cali* uu yahay yeele, *moos*-na layeele sida ku cad iskuxigga mawduucyada, oo sidaan horay ugu sheegnay, marka shax ahaan u muujinayno iskuxiggoodu waa go'an yahay.

Laakiin shaxdan dhab ahaanti wax badan noogama sheegayso dhismaha weerta iyo xubnaheeda, waxayse cabbiraysaa oo u jenjeertaa dhinaca micnaha iyo sida weertu micne ahaan u dhisan tahay. Calaakullixaal shaxdaas waxyaabo badan baa ka maqan marka loo eego qaabka weeraha aad samaysaan ama aad akhrisaan.

Shaxda u dhow qaabka weerta ee caadi ahaan loo adeegsado waa inay sheegtaa xitaa qaybaha hadalka oo ereyadu ay ka soo jeedaan, noocyada xubnaha iyo xubin waliba kaalinta ay ku leedahay waadajirka weerta gudaheeda.

Iyadoo la adeesanayo xarfo matilaya koox naxweedka ereyada ayaa qaabka soo socda weertan shax ugu samaynaynaa:

19) *Axmed buug buu qoray*

20)
```
              W
           /     \
         OM       OF
          |      /  \
          M    OM    KF
          |   /  \    |
       Axmed M   Diir F
             |    |   |
           buug  buu qoray
```

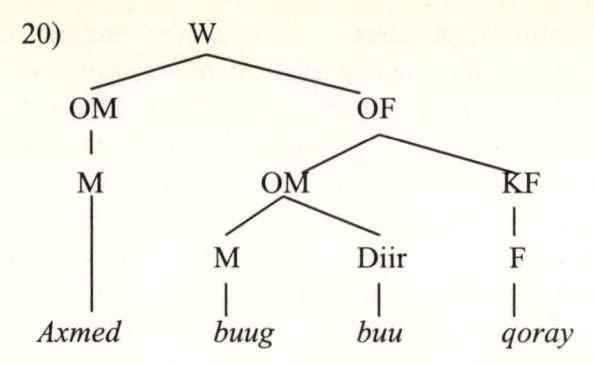

Haddii aan eegno shaxdan (20) waxaan oganaynaa in weertu (W) ay ka samaysan tahay oraah magaceed (OM) iyo oraah faleed (OF). Oraah magaceedku wuxuu markiisa ka samaysan yahay hal magac (M), laakiin oraah faleedku wuxuu ka kooban yahay xubno badan, yacni OM laga dhex helo OF gudihiisa, wuxuu isna ka kooban yahay magac iyo qurub diiradeed.

Shaxda (20) waxaan u adeegsannay astaamo (xarfo) sheegaya ereyada dirtooda, haseyeeshee ma laha astaamo tilmaamaya waxqabadka ereyada marka ay ku dhex jiraan weer gudaheeda sida yeele iyo layeele. Haddiise aad u kuur gashaan qaabka shaxdan waxaad si fudud u garan kartaan xataa wax qabadka ereyada. Rugaha OM-ka yeelaha ah iyo midka layeelaha ah way kala duwan yihiin. Yeeluhu waa OM si toos ah ugu dheggan weerta (W), yacni waa xubin ka mid ah weerta, laakiin layeeluhu waa xubin ka tirsan OF-ka kaddibna weerta. Tanina waxay mujinaysaa in yeelaha iyo mawaadiicda kale ee khabarku ay isu barbardhigmaan. Si weeri ay u jirto waa in ay lahaataa yeele iyo khabar (hal magac iyo hal fal).

21) *Cali waa yimid*

Wixii intaa ka badan waa ballaarin lagu samayn karo dhismahan gaaban.

Shaxdan oo qaab geed leh ka sokow waxaa jira shaxyo kale oo suuraggal ah, waxaana ka mid ah adeegsiga qaansooyin geesaly oo aad horay xisaabta ugu soo aragteen iyo astaamaha koox naxweedyada. Curiyaha ku gadaaman qaansooyin waa xubin, kaasoo markiisa noqon kara qayb ka mid ah xubin kale (midka ugu sarreeya shaxda geedka). Bal an u adegsanno tusaalihii (19):

22) [$_W$[$_{OM}$[$_M$ *Axmed*]] [$_{OF}$[$_{OM}$[$_M$ *buug*][$_{Diir}$ *buu*]] [$_{KF}$[$_F$ *qorayay*]]]]

Mar kasta arki maysaan shax dhan oo faahfaahsan, maxaayeeley si loo koobo waxaa xoogga la saaraa qaybta ama hadba curiyeyaasha dhismahooda la danaynaayo (xitaa (22) ma aanan baarin diiradeeyaha waxa uu ka kooban yahay, yacni *baa* waa diiradeeye, *uu*-na waa magacuyaalka yeelaha ee dhimman). Annagu labada shaxba waan adeegsanaynaa.

Si aan u soo gabaggabeyno aan u isticmaalno labadaan shax tusaa-looyin kale:

23) *Cali baa adiga kuu soo ordayay*

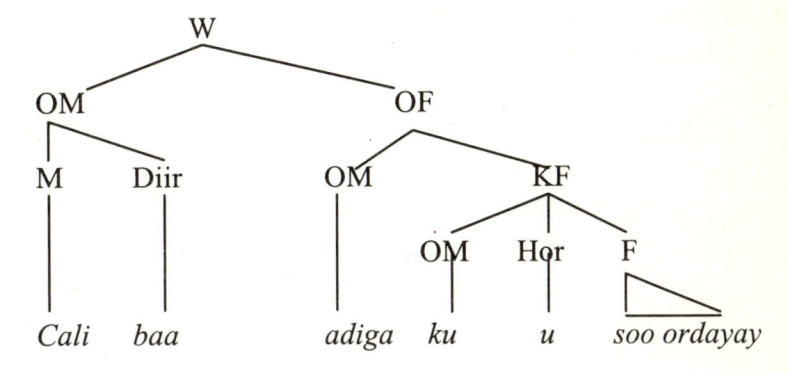

[W[OM[M*Cali*][Diir *baa*][OF[OM*adiga*][KF[OM *ku*][Hor *u*][OF*soo ordayay*]]]]

24) *Cali waa yimid*

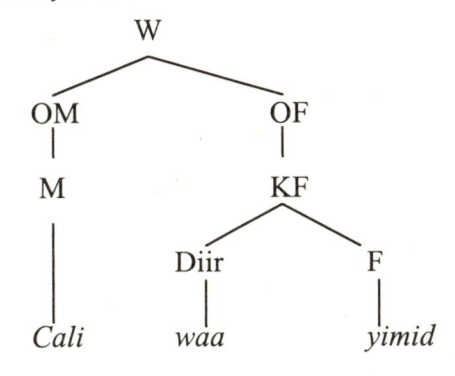

[W [OM *Cali*] [OF [KF [Diir *waa*][F *yimid*]]]]

25) *Waan arkay*

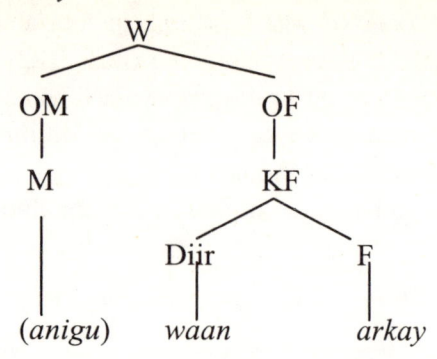

```
              W
           /     \
         OM       OF
         |        |
         M        KF
         |       /  \
                Diir  F
         |      |    |
      (anigu) waan  arkay
```

[W [OM (*anigu*)][OF [KF [Diir *waan*][F *arkay*]]]]

LAYLI

1. Mid kastoo ka mid ah weeraha soo socda ku sifeeya dhismaheeda hore tiraab ahaan, marka xigana ku muujiya shaxda geedka:

    1.1 *Ninkii ayaan la shaqeeyey*

    1.2 *Isaga baa guriga ku jiray*

    1.3 *Lo'du ceelka bay ku noqotay*

    1.4 *Caleemuhu geedka way ka dhaceen*

    1.5 *Sagal baa nalka demisay*

2. Weeraha soo socda ka hubiya haddii ay ku jiraan ama ka maqan yihiin magacuyaallada dhimman oo yeelaha ah iyo kuwa aan yeele ahayn. Kaddibna sheega sababta maqnaashaha ama muuqashada magacuyaallada iyo rugahooda weereed:

    2.1 *Cali ayaa baaldiga biyo ku shubay*

    2.2 *Xisaabta buu ku xun yahay*

    2.3 *Faadumo kibista mindi bay ku goynaysay*

    2.4 *Cali toban shilin ayuu buug kaga soo iibiyay Xasan*

    2.5 *Axmed baa adiga kuu shaqeeya*

    2.6 *Aqalka baan kaga imid boorsada*

    2.7 *Sh. Barsane gumeysiga buu la dagaallamay*

    2.8 *Gabadha baa kuu keentay alaabta*

    2.9 *Dagaalku dibudhac buu noo keenay*

    2.10 *Kuraygu geel buu foofiyey*

    2.11 *Beeraluhu yaambo buu ku falaa beerta*

    2.12 *Beeraleydu digada xoolaha ayay ku firdhisaa dhulka*

2.13 *Minjo dhoobo midba mar baa la baxshaa*
2.14 *Inamadii cagaha ayay wax ku dayeen*
2.15 *Qofka dulqaadkiisa badan baa garaad leh*
2.16 *Fatxiya aad bay u qurux badan tahay*
2.17 *Dawacadii aqalka hortiisa ayay joogsatay*
2.18 *Dulqaad yari baa la bah ah garaad yeri*
2.19 *Xaggee baad wiilka u waddaa?*
2.20 *Faq fagaaro ayuu tagaa*

10. DHISMAHA ORAAH MAGACEEDYADA (OM)

Inta aan u gudagelin dhismaha iyo qaab weereedka ay leeyihiin noocyada kale ee weeraha, waxaa lama huraan ah in aan weli in yar ku hakanno dhismaha weerta fudud si meel dhow aan uga sahminno mawduucyada weerta, yaacni xubnaha OM.

Weeraha aan soo aragnay ilaa iyo hadda badankood, oraah magaceedku, ha ahaado yeele ama mid aan yeele ahayn, wuxuu ka koobnaa hal magac ama hal magacuyaal. Laakiin marka la fiiriyo oraah magaceedka gudihiisa, magaca waxaa wehlin kara curiyeyaal kala duwan, waxayna wadajirkoodu qabtaan isla hawshii magaca:

1) *Dal* waa wayn yahay   M
2) *Dalku* waa wayn yahay   M+qodob
3) *Dalkaas* waa wayn yahay   M+tilmaame
4) *Dalkaygu* waa wayn yahay   M+tifaftire lahaansho + qodob
5) *Ushiisa tani* waa wayn tahay   M+tifaftire lahaansho + tilmaame

Yeelaha weeraha (1-5) waa magac. Waxana wehliya hal qodob ama hal tilmaame ama lahaansho iwm. Waxaa uun wehliya tifaftireyaal.

Ma samayn kartaan shax tifaftirayaal (raaci kara hal magac oo ku dhex jira OM gudihiisa) oo muujinaysa sida ay isugu xigaan curiyeyaashan?

Dhammaan tifaftirayaasha suuraggalka ah waxaad ka heleysaan sarfaha. Haatan waa inaad hubisaan sida ay suuraggal u tahay la socodkooda magaca iyo iskuxiggooda markay hal ka badan yihiin tifaftirayaashu.

Buuxiya khaanadaha banbanaan:

rugta I	rugta II	rugta III
M	lahaansho	qodob

Tusaalooyinka aad ilaa iyo hadda soo aragteen, oraah magaceedku wuxuu ka kooban yahay hal magac oo ay ku dhafan yihiin hal ama laba tifaftireyaal. Waxaa la heli karaa oraah magaceed leh dhismo si intaas ka badan isugu dhafan: Bal eega tusaalooyinkan:

6) *Kani waa buuggii Maryan*
7) *Way ka shaqaysaa Jaamacadda Soomaaliyeed*

Oraah magaceedyada hoosta ka xarriiqan waxay ka samaysan yihiin hal magac iyo magac kale oo ku kordhinaya magaca hore faahfaahin ama war dheeraad ah. Warka dheeraadka ah marka la fiiriyo weerta (6) waa *Maryam*, tan (7)-na waa *Soomaaliyeed*. Dabcan haddii aan xadafno oraah magaceedyadan, waxaan weli haysannaa weero naxwo ahaan sax ah:

8) *Kani waa buuggii*
9) *Way ka shaqaysaa Jaamacadda*

Laakiin haddii aan ka xadafno weeraha (6-7) magaca kale ee ku jira, waxaan haleynaa weer qalad ah naxwo ahaan ama mid leh macno kale:

10) **Kani waa Maryan*
11) **Way ka shaqaysaa Soomaaliyeed*

Waxaan ku soo gunaanadi karnaa in haddii magaca lagu cayimo magac kale ay waxa noo soo baxaya ka samaysan yihiin qayb aasaasi ah oo aan la xadfi karin, shaqadeeduna tahay **madax** (yacni madaxa OM-ka) iyo qayb la xadfi karo oo shaqadeedu tahay **faahfaahiyaha** madaxa.

Marka, hal OM wuxuu ka samaysmi karaa hal magac (oo madax ahaan u shaqeeya) ama labo magac oo midka hore yahay madax midka kalena faahfaahiye, iyadoo tifaftireyaal ay ku dhafnaan karaan mid kastoo ka mid ah magacyadan[14]. Xataa dhismahan waxaan ku muujin karnaa oo kale shaxgeed:

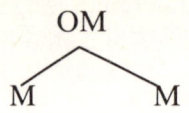

```
      OM
     /  \
    M    M
```

Magaca xiga xagga bidix waa *Madaxa*, midka midigna waa *faahfaahiyaha*.

Marka madaxa iyo faahfaahiyahu ay leeyihiin xiriir lahaansho waxaa suurtaggal ah dhisma kale. Kaasoo ah in lays waydaariyo labada magac, yacni faahfaahiyaha la hormariyo oo madaxa lagu xijiyo iyadoo lagu lifaaqayo lahaanshaha.

12) *Waxaan arkay Axmed gurig***iisa**
13) *Waxaan cunay Cali timirt***iisa**

In labada magac ay ka wada mid yihiin isku hal xubin OM waxaa caddaynaya labada magac oo u dhaqma sida ay yihiin mid qura, matalan marka laga eego diiradaynta.

14) *(Anigu) Axmed gurigiisa* **baan** *arkay*
15) *(Anigu) Cali timirtiisa* **baan** *cunay*

(14) waa weer naxwa ahaan sax ah oo layeeleheedu ka kooban yahay *madaxa* oo ah *Axmed* iyo *faahfaahiyahoda* oo ah *gurigiisa*. Sida muuqata *baa* oo diiradaynaysa layeelaha waxay ka danbaysaa *gurigiisa* yacni dhammaadka oraah magaceedka. Haddii *baa* ay *Axmed* ku xigsato waxaa soo baxaysa weer naxwe ahaan qalad ah:

16) **Axmed* **baan** *walaalkiis arkay*

Waxaan og nahay in *baa* ay diiradaynayso OM. Marka, annagoo ka duulayna tusaalooyinka (14) iyo (16) waxaan qiri karnaa in *Axmed* iyo *walaalkiis* ay samayeeyaan hal OM oo qur ah. Weerta (15)-na waa la mid.

---

[14] Astaamaha sida OM, M, F, iwm. waxay tilmaamaan koox naxweedyada, laakiin marka laga hadlayo *madax* iyo *faahfaahiye* waxaa loola jeedaa shaqada ay qabtaan koox naxweedyada qaarkood xaaladaha qaarkood. Hawl fududayn darteeda waxaan isticmaali doonnaa magacyada la xiriira waxqabadkooda marka aan ka hadlayno dhismaha oraah magaceedka. Marka, ma oranayno Magac Madaxeed ama faahfaahiye OM, waxaanse leenahay Madaxa, faahfaahiyaha, iwm.

Daliil kale oo xaqiijinaya in labada magac ay qayb ka yihiin isla hal OM waa iyada oo aan midkood u adeegsanno khabar ahaan (eeg bog 161). Markaasna weertu waa sax naxwe ahaan haddii *madaxa* iyo *faahfaahiyuhu* ay si wada jir ah ugu dhex jiraan OM-ka khabarka. Laakiin weertu waa qalad haddii la kala qaybiyo:

17) *Tani waa <u>Jaamacadda Soomaaliyeed</u>*
18) **Tani <u>Jaamacadda</u> waa <u>Soomaaliyeed</u>*
19) **Tani waa <u>Soomaaliyeed Jaamacadda</u>*

U kuurgalka ugu dambeeya ee ku saabsan OM-yadan adag. Waxaad ogaateen in ugu yaraan mid kuwan ka mid ah uu faahfaahiyihiisu yahay magac, laakiin waxaa lagu lifaaqay wax kale. Bal eega tusaalayaashan:

20) *Way ka shaqaysaa <u>Jaamacadda Soomaaliyeed</u>*
21) *<u>Caano halaad</u> way fiican yihiin*
22) *Kani waa qoob fardood*
23) *Tani waa sonkor qasabeed*

Magaca faahfaahiyaha ah ee ku jira tusaalooyinkan oo idil waxaa ku dhafan dibkabe ah -*aad*, -*eed* ama -*ood*. Dibkabahaasoo sida caadiga ah lagu sifeeyo in uu yahay **summadda kayska lahaanshaha**. Marka, magac uu ku suntan yahay dibkabe ah sumadda lahaansho ma noqon karo *madaxa* OM-ka sida (19), wuxuu noqon karaa oo keliya faahfaahiye.

Intan ka badan kuma hakanayno arrinta lahaanshaha, waxaase aan idin kula talinaynaa in aad ka fekertaan arrimahan idinkoo kaashanaya macallinkiinna, kana faa'idaysanaya layliyada.

LAYLI

1. Sameeya tusaalooyin oraah magaceed oo leh dhismaha magac + tifaftire. Adeegsada dhammaan tifaftirayaasha aad taqaanniin iyo giddi isku dhafyadooda suuraggalka ah. Midkastana laba tusaale ka keena.

2. Hoosta ka xarriiqa OM-yada ku jira weeraha soo socda, isla markaasna ka hadla qaab dhismeedkooda hoose.

   Tus.: <u>Kani</u> waa <u>ninkaan</u>   <u>baabuurkiisa</u>
         Mu.   [M+Tif.til.] [M+lah.+Qod.]
                   Madax   Faahfaahiye

   2.1 *Xiriir siyaasadeed waa adag yahay*

2.2 *Cali walaashiis baan arkay*

2.3 *Gaadiidka dadweynaha baan dugsiga ku aadnaa*

2.4 *Warshadda Jowhar sonkor qasabeed bay soo saartaa*

2.5 *Saaxibkeenna ayaan geynay gegeda dayaaradaha*

2.6 *Hashii adeerkay baan ku arkay suuqa xoolaha*

2.7 *Waxartan hooyadeed baa habowday*

2.8 *Guddi cayaareed ayaa kala haga cayaartooda*

3. Dib u fiiriya weeraha layligii hore, kana fikira meelaha uu ku jiro dibkabaha lahaanshaha. Isku daya inaad raadisaan:
    a. haddii uu la jiro magacyada oo dhan.
    b. Dabeecadaha ay leeyihiin magacyada uu la jiro
       - marka laga eego xagga jinsiga
       - marka laga eego xagga tirada.

    Isku daya in aad samaysaan xeer ku aaddan rugaha dibkabahan. Isu barbar dhiga, marka hore, natiijooyinka shaqadiinna idinkoo isu qaybinaya kooxo ka kooban (3-4), ka dibna si wadajir ah ugala dooda macallinka.

4. Sameeya 10 weerood oo OM-yadooda laga dhex helayo tiraale, kaddibna sifeeya dhismaha.
    Tus.: *Laba nin baa yimid*
    [OM[M   *Laba*][*nin*]]
        Madax   Fa.

10.1 Weli iyo oraah magaceedka (OM)

Dhismaha gudaha ee OM-ku wuxuu noqon karaa mid ka sii adag inta aan ilaa iyo hadda soo aragnay. Waxaan soo aragnay xaalado uu OM-ku ka kooban yahay hal *madax* iyo hal *faahfaahiye* oo magac ah. Waxaa kaloon heli karnaa OM leh hal *madax* iyo hal *faahfaahiye*, laakiin *faahfaahiyuhu* uu isna markiisa ka kooban yahay hal *madax* iyo hal *faahfaahiye*, ama OM ka kooban hal *madax* iyo hal *faahfaahiye* oo ah weer dhan.

Waxan haddaba gaarnay in aan sifeeyno oo aan u kuurgalno mid ka mid ah dabeecadaha saldhigga u ah afafka dunida looga hadlo oo idil, taasoo ah in curiyeyaal ay ka hawlgeli karaan curiye kale gudihiisa kuwaasoo la heer ah ama ka heer hooseeya. Waxay taas suuraggal ka dhigaysaa sii ballaarin oo fekrad ahaan aan dhammaanayn.

Bal weli u fiirsada tusaalooyinkan oo la xiriira xaaladda koowaad:

24) *Abaalgud bixintu way toosan tahay*
25) *Miiska koorkiisu wuu kharriban yahay*
26) *Aqal naageed waa weyn yahay*

Weeraha (24-26) OM-ka hoos ka xarriiqan waa yeelaha weerta, wuxuuna ka koobanyahay:

24') [$_{OM}$ [M]+[M-qod.]]　　[$_{OM}$ [$_M$ *abaalgud*] [$_M$ *bixin-tu*]]
25') [$_{OM}$ [M-qod.]+[M-lah.-qod.]]　　[$_{OM}$[$_M$ *miis-ka*][$_M$ *koor-kiisu*]]
26') [$_{OM}$ [M]+[M-eed]]　　[$_{OM}$ [$_M$ *aqal*][*naag-eed*]]

Tusaalooyinkan waxay matalayaan dhismooyinka kala duwan ee laga dhex heli karo iskuxiggan: *madax+faahfaahiye*, marka *faahfaahiyuhu* uu yahay OM ka kooban hal magac+tifaftire.
Faahfaahyuhu wuxuu noqon karaa OM oo dhismaha gudahiisu yahay magac+OM, halkaasoo OM-ka markiisu uu ka kooban yahay hal *madax* iyo hal *faahfaahiye*:

27) *Khudbaddii xoghayaha guud*
28) *Dhismaha ururka shaqaalaha*
29) *Madaxweynaha Jamuriyadda Somaaliyeed*

Tusaalooyinka (27-29) waxaa isku xiga saddex magac, marka, magacee baa wax faahfaahiya?
Waxaa arrinkan loo muujin karaa sidan:

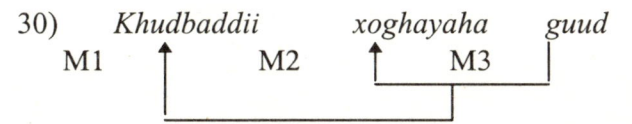

30)　　*Khudbaddii　　xoghayaha　　guud*
　　M1　　　　M2　　　　M3

Annagoo magacyada u yeeleyna lambarro isku xiga, oo ka billaabanaya bidix kuna dhammaanaya midig, waxaan oran karnaa in M2 uu faahfaahiyo M1, M3-aadna wuxuu faahfaahiyaa M2. Dhismaha si kooban u muujinaya xiriirkan waa shaxdan oo qaab geed leh:

31)

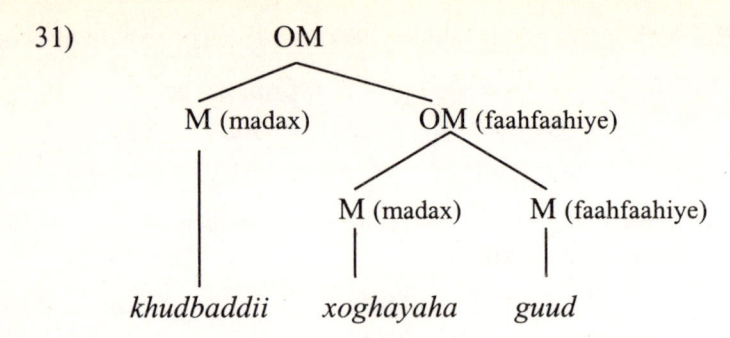

```
              OM
           /      \
      M (madax)   OM (faahfaahiye)
          |        /        \
          |   M (madax)  M (faahfaahiye)
          |        |          |
      khudbaddii xoghayaha  guud
```

Isku daya idinkuna in aad shaxgeed ku muujisaan OM-yada ku jira tusaalooyinka (28) iyo (29):

32)   33)

Haatan aynu ka wada fekerno OM-yadan kale oo naxwe ahaan qalad ah, innagoo isweyddiinayna sababta:

34) *Dukaanka dharka Cali
35) *Dugsiga dhexe macallin Jaamac
36) *Xarunta dhexe jaamacadda

Qaldanaanta naxweed ee oraah magaceedyadan waa mid yaab lahaan karta mar haddii aan soo aragnay sida ay suuraggal u tahay in hal OM adag laga dhex helo saddex magac. Marka mas'aladani waa mid ay salka ku hayso nooca xiriirka ee ka dhexeeya saddexda xubnood ee ka tirsan oraah magaceedka.

Haddii aynu isweyddiinno tusaalaha (34), *Cali* magacee buu faahfaahiyaa? Jawaabtu ma aha in magacaas uu yahay *dharka*, ee waa *dukaanka*. Waxaa marka ina hortaalla xaaladdan:

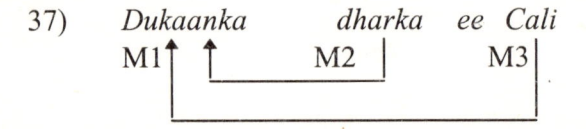

37)   *Dukaanka   dharka   ee Cali*
          M1   M2   M3

M2 iyo M3 waxay dhammaantood faahfaahiye u yihiin M1.

Waxaa marka ina horyaalla qaab dhismeed ka duwan midka (31), qaabka OM-yada (34-36) si cad ugama muuqdo waxa caddaynaaya kala duwanaashahaas. Ma jiraa hab lagu muujiyo dhismahan oo leh laba magac oo faahfaahiye u ah hal madax keliya?

Bal eega:

38) *Dukaanka dharka ee Cali*
39) *Xarunta dhexe ee Jaamacadda*
40) *Dugsiga dhexe ee macallin Jaamac*

Waxaa weeraha (38-40) lagu daray xiriiriyaha *ee* oo keliya, kaas oo ka dhigay sax weerihii (34-36) oo nawe ahaan ay ahaayeen qalad.

Saamaynta xiriiriyaha *ee* waxay tahay inuu isku heer ka dhigo labada magac ee ah faahfaahiye. Qaab dhismeedka OM-yadani waa:

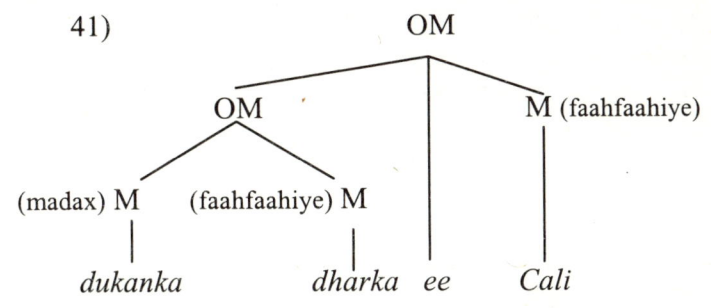

41)
```
                    OM
           ┌─────────┴─────────┐
          OM                  M (faahfaahiye)
     ┌─────┴─────┐             │
(madax) M  (faahfaahiye) M     │
    │         │                │
 dukanka    dharka    ee     Cali
```

Marka shaxgeedkan aan u fiirinno midka (31), waxaa isla markiisba inoo muuqanaya in ay yihiin laba qaab dhismeed oo kala duwan.

Kani waa qaab dhismeedka weeraha (38-39-40). Weerta (40) waxaase *ee* ka danbeeya laba magac.

Isku daya idinkuna in aad shaxgeed ku muujisaan OM-kan (40):

Gabaggabadii, waxaan ku soo koobaynaa in aan idin siinno tusaalooyin OM oo faahfaahiyuhu uu ka kooban yahay weer:

42) *Ninka Sanaag ka yimi waa saxiibkay*
43) *Cali gabadha uu Xasan guursaday ayuu la shaqeeyaa*
44) *Intii ay cashaynaysay ayaa saaxiibkay soo galay*

Qaab dhismeedka oraah magaceedyadan dib ayaan ugu soo laaban doonnaa marka aan ka hadlayno weeraha adag.

LAYLI

1. Falanqeeya OM-ka ku jira weer kasta idinkoo qeexaya shaqada uu ka qabto isla weertaa dhexdeeda:

   Tus.: *Cali <u>walaashay ninkeeda</u> waa arkay*
   Cali = yeele (OM ka samaysan *madax*)

   <u>*Walaashay ninkeeda*</u> = layeele
   (OM → M (Madax) + M (Faahfahiye))

   1.1 *Mursal ayaa dhigta kulliyadda Afafka*
   1.2 *Cilmibaaris baa lagu gaaraa horumar dhaqaale*
   1.3 *Shimbirba shimbirkiisa ayuu la duulaa*
   1.4 *Dawanka weyn ee dugsiga baa yeeray*
   1.5 *Hadalka wanaagsan baa sumcad wanaagsan keena*
   1.6 *Agaasimaha waaxda shaqaalaha ayaa qoray warqadda*

2. Curiya 10 weerood oo ugu yaraan mid ka mid ah OM-yada laga dhex helo weer kasta gudaheeda uu leeyahay qaab dhismeed la socda hal faahfaahiye. Koox koox isu qaybiya, kaddibna isbarbardhiga weeraha aad samayseen idinkoo ka doodaya.

3. Qaab dhismeedyada soo socda hadal ku dhammaystira si aad u heshaan OM-yo naxwe ahaan sax ah. Mid kasta siiya ugu yaraan laba tusaale:

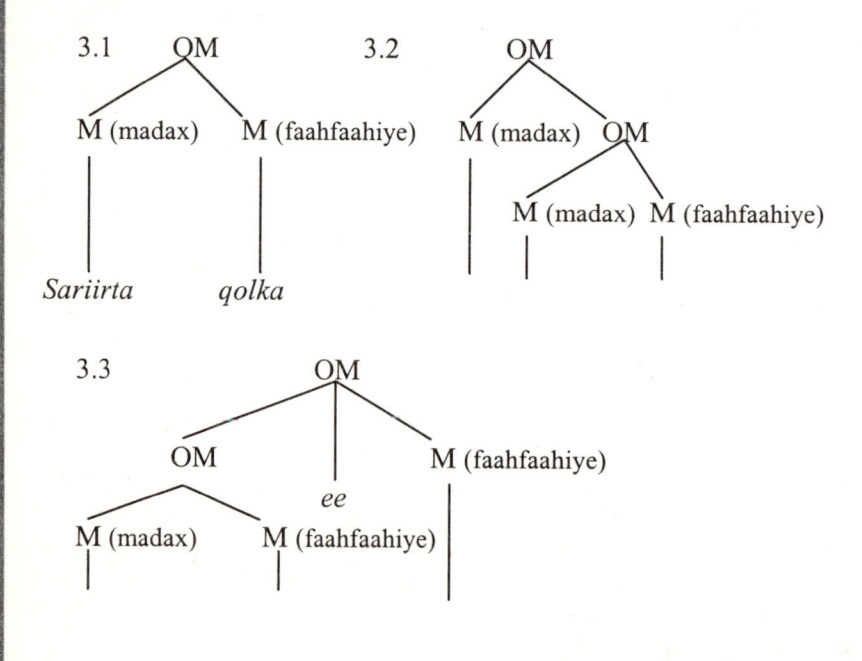

3.1
```
       OM
      /  \
M (madax)  M (faahfaahiye)
    |           |
 Sariirta      qolka
```

3.2
```
       OM
      /  \
M (madax)  OM
          /  \
    M (madax)  M (faahfaahiye)
        |           |
```

3.3
```
            OM
          / |  \
        OM  ee   M (faahfaahiye)
       /  \              |
M (madax)  M (faahfaahiye)
    |           |
```

3.4

```
          OM
         /  \
    M (madax)  OM (faahfaahiye)
               /      \
         M (faahfaahiye)   M (faahfaahiye)
                |    iyo        |
```

3.5

```
              OM
             /  \
      M (madax)  OM (faahfaahiye)
                 /      \
           M (madax)   OM (faahfaahiye)
              |         /      \
                  M (madax)   M (faahfaahiye)
                     |             |
```

3.6

```
               OM
              / | \
            OM  ee  OM
           /  \    /  \
     M(madax) M(faah.)  M(madax) M(faah.)
         |      |         |        |
```

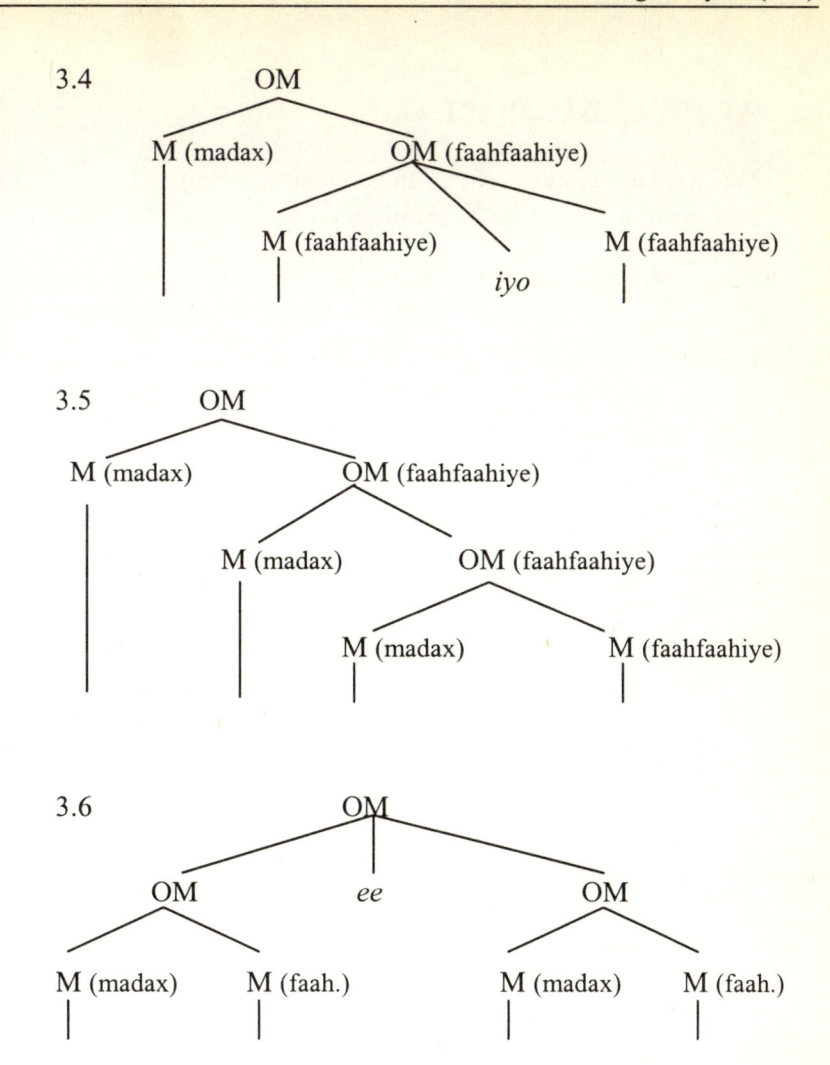

Ma dareenteen in fekrad ahaan ay suuraggal tahay in la sii ballaariyo OM-ka iyadoo mar kasta lagu darayo magacyo iyo faahfaahiyayaal kale? Nidaamka afka wuxuu oggol yahay dhismaha OM-yadan oo sidan u adag. Sababtase aan caadi ahaan loo adeegsanaynin waa mid ku xiran awooddeenna oo aan noo oggolaanayn in si dhakhsi ah u dhisno ama u fahamno dhisma sidaas u adag. Sida caadiga ah waxaan raadinaa in dhismahaa sidan u adag aan u kala qaybinno weero kala go'an.

11. WEERTA ADAG (BALLAARAN)

Weer adag waxaan ulajeednaa weer dhismaheeda laga dhex heli karo weer kale. An ka baaraandegno weerahan:

1) *Inuu imanayo* ayaan *ogahay*
2) *In Xasan uu imaan doono* baan *u malaynayaa*

Khabarka ku jira labada weerood waa *ogow* iyo *malee*. Labada khabar waxay kala leeyihiin laba mawduuc. Marka haddii la muujin rabo waxay noqonayaan.

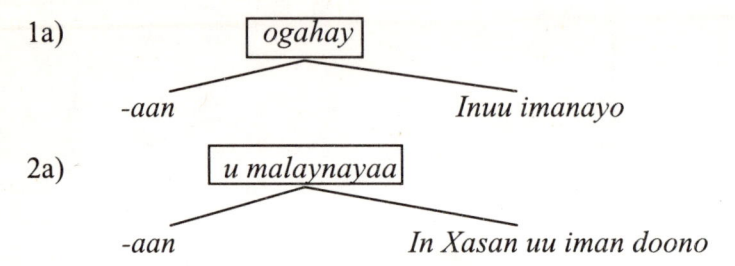

1a)
```
           ogahay
          /      \
       -aan      Inuu imanayo
```

2a)
```
        u malaynayaa
        /          \
     -aan      In Xasan uu iman doono
```

Waxaa cad in aynu mawduuca labaad u kala saari karno khabar iyo mawduucyo. Run ahaanti, *imanayo* iyo *iman doono* waa laba fal oo mid walba yahay khabar leh hal mawduuc.

Marka, muujin buuxda oo ku saabsan qaab dhismeedka khabarka iyo mawduucyada weerahan wuxuu noqon karaa:

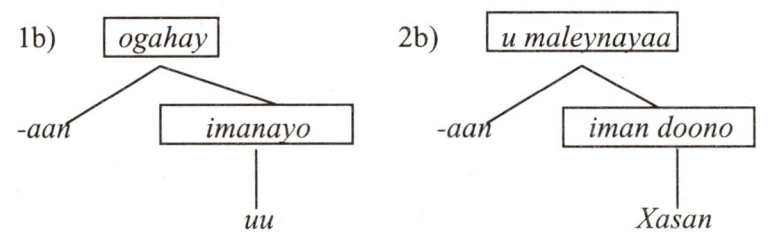

1b)
```
      ogahay
      /    \
   -aan    imanayo
              |
              uu
```

2b)
```
     u maleynayaa
     /         \
  -aan       iman doono
                 |
                Xasan
```

Waxaan horay u soo sheegnay in caadi ahaan hal mawduuc uu yahay OM, halkaanse waxaa na horyaal xaalado uu mawduucu yahay weer dhan. Sidaas awgeed tusaalaha (1) waxaan u falanqayn karnaa sidatan: OM-ka yeeluhu waa *anigu*, sida inta badan dhacdana, si cad ugama muuqdo weerta maadaama uu yahay magacuyaal. *In uu imanayo* waa weer layeele ah. Weertan dhammaadkeeda oo uu ka muuqdo diiradeeyaha *ayaa*, kaas oo ku lifaaqan *aan* oo ah magacuyaalka dhimman ee yeelaha, waxay muujinaysaa in weertu u dhigmayso hal OM. *Ogahay* waa falka aasaasiga ah, waana curiyaha keliya ee ka jooga koox faleedka. Weerta qabanaysa hawsha layeelaha, sida dhammaan weeraha ku dhex jira weer kale, waxaa lagu magacaabaa **weer dhimman**. Weerta (1) waxaa loo muujin karaa sidan:

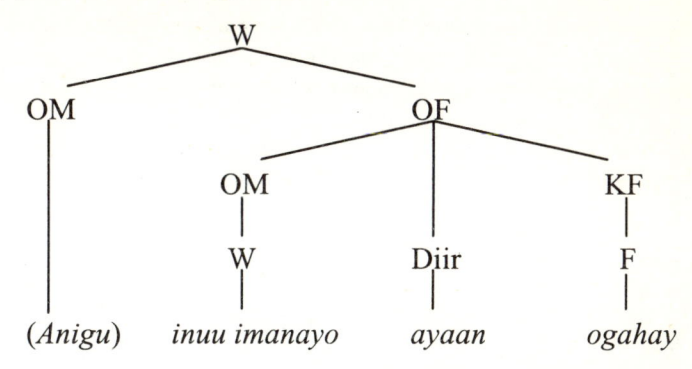

```
                    W
            ┌───────┴───────┐
           OM              OF
            │          ┌────┴────┐
            │         OM        KF
            │          │         │
            W         Diir       F
            │          │         │
        (Anigu)  inuu imanayo  ayaan   ogahay
```

Haddaba weer dhimman waxay ka dhex qaban kartaa weer kale oo aasaasi ah dhammaan hawlaha uu qabto OM yeele ama layeele ah.

Waxaa jira dabeecado lagu kala sooco weer dhimman iyo mid aasaasi ah. Bal eega:

3) **Inuu imanayo*
4) **In Xasan uu iman doono*

Weeraha (3) iyo (4) way saxnaayeen marka ay ku dhex jireen weero kale oo ahaa (1) iyo (2), laakiin keligood weer ma samayn karaan. Waxayna sababtu tahay:

a. Weeraha (3) iyo (4) lagama dhex helo hal diiradeeye (*baa/ayaa*, *waa*) iyo wax la mid ah (eeg bog 172).

b. Falku wuxuu isu rogrogay habka dhimman (eeg kor bog 101), habkaasoo aanu ku dhex jiri karin weer ebyoon. Wuxuuna qaadan karaa summadda kayska magaca (sida midda kayska yeelaalaha).

Af soomaaligu wuxuu leeyahay laba nooc oo weer dhimman oo muhim ah: **weer dhammaystir** iyo **weer faahfaahineed**.

Marka laga eego xagga qaab dhismeedka aad ayay isugu eg yihiin. Waxayse ku kala duwan yihiin in weeraha nooca hore ay leeyihiin waxqabad la mid ah midka OM-ka, meesha kuwa nooca labaad ay qabtaan shaqada faahfaahiye madax oo ku dhex jira OM gudihiisa. Waa kan tusaale ay ku cad yihiin labada nooc weereed:

5) weer dhammaystir = <u>*Inaan ku arko*</u> *baan doonayaa*
6) weer faahfaahineed = *Ninka* <u>*aan la hadlayo*</u> *waa soomaali*

LAYLI

1. Ku hor qora mid kastoo ka mid ah weeraha soo socda "F" haddii ay tahay mid fudud, haddii ay tahay weer adagna "A" ku hor qora. Kaddib hoosta ka xarriiqa dhammaan weeraha dhimman ee ku dhex jira weeraha adag:

   1.1 *Yaxaas badeed ayaa badda ku soo batay*
   1.2 *Ma ogtahay in dan iyo xarrago isweyday?*
   1.3 *Dad dariiqa maraya baa ii gargaaray*
   1.4 *Ogow in aan kula socdo*
   1.5 *Xafiis ayay isku soo xireen*
   1.6 *Wuxuu doonayaa in uu tago*
   1.7 *Wargeysku aqoonta ayuu kordhiyaa*
   1.8 *Nimankii intay madaxa iskula jireen baa tuuggi baxsaday*
   1.9 *Waraaq baan ka helay saaxibkay*
   1.10 *Nin dibadda ka yimid ayaa warkan keenay*
   1.11 *Wiilka waanada u dhega nugul baa guulaysta*
   1.12 *Roob badan baa gugan da'ay*
   1.13 *Waan isku dayay in aan la hadlo*
   1.14 *Colaad geelii buu ceelka u kaxeeyey*
   1.15 *Horaan kuugu sheegay in uusan imaanayn*

2. Kala saara weeraha raacsan weer dhammaystir iyo kuwa raacsan weer faahfaahineed. Kaddibna sharraxa waxyaabaha aad u adeegsateen kalasaarkooda:

   2.1 *Daraawiish ayaa maalin ku heshiisay in fardaha la tartansiiyo*
   2.2 *Qaaddigu goortii uu dacwaddii dhegeystey buu xugunkii ku dhawaaqay*
   2.3 *Inuusan eed lahayn baan ogahay*
   2.4 *Cali ma jecla in waqtiga cayaar isaga lumiyo*
   2.5 *Inaan xayawaanka u naxriisano ayaa nagu habboon*
   2.6 *Ninka buuggan qoray ayaan la tashaday*
   2.7 *Wiilkii oo farxad la dhoolla caddaynaaya ayaa noo yimid*
   2.8 *Inta aad hurdayso anna wax baan baranayaa*

2.9 *Inuu berri imanayo baan maqlay*

2.10 *Inaad imtixaanka ku gudubtay baan maqlay*

3. Curiya 10 weerood oo shan tahay weero dhammaystiran, shanta kalana weero faahfaahineed:

4. Hoosta ka xarriiqa weeraha dhimman ee ku jira sheekadan, kaddibna kala saara:

Wiil baa ku cayaari jiray webi agtiis. Isagoo cayaaraya buu maalin webigii ku dhacay. Way ku adkaatay in uu ka soo baxo, maxaayeeley dabaal ma aqoonin. Isagoo tabcaan ah baa nin soo ag maray. Ninkii buu ka baryay in uu u gargaaro. Ninkii wuxuu billaabay hadal dheer oo waana iyo canaanba leh. Wiilkii oo sii liita baa yiri: "Adeeroow, dibadda webiga iiga saar, dabadeedna ii sheeg waxa aad ii sheegi lahayd". Markaasuu ninkii gacan siiyey, intuu xusuustay mahamaahdii ahayd: "Meel hoo doonaysa hadal waxba kama taro".

11.1 Weer dhammaystir

Weeraha dhammaystirka ah waxaa had iyo jeer ka horreeya curiyaha *in* oo loo yaqaan **dhammaystire**. Qurubkan wuxuu kaloo u jiraa isagoo ah magac dheddig markaasoo macnihiisu yahay *qayb*, *tiro*. Waxaana suuraggal ah in weer dhammaystir ay waayadii hore lahayd qaab dhismeedka ah M+faahfaahiye (sida weer faahfaahineed) halkaasoo magaca madaxa uu ahaa *in*, faahfaahiyuhuna weerta.

Midda kale fikraddan waxay sharraxaysaa sababta ay isugu eg yihiin weer dhammaystir iyo weer faahfaahineed, oo aan dib uga hadli doonno.

Arrintan halkan ayaan ku joojinaynaa maadaama ku hadlayaasha af soomaaligu aanay haatan garanayn curyahan isirkiisa, markase *in* laga dhex helo weer gudaheeda waxa keliya ee hadlaha madaxiisa ku soo dhacayaa ama uu filayaa in la raacsiiyo weer dhimman.

Weerta dhimman oo ka billaabata *in* waxay qaban kartaa shaqada uu qabto OM-kasta oo ku dhex jira weerta aasaasiga ah.

An ku bilowno marka hore in aan baarno xaaladaha layeelaha falka ama layeelaha la xiriira horyaalayaasha ku dhex jira koox faleedka.

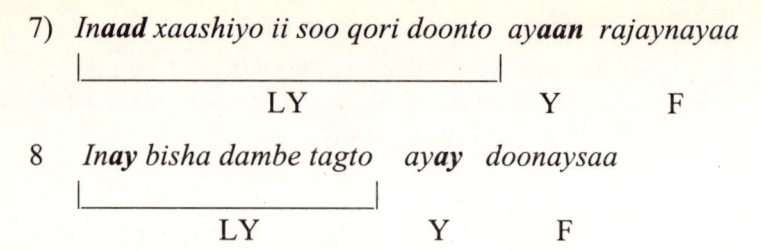

7) *In**aad** xaashiyo ii soo qori doonto ay**aan** rajaynayaa*
    |_____|
         LY   Y   F

8 *In**ay** bisha dambe tagto   ay**ay** doonaysaa*
    |_____|
         LY   Y   F

Weerta dhammaystirka ee ku jirta tusaalooyinka (7) iyo (8) waxay u shaqaysaa sida layeelaha falka, yeelayaasha labada weeroodna waxay kala yihiin *aniga* iyo *iyada* oo ku lifaaqan *ayaa* iyagoo leh qaab magacuyaal dhimman.

An fiirinno hadda weerta dhammaystirka gudaheeda. Yeelayaasha weeraha dhimman ee (7-8) oo kala ah *aad* iyo *ay* waxay ku lifaaqan yihiin *in*. Waxaana jirta in magacuyaalladaas ay meela kale ka geli karaan weerta:

   9) <u>*In xaashiyo **aad** ii soo qori doonto*</u> *ayaan rajeynayaa*
  10) <u>*In bisha dambe **ay** tagto*</u> *ayay doonaysaa*

Magacuyaallada *aad* iyo *ay* ee weeraha (9) iyo (10) waxay hordhacaan falka. Dhaqankan magacuyaallada waxaa laga dhex heli karaa xataa weer faahfaahineed (eeg hoos bog 211).

Arrinka kale oo u baahan in la milicsado waa qaabka uu leeyahay falka weerta dhimman. Waayo falka dhammaadkiisu wuxuu yeeshaa qaab ka duwan midka weerta aasaasiga ah, taasina waxay tilmaamaysaa in weertu ay tahay mid dhimman. Waxaa qaabkan horay ugu magacaabnay habka dhimman. Xataa habka dhimman wuxuu leeyahay amminka iyo qofka oo kala duwan (eeg shaxda bog 139):

  11) <u>*Inuu imanayo*</u> *baan filayay*
  12) <u>*Inaynu qornay*</u> *bay moodayeen*

Weerta dhimman marka ay tahay layeelaha falka weerta aasaasiga ah waxaa koobnaan kara amminnada laga dhex heli karo weerta.

Falalka aasaasiga ah badankood waxaa laga dhex heli karaa weero dhimman oo leh ammin faleedyada idil ee laga dhex heli karo weerta aasaasiga ah; tusaale ahaan falka *u...sheeg* waxaan heli karnaa:

  13) *Inuu <u>tegay</u> waa la ii sheegay*

14) *Inuu tago waa la ii sheegay*

tagay (13) waa tagto fudud, laakiin (14) waa joogto caadaley.
Waxaase jira dir ka mid ah falaka weerta aasaasiga ah oo oggolaanaya in falka ku jira weerta dhimman uu noqdo *joogto* keliya: qaab *caadaley* ama mid *socota*. Waxay taas macnaheedu tahay in falalkani ay soo gudbinayaan war la xiriira muuqaalka. Eega tusaalooyinkan:

15) *Inaan tago baan doonayaa*
16) *Inaan tago baan doonayay*

Inkastoo falka weerta ebyoon ee (16) uu muujinayo tagto caadaley falka dhimman ee ku dhex jira isla (16) ma noqon karo tagto.
Falalka u baahan adeegsiga *joogtada* oo keliya marka ay ku jiraan weer dhimman waa: **doon**, **sug**, **gooso**, **tali**, **weyddiiso**, **isku day** iyo xitaa **billow** iyo **jooji**.
Waxaa inta aan soo sheegnay barbar socda dhismaha weeraha dhimman oo ku xiran horyaalayaasha halka ay ku tiirsanaan lahaayeen falka aasaasiga ah:

17) *Inaan sigaar soo gado baan u baxay*
18) *Inuu Xasan imaan doono baan u maleynayaa*
19) *Inuu Yuusuf dhoofo baan ka xumahay*

Khabarka *u baxay* ee ku jira weerta (17) waa mid leh labo mawduuc, yacni OM-ka yeelaha ah *anigu* oo dahsoon (oo dib loo soo celiyay asagoo ah -*aan*) iyo OM-ka layeelaha ah oo kaalintiisa ay gashay weerta *inaan sigaar soo gado*. Xataa markan layeelaha ayaa diiradaysan, taasina waxay xoojinaysaa fikraddeennii ahayd in weertu ay noqoto hal OM. Midda kale waa inaan caddaynaa in xiriirka macneed ee ka dhexeeya weerta dhimman iyo tan aasaasiga ah aan lagu muujinin weerta dhimman sida ay sameeyaan afaf kale oo badan, laakiin waxaa lagu muujiyaa khabarka weerta aasaasiga ah, gaar ahaan horyaalayaasha hordhaca falka oo ku dhex jira koox faleedka (KF). Waxaa sidaas la xaalad ah oo aan ka geddisanayn weeraha (18) (19).
Waxaan ku soo gabaggabaynaynaa in dhammaan weeraha dhimman ee af soomaaligu ay had iyo jeer u soo bandhigaan falkooda qaab cad oo muuqda, yacnii iyagoo ku summadaysan amminka iyo qofka, meesha afaf badan aanay ka muuqan nadooca falka weerta dhimman

marka yeelaha weerta dhimmani uu yahay isla midka weerta ebyoon (sida tusaalooyinka (8) (15) iyo (16).

LAYLI

1. Hoosta ka xarriiqa weerta dhimman ee ku dhex jirta weeraha soo socda:

    1.1 *Waxaan hubaa in aad ka shallayn doonto*

    1.2 *Inuu gabadha guursado buu jecel yahay*

    1.3 *Ma oga in aan halkaan ku sugayno*

    1.4 *Inaynu wax baranno ayaynu halkaan u nimid*

    1.5 *Nin baa ii sheegay in aad xanuunsatay*

    1.6 *Anigu ma jecli in aan cid xumeeyo*

    1.7 *Inay ka tashadaan arrintaas baa la gudboon*

    1.8 *Dhakhtarka baa kula taliyey in uu nasto*

    1.9 *Ma fiicna in caruurta laga nixiyo*

    1.10 *In aan ku barto baan jeclaan lahaa*

2. Mid kastoo ka mid ah weeraha layliga 1^{aad} caddeeya shaqada weerta dhimman, yacni idinkoo ku hoos qoraya (A) haddii weerta dhimman ay layeele u tahay falka aasaasiga ah, (B) haddii ay layeele u tahay horyaale.

3. Qeexa habka, waqtiga iyo qofka falka weerta dhammaystirka ah iyo kan weerta aasaasiga ah ee weeraha soo socda, kaddibna ka faallooda kala habayntooda:

    3.1 *Wuxuu weyddiistay in uu u gargaaro*

    3.2 *Anaa goostay in aan iska tago*

    3.3 *Iyadaa doonaysa in ay barato*

    3.4 *Waxaan kugula talinayaa in aad adkaysato*

    3.5 *Waxay billawday in ay ila hadasho*

    3.6 *Waxaan joojinnay in aan sigaar cabno*

    3.7 *Waan dareemay in uu xanuunsan yahay*

    3.8 *Waad u jeeddaa in uu hurdayo*

    3.9 *Waan hubsannay in uu baxay*

    3.10 *Inuu tegey baan filayaa*

4. Magacuyaalka weeraha dhimman ee dhammaystirka ah ee layliga 3^{aad} ma ku sugnaan karaa meel kale oo weerta dhexdeeda ah? Dib u qora weeraha magacuyaalkooda la wareejin karo, idinkoo magacuyaalkaas meel cusub gelinaya.

 Tus.: *Inuu guriga aado buu doonayaa*
    *In guriga **uu** aado buu doonayaa*

5. Hoosta ka xarriiqa dhammaan weeraha dhammaystirka ah ee ku jira sheekada soo socota, idinkoo aan danaynay waxqabadkooda.

  Maalin baa nin socota ahi shabeel waddada dhex bilqan la kulmay, dabadeedna dhagxaan gurtay oo tuuryeeyay. Markuu ogaaday inuu dhintay buu haraggii kala baxay, ari iyo lo' badanna siistay. Isagoo iska mushaaxaya ayuu maalin kale shabeel waddada dhex hurda ku dul dhacay, markaasuu is yiri: "Kanna saanta kala bax". Dabadeedna shabeelkii soo aaday isagoo is leh: "Haddaan sii hodmayaa oo maqaarkiisaan geel badan siisanayaa". Shabeelkii baase ku toosay oo meeshii ku kala gooyay.

11.1.1 *Weli iyo weerta dhammaystirka ah*

Waxaan soo aragnay in shaqada OM-ku ka qabto weer gudaheeda ay qaban karto xitaa weer dhimman oo ku dhex jirta weer aasaasi ah. Xaaladaha aan soo aragnay waxay u badnaayeen in weerta dhimman ay fulinaysay shaqada layeelaha ku xiran falka ama ku xiran horyaale ka mid ah koox faleedka (KF) weerta aasaasiga ah (eeg kor bog 186). Laakiin weeraha dhimman ee dhammaystirka ah waxay noqon karaan xitaa yeelaha weerta aasaasiga ah:

  20) *Waa run <u>inuu yimaaddo</u>*
  21) *Waa xaq <u>inuu xirmo</u>*
  22) *Waa fiican tahay <u>inaad timaaddid</u>*

Qaab dhismeedka weerta dhammaystirka ah oo shaqadeeduna tahay yeele waa la mid midka weerta shaqadeedu tahay layeele: *in* ayaa ka hormarta, falkuna wuxuu u samaysan yahay habka ebyoon. Eega falka weerta (22), wuxuu muujinayaa iswaafaqsanaansho ka dhexeysa yeelaha iyo qofka 3^{aad} ee dheddigga ah.

Bal haddana eega tusaalayaashan kale:

  23) *<u>Inuu yimaadaa</u> waa run*

24) *Inuu xirmaa* waa xaq
25) *Inaad timaaddaa* waa fiican tahay

Muxuu yahay farqiga u dhexeeya weeraha (20-22) iyo kuwa (23-25)? Tusaalooyinka (20-22) iskuxigga curiyeyaasha waa F+Y, laakiin kuwa (23-25) waa Y+F. Haddaba haddii aad u fiirsataan falka weerta dhimman waxaad ogaanaysaan inuu u muuqdo qaabka baradigmaha fidsan ee habka ebyoon. Arrinkan oo la moodo mid gurracan wuxuu ka mid yahay dabeecadaha weerta dhimman oo dhammaystirka ah oo u ekeysiiya weer faahfaahineed; sharraxaadda qaabkan dib ayaan ugu hadlidoonnaa, markaan dhexgelno arrimaha weer faahfaahineed.

LAYLI

1. Hoosta ka xarriiqa dhammaan weeraha dhammaystirka ah ee ku jira sheekada soo socota; kaddib ka hadla mid kasta dabeecadaheeda la xiriira xagga dhismaha iyo xagga micnaha ama hawlgalkooda (dhammaystiraha, qaab dhismeedka weerta dhimman, rugaha magacuyaallada, habka iyo amminka falka, xitaa xiriirka ay la leedahay amminka weerta *aasaasiga ah*, hawsha ay ka qabato weerta *aasaasiga ah* gudaheeda).

    Wiil baa ku cayaari jiray webi agtii. Isagoo cayaaraya buu maalin webigii ku dhacay, way ku adkaatay in uu ka soo baxo, waayo dabaal ma aqoon. Isagoo tabcaan ah baa nin soo agmaray. Ninkii buu ka baryay in uu u gargaaro. Ninkii wuxuu bilaabay hadal dheer oo waano iyo canaanba leh. Wiilkii oo sii liita baa yiri: "Adeerow, dibadda webiga iiga saar, dabadeedna ii sheeg waxa aad ii sheegi lahayd". Markaasuu ninkii gacan siiyey, intuu xusuustay mahmahdii ahayd: "Meel hoo u baahan hadal wax kama taro".

11.2 Weer faahfaahineed

Waxaan horay u sheegnay in weer faahfaahineed ay qayb ka tahay hal oraah magaceed (OM), halkaasoo ay ka sii tahay faahfaahiyaha madaxa; dabcan OM-ka wata weer faahfaahineed wuxuu noqonayaa hal xubin oo ku dhex jirta weer kale:

1) *Buugaggii <u>aan kuu keenay</u>
2) Buugaggii <u>aan kuu keenay</u> way fiican yihiin

Weerta (1) oo uu ku jiro OM ka kooban madax (*buugaggii* iyo weer faahfaahineed oo ah *aan kuu keenay*) waa qalad naxwe ahaan maadaama aanay kifaayo ahayn, laakiin weerta (2) oo OM-keedu yahay yeelaha falka asaasiga ah (*fiican yihiin*) waa weer sax ah. Haatan waa in aan ku hakannaa si aan uga baarandegno qaab dhismeedka weer faahfaahineed, kaddibna waxqabadkeeda an diiradda saarno.

11.2.1 *Qaab dhismeedka weer faahfaahineedda*

Bal an eegno tusaalooyinkan innagoo fiiro gaar ah u yeelanayna OM-ka ay ku jirto weer faahfaahineed:

3) Gabadhii <u>warqadda qortay</u> waa walaashay
4) Buugaggii <u>aan kuu keenay</u> way fiican yihiin

An shaxgeed ku muujinno tusaalaha (3):

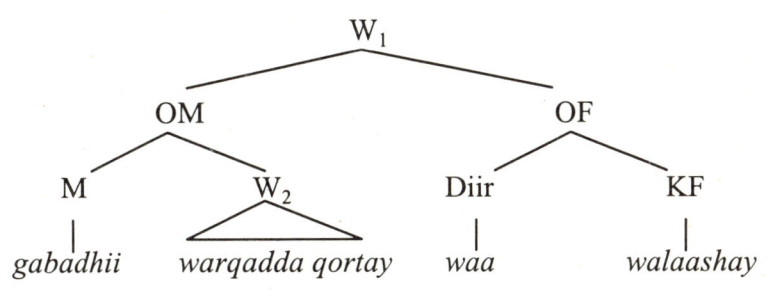

```
                    W₁
           ┌─────────┴─────────┐
          OM                   OF
        ┌──┴──┐              ┌──┴──┐
        M     W₂            Diir   KF
        │    ╱╲              │      │
    gabadhii warqadda qortay waa  walaashay
```

Haddii aan sii falanqayno qaab dhismeedka weerta ku jirta OM-ka gudihiisa waxaan heleynaa:

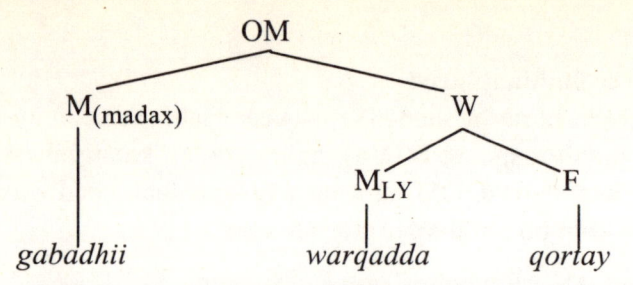

```
                    OM
              ╱           ╲
         M(madax)           W
            │            ╱     ╲
            │         M_LY      F
            │           │        │
         gabadhii    warqadda  qortay
```

Halkaasoo falka (*qortay*) uu la socdo OM-ka ah layeele (*warqadda*), waxaase maqan yeelaha oo si dadban looga garan karo falka (*qortay*) oo ah fal leh laba mawduuc oo kala ah yeele iyo layeele. Qaabka dhismaha weerta (4) waa:

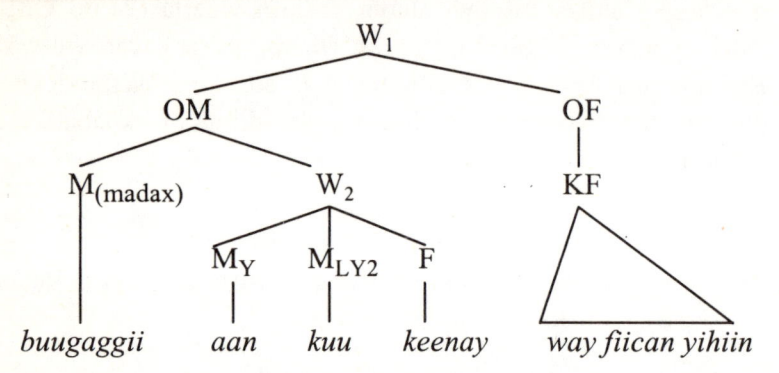

```
                       W_1
                  ╱          ╲
                OM            OF
             ╱     ╲           │
       M(madax)   W_2          KF
          │    ╱   │   ╲      ╱  ╲
          │   M_Y M_LY2  F   ╱────╲
          │   │   │     │
      buugaggii aan  kuu keenay  way fiican yihiin
```

Xataa markan waxaad ogaaneysaan in W_2 uu ka maqan yahay hal mawduuc oo ah layeelaha 1^{aad}, maxaayeeley *keen* waa khabar qaata saddex mawduuc. Marka weerta (3) iyo tan (4) sida aan ka aragno ama aan u maqalno waxaa la moodaa in uu magac ka maqan yahay weer faahfaahineedda. Haseyeeshee si fiican baad ula socotaan magaca ka maqan weerta (3) iyo (4), oo kala ah *gabadhii* iyo *buuggii*, yacni waa magac la mid ah madaxa OM-ka.

Waxaa akidaya arrintan haddii meeshaas bannaan aan ku buuxinno magac kale, waxaana inoo soo baxaya weer qalad ah:

5) *Gabaadhii <u>Maryam</u> warqadda qortay waa walaashay
6) *Buugaggii aan <u>moos</u> ku keenay way fiican yahiin

Waxaan marka ku soo gabaggabeyn karnaa si weeri ay u noqoto weer faahfaahineed oo ku dhex jirta OM waa in mawaadiicdeeda mid ka mid ah la mid noqdaa magaca madaxa ee OM-ka, yacni isku hal magac ay noqdaan.

Soo gaabintan ku saabsan weer faahfaahineed kuma koobna af soomaaliga oo keli ah ee waa arrin ay afaf badan wadaagaan.

Magaca weer faahfaahineedda oo la midka ah madaxa OM-ka oo ahna midka isku xira madaxa iyo weer faahfaahineedda weligiis si cad ugama muuqdo weerta dhexdeeda, walow joogistiisa layska qiyaasi karo, sidaa darteed waa laga boodaa.

Haddii aan doonayno in si cad oo buuxda aan u muujinno weer sida tan (3) waxaa inoo soo baxaya:

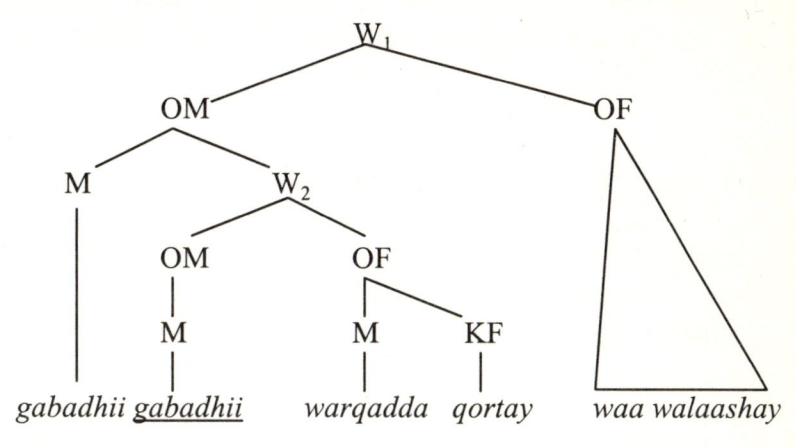

```
              W₁
           /      \
         OM        OF
        /  \
       M    W₂
           /  \
          OM   OF
          |   /  \
          M  M    KF
          |  |    |
gabadhii gabadhii warqadda qortay    waa walaashay
```

haddii kale:

[$_{W_1}$[$_{OM}$[$_M$gabadhii] [$_{W_2}$[$_{OM}$gabadhii] [$_{OF}$warqadda qortay]][$_{OF}$waa walaashay]]

Dabcan OM-ka yeelaha ah ee W_2 waa la qariyaa, yacni kama dhex muuqdo weerta marka aan hadlayno, ama aan akhrinayno qoraal.

Bal hadda eega saddexdan weerood oo ay ku jiraan weero faahfaahineed oo aan dhexgelinnay qaansooyin:

7) *Akhri buugaggii* [*Cali kuu keenay*]
8) *Akhri buugaggii* [**uu** *Cali kuu keenay*]
9) *Akhri buugaggii* [*Cali* **uu** *kuu keenay*]

Muxuu yahay farqiga u dhexeeya saddexdan weer faahfaahineed?

Dhamaan saddexda weeroodba waxaa laga xadfay magaca *buugaggii* oo la yeele ku ah weer faahfaahineedda, *Cali* ayaana yeele ka wada ah saddexda weer faahfaahineed.

Halka uu tusaalaha (7) aan ka lahayn magacuyaalka dhimman ee yeelaha ah, kuwa (8) iyo (9) waxaa ku jira *uu* oo ah magacuyaal qofka 3^{aad} oo lab ah, shaqadiisuna tahay yeele (oo ka jooga dib u soo celinta magaca *Cali*). Waxaa kale oo aad ogaateen in tusaalaha (8) *uu* ay ka horreyso *Cali*, midka (9)-na *uu* ay ka danbeyso *Cali*. Sidee bay suuraggal u tahay sharraxaadda rugaha magacuyaallada dib loo soo celiyo? Arrinkan ma la xariirin kartaan arrimo kale oo ku saabsan weereynta af soomaaliga oo aan horay uga soo hadalnay?

Arrimmahan waxay noqonayaan kuwo iskooda iska qeexan haddii aan ku fekerno in OM-ka weer faahfaahineedda ee la xadfo uu si cillan u leeyahay qurub diiradeedka *baa/ayaa* oo ah curiye asna markiisa lala xadfayo magaca mar haddii diiradeeye uusan marna si cad uga muuqan karin weer faahfaahineedda gudaheeda.

Haddii OM-ka la xadfayo ay *baa-/ayaa*-du summadaynayso - iyadana lala xadfayo magacaas - adeegsiga magacuyaalka dhimman oo yeelaha ah iyo iska dhaafiddiisu waxay raacsan tahay isla xeerkii aan horay u soo aragnay oo ku saabsanaa marka *baa/ayaa* ay diiradaynayso OM aan lahayn weer faahfaahineed. Waxaan marka saadaalin karnaa: haddii OM-ka weer faahfaahineedda ee la midka ah magac madaxeedka (weerta asaasiga ah) uu yahay yeelaha weer faahfaahineedda weligiis ma yeelanayo magacuyaal dhimman oo yeele ah - sida marka *baa/ayaa* ay diiradaynayso yeelaha weerta asaasiga ah - laakiin haddii uu yahay layeele, joogista ama maqnaashaha magacuyaalka waxay ku xiran tahay iskuxigga yeelaha iyo la yeelaha.

Waxaan idin ku muujinaynaa xaalad walba hal tusaale iyadoo weerta marka hore aan ku soo bandhigayno qaabkeeda muuqda, kaddibna qaabkeeda cillaneed oo waafaqsan sida fekraddeennu ahayd, taasoo aan u yeelnay si ay noogu suuraggasho sharraxaadda arrimaha na horyaalla:

10) a. *Gabadhii warqadda qortay waa walaashay*
　　b. *[Gabadhii [gabadhi baa warqadda qortay]] waa walaashay*
11) a. *Akhri buugaggii Cali kuu keenay*
　　b. *Akhri [buugaggii [buugaggii baa Cali kuu keenay]]*
12) a. *Akhri buugaggii uu Cali kuu keenay*
　　b. *Akhri [buugaggii [buugaggii buu Cali kuu keenay]]*
13) a. *Akhri buugaggii Cali uu kuu keenay*
　　b. *Akhri [buugaggii [Cali buugaggii buu kuu keenay]]*

Weerta (10-13) *gabadhii*, oo ah magaca la midka ah magac madaxeedka (weerta asaasiga ah), waa yeelaha weer faahfaahineedda, sidaa awgeed ma laha magacuyaalka dhimman ee yeelaha ah. Laakiin weeraha (11), (12) iyo (13) magaca midaysani waa *buugaggii* kaasoo layeele u ah weer faahfaahineedda, sida fikraddeennu nala ahaydna, leh diiradeeyaha *baa/ayaa*. Haddaba magacuyaalka yeelaha waa la adegsan karaa haddii uu iskuxigga xibnuhu yahay layeele+yeele sida (12), ama lama adeegsan karo sida (11).

Haddiise iskuxijinta curiyeyaashu ay tahy yeele+layeele, oo diiradeeyuhuna saaran yahay layeelaha, waa khasab adeegsida magacuyaalka (eeg bog 176).

LAYLI

1. Weeraha soo socda waa kuwa adag, qaarkood waxaa ku dhex jira weero dhammaystir ah kuwo kalana weer faahfaahineed. (A) ku taxa lambarrada weeraha dhammaystirka ah, (B)-na weer faahfaahineedda:

    1.1 *Gerigii wuxuu dameerka kula taliyay in uu tartiib u soo cuno cawska*

    1.2 *Maad i tustid buugga aad soo gadatay maanta*

    1.3 *Dersiga aan maanta soo qaadannay xiiso ayuu leeyahay*

    1.4 *Sheeko aan ka maqlay ayeeyaday baan idiin sheegayaa*

    1.5 *Wiilka dibadda taagan baa ii yeeraya*

    1.6 *Baabuurka aan saarannahay Max'ed baa leh*

    1.7 *Aad bay u daahaan waraaqaha uu Muudday soo diro*

    1.8 *Markaan shaqada aaday baan xasuustay ballankii*

    1.9 *Bashiir oo aan weli bad arkin baan is raacnay*

    1.10 *Inta uu alaabta gadanayay ayaa saaxibkiis soo galay*

2. Mid kastoo ka mid ah weeraha soo socda, u sameeya muujinta qaab cillaneedka aan kor ku soo sharraxnay.

    Tus.: *Mooska aad cunaysaa waa ceeriin*
    [OM *Mooska* [W *mooska baad cunaysaa*]] *waa ceeriin*

    2.1 *Guriga aan degganahay baa fog*

    2.2 *Nin kuu digay kuma dilin*

    2.3 *Gabadha soo socotaa waa walaashay*

    2.4 *Arrinta aan ka hadlayno ayaa muhimsan*

    2.5 *Wargeys maanta soo baxay baan akhrinayaa*

    2.6 *Dawadii guriga tiillay bay inantii cabtay*

    2.7 *Wadihii baa gaarigii jabsanaa kiciyay*

2.8 *Dayaaraddii shalay soo degtay ayuu ku yimid walaalkay*
2.9 *Qofba qofkii la dabci ah buu la socdaa*
2.10 *Qofka dadka u gargaara baa aayihiisa fiicnaada*

3. Dib u baara weeraha layliga (2), mid kasta oo ka mid ahna ka dhex raadiya idinkoo sheegaya shaqada OM-ka ee gudihiisa ay weer faahfaahineed ku jirto, marka loo eego weerta asaasiga ah iyo shaqada isla OM-kaas uu ka qabto weer faahfaahineedda dhexdeeda.

   Tus.: *Mooska aad cunaysaa waa ceeriin*
   mooska aad cunaysaa waa yeelaha weerta asaasiga ah
   mooska waa layeelaha weer faahfaahineedda

4. Ku muujiya weer kastoo ka mid ah kuwa soo socda shax geed:

   4.1 *Nin jaamacadda ka shaqeeya baa buuggaan qoray*
   4.2 *Dukaankaas basasha Baardheera ka baxda ayuu iibiyaa*
   4.3 *Caano uu cabbo buu doonayaa*

5. Hoos ka xarriiqa weeraha adag ee ku jira sheekada soo socota; kaddib (A) ku hoos qora weeraha dhammaystirka ah, (B)-na kuwa *weer faahfaahineedda ah*:

   Waa baa waxa jiri jiray nin fulay ah. Galab ayuu reera ka ag dhowaa u wareysi tegay, intuu raggii la haasawayay ayaa gabbalkii ku dhacay. Markuu ka war bogtay buu degmadiisii ku laabtay; habeenkuna gudcur aan isha farta lala helin buu ahaa. Siduu waddada u hayay buu hortiisa wax madow ka arkay, isagoo naxdin la neeftuuraya buu ku yiri: "Anigu waxaad tahay garan maayo, ee haddaad nin tahayna iska kay dhici, haddaad geed tahayse waa ballan oo berraan ku goyn". Hadduu war iyo wax dhaqaaqa toona waayay, buu halkiisii waagii ku sugay. Subaxdii kolkuu ogaaday in wuxu kurtin yahay ayuu gurigii tegay oo masaar soo qaatay, geedkiina gunta ka jaray, isagoo leh: "Wallee mar kale ima cabsiisid".

11.2.2 *Qaabka falka weer faahfaahineedda*

Fikraddii ku salaysanayd qaabka dhismaha weer faahfaahineedda sida aan horay ugu soo hadalnay waxay u muuqan kartaa mid cillan, laga yaabo in aan loo baahnayn, laakiin dhab ahaantii waxay noo oggalaanaysaa sharxidda wajiyo kala duwan oo la xariira dhismaha weerahan, haddii kale caad baa naga saarnaan lahaa arrimahaas.

Arrinka aan rabno hadda in aan in yar ku hakano waa qaabka falka ku jira weer faahfaahineedda.

Bal eega afartan weerood:

14) *Wiilka warshadda sonkorta ka <u>shaqeey**aa**</u> waa kaas*
15) *Mooska aad <u>cunay**saa**</u> waa ceeriin*
16) *Gabadha af talyaaniga ku <u>hadlays**a**</u> baan la hadlay*
17) *Boostada gee warqadda aan <u>qoray**o**</u>*

Sida idiin muuqata falalka hoosta ka xarriiqan ee ku jira weeraha (14-17) waxay leeyihiin qaabab kala duwan. Kuwa aqoonsigooda ugu fudud yahay waxay ku jiraan (17), waayo falku si cad ayuu uga muuqdaa in uu leeyahay habka dhimman (eeg kor bog 101), kan ku jira (16) wuxuu leeyahay habka ebyoon, laakiin leh baradigme kooban (eeg kor bog 100), kan (15) wuxuu isna leeyahay habka ebyoon (eeg kor bog 209).

Tusaalaha (14) wuxuu marka hore u muuqan karaa inuu la qaab yahay kan (15), saase ma aha. Waayo waxaad kala duwanaantooda ogaanaysaan markaad wadar ka dhigtaan yeelayaasha labada weer faahfaahineed. Eega:

18) *<u>Wiilasha</u> warshadda sonkorta ka <u>shaqeey**aa**</u> waa kuwaas*
19) *Mooska ay <u>wiilashaasi cunay**aan**</u> waa cayriin*

Weerta (18) oo u dhiganta tan (14) falka weer faahfaahineedda isma beddelin, yacni ma noqonin wadar; laakiin weerta (19) oo iyadana u dhiganta (15) falka, oo ah baradigmaha fidsan ee habka ebyoon, wuxuu noqonayaa wadar, yacni qaabka qofka saddexaad oo wadar ah maadaama yeeluhu uu yahay wadar *wiilashaasi.*

Maxaa ugu wacan in ay isu ekaadaan qaababka labada fal ee ku kala jira (14) iyo (18)?

Isku daya inaad si foojigan ula socotaan sida aan wax u dhiraandhirinayno.

Haddii falalka (14) iyo (18) ay isku mid yihiin, walow falka (14) uu leeyahay yeele ah qofka 3^{aad} oo keli ah, kan (18)-na yeele ah qofka 3^{aad} oo wadar ah, taas waxay macnaheedu tahay in weerta (18) aysan ka jirin is waafaqsanaan, markaasna falka waa inuu lahaadaa baradigmaha kooban. Waxay u muuqataa in fekreddan ay leedahay isburin marka laga eego qaabka falka: *shaqeey**aa*** kuma dhammaato ***a*** oo ah shaqalgaab, sida caadada u ah falka baradigmaha kooban, wuxuuse ku dhammaadaa *aa*. Sidee haddaba loo fasiran karaa dhammaadkan?

Waxaad ogtihiin in yeelaha weertu uu leeyahay summad yeele oo noqon karta xarfahan midkooda *i*, *u* ama codkac gaar ah, summaddaasna waxay rugteedu tahay dhammaadka OM-ka yeelaha. An isku dayno inaan shaxgeed ku muujinno qaab dhismeedka (14) iyo (18):

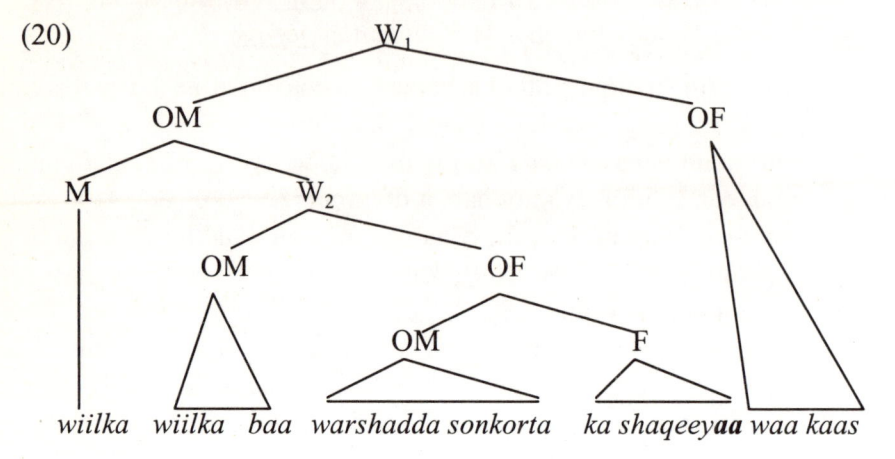

(20)

```
                    W₁
           _____/  _____
          OM                   OF
         /  \                   △
        M    W₂
            /  \
           OM   OF
           △   /  \
              OM   F
              △    △
    wiilka wiilka baa warshadda sonkorta ka shaqeeyaa waa kaas
```

[OM *wiilasha* [WF *wiilasha baa warshadda sonkorta ka shaqeeyaa*]] *waa kaas*

Sida aad ku aragtaan shaxda (20), OM-ka gudihiisa laga helo weer faahfaahineedda waa yeelaha weerta asaasiga ah. Taas waxay macnaheedu tahay in dhammaadka OM-kaas aan ka helno summadda lagu yaqaanno yeelaha.

Waxaan ula jeednaa in falka (14) iyo (18) aysan ku dhammaan oo keliya baradigmaha kooban -*ya* ee xataa ay ku jirto summadda yeelaha. Summaddaas waxay ku dheggan tahay falka, waayo isagaa ah xubinta ugu danbeeysa ee OM-ka yeelaha ah. Haddii curiyaha ugu dambeeya ee OM-ka uu mid kale yahay halkaas uun buu ku dhegayaa, yacni dhammaadka OK-ka. Sida aad horayba ugu soo aragteen, summadda yeeluhu caadiyan waa ku dhammaanshaha -*u* ama -*i* ama isbeddel codkaceed. Markii summaddaas lagu lifaaqo dhammaadka falka oo ah -*ya* **u** waxay noqonaysaa -*a* asbaab isbeddelcodeed darteed. Waatan sida lagu helo dhammaanshaha falka oo noqda -*yaa*: baradigme kooban oo lagu daray summad yeele (-*ya* + **u** → -*yaa*).

Isbanbardhiga labadaan weerood:

21) _Wiilka Axmed gurigiisa joog**aa**_ waa macallin
22) _Wiilka jooga Axmed gurigiis**u**_ waa macallin

An dib u fiirinno tusaalooyinkii (14-17) oo halkan aan ku soo celinayno, hawl fududayn darteed.

14) _Wiilka warshadda sonkorta ka shaqeey**aa** waa kaas_
15) _Mooska aad cunays**aa** waa ceeriin_
16) _Gabadha af talyaaniga ku hadlays**a** baan la hadlay_
17) _Boostada gee warqadda aan qoray**o**_

Waxaan horay u sheegnay in weertiiba ay leedahay fal qaab gooni leh. Haddii aan caddaynay sababta ay (14) iyo (15) u kala duwan yihiin, waxaa inoo haray hadda in aan sharraxno sababta ay weero faahfaahineedyadu u lee yihiin baradigme faleedyo kala duwan.

Si aan u sharraxno arrintan waa in aan xusuusannaa in weer faahfaahineed ay tahay weer faahfaahisa magac madaxeed, isla markaasna lagu wado in dhexdeeda uu ku jiro magac kale oo la mataan ah madaxa, kaddibna la xadfay (eeg kor bog 214).

Haddaba waxaa jira fekrad ahaan in afar siyood oo kala duwan loo dhisi karo weer faahfaahineed, afartaa siyood ee suuraggalka ah waxaa xukuma:

a. shaqada uu magac madaxeedku ka qabto weerta asaasiga ah gudaheeda

b. shaqada uu magaca la xadfay ka qabto weer faahfaahineedda gudaheeda.

Afarta siyood ee fekrad ahaan suuraggalka ah waa kuwan:

I) Y Y = Madaxa waa yeelaha weerta asaasiga ah, waana magaca la mataanka ah ee laga dhex helo weer faahfaahineedda, isagoo ah yeelaha weer faahfaahineeddaas.
tus.: _wiilka warshadda sonkorta ka shaqeey**aa** waa kaas_

II) Y LY = Madaxa waa yeelaha weerta asaasiga ah, waana magaca la mataanka ah oo laga dhex helo weer faahfaahineedda, isagoo ah layeelaha weer faahfaahineeddaas.
tus.: _mooska aad cunays**aa** waa ceeriin_

III) LY Y = Madaxa waa layeelaha weerta asaasiga ah, waana magaca la mataanka ah oo laga dhex helo weer faah-faahineedda, isagoo ah yeelaha weer faahfaahineed-daas.

tus.: <u>gabadha</u> *af talyaaniga ku hadlaysa baan la hadlay*

IV) LY LY = Madaxa waa layeelaha weerta asaasiga ah, waana magaca la mataanka ah oo laga dhex helo weer faah-faahineedda, isagoo ah yeelaha weer faahfaahineed-daas.

tus.: *boostada gee* <u>warqadda</u> *aan qorayo*

Haddii aan dib u falanqayno weeraha (14-17) waxaan ogaanaynaa in mid waliba ay u dhiganto mid ka mid ah afarta suuraggal ee fekrad ahaan aan mala-awaalnay. An eegno qaabkooda cillaneed:

14) a. **Wiilka** *warshadda sonkorta ka shaqeeyaa waa kaas*
 b. **Wiilka** [**wiilka baa** *warshadda sonkorta ka shaqeeyaa*] *waa kaas*

Weerta (14) [*wiilka*] waa yeelaha weerta asaasiga ah [*waa kaas*], laakiin [*wiilka baa...*] oo ku jira W_2 waa yeelaha weer faah-faahineedda. Taasi waa suuraggalka 1^{aad}.

15) a. **Mooska** *aad cunaysaa waa ceeriin*
 b. [$_{OM}$[$_M$ **mooska**][$_W$ **mooska b**aad *cunaysaa*]] *waa ceeriin*

Madaxa oo ah *mooska* waa yeelaha weerta asaasiga ah, laakiin *mooska baad* oo ku jira W_2 waa layeele.

16) a. **Gabadha** *af talyaniga ku hadlaysa baan la hadlay*
 b. [$_{OM}$[$_M$ **gabadha**][$_W$ **gabadha baa** *af talyaniga ku hadlaysa*]] *baan la hadlay*

Madaxa oo ah *gabadha* waa layeelaha weerta asaasiga ah, laakiin *gabadha baa* oo ku jirta W_2 waa yeele.

17) a. *Boostada gee* **warqadda** *aan qorayo*
 b. *Boostada gee* [$_{OM}$[$_M$ **warqadda**][$_W$ **warqadda baan** *qorayo*]]

Madaxa oo ah *warqadda* waa layeelaha falka *gee* ee weerta asaasiga ah, isla magacaas *warqadda* oo ku jira W_2 waa layeele.

Mar haddii aan si tifaftiran u falanqaynay shaqada magac madaxeedka ee weerta asaasiga ah iyo magaca laga xadfay weer faahfaahineedda, waxaan ogaan karnaa in arrintan ay tahay midda dhalinaysa qaabka falka weer faahfaahineedda.

Qaabka I iyo III magaca la xadfay waa yeelaha weer faahfaahineedda, *baa*-na ay la xiriirto; falku wuxuu u muuqanayaa baradigme kooban (14) iyo (16).

Qaabka II magaca la xadfay ee ay *baa*-du diiradaynayso waa layeele weer faahfaahineedda. Marka falku wuxuu u muuqdaa sida caadi ahaan uga muuqata weer ebyoon oo leh baradigme fidsan.

Ugu danbayn midka IV, oo magaca la xadfay iyo madaxu ay yihiin layeeleyaal, falku wuxuu u muuqanayaa midka habka dhimman.

Arrintan layaab malaha waayo sida aan dib ugu arki doonno qaab dhismeedka noocan ah waxaa loogu adeegsadaa af soomaaliga si loo cabbiro noocyo badan oo ah weero dhimman.

LAYLI

1. Hoos ka xarriqa OM-ka wata weer faahfaahineed oo laga dhex helo weeraha soo socda.

    Tus.: <u>*Nin Boosaaso ka yimid ayaa*</u> *dukaanka Cali gatay*

    1.1 *Gabar ka qalinjebisay kulliyadda Afafka baan aqaanaa*

    1.2 *Aqoonyahan baara taariikhda af soomaliga baa buuggaas qoray*

    1.3 *Wiil aan dugsi hore isla dhigan jirnay baan maanta arkay*

    1.4 *Awrkii geedka ku xirnaa baa fakaday*

    1.5 *Annagoo siddeed nin ah ayaa maroodi na soo weeraray*

    1.6 *Ninka diifta ka muuqata markay arkeen bay caano siiyeen*

    1.7 *Cimaamad soddogay lahaa baan guntaday*

    1.8 *Wiil yar oo rajay ah baan aqalkii ugu tagay*

    1.9 *Ratigii meel uu suul iyo ciddi dhigay baan waynay*

    1.10 *Sheeko aan hooyaday ka maqlay baan idiin ka sheekaynayaa*

2. Dib u baara OM-yada layliga (1) ee leh weer faahfaahineed, kaddibna sheega shaqada uu mid kasta ka dhex qabto weerta asaasiga ah.

3. Muujiya qaab dhismeedka dahsoon ee uu leeyahay OM kasta ee uu ku jiro layliga (1).
4. Muujiya qaab dhismeedka dahsoon ee uu leeyahay OM kasta ee wata weer faahfaahineed, kaddibna caddeeya shaqada uu ka dhex qabto weerta asaasiga ah iyo midda weer faahfaahineed:

   Tus.:   *Ninka shalay yimid waa saxiibkay*

   ninka$_y$ [ninka $_y$ baa shalay yimid] waa saxiibkay

   4.1 *Gaariga Cali wada baa cusub*
   4.2 *Wadaad tusbax sita baa noo yimid*
   4.3 *Cali baa arkay ninkii saca lahaa*
   4.4 *Axmed baa la tagay buuggii miiska saarnaa*
   4.5 *Lacagta aabbahay soo shaqeeyay baan masaruufannaa*
   4.6 *Macallin aan hore u arkin baa maanta noo yimid*
   4.7 *Midka soo socda baa dhakhtar ah*
   4.8 *Ardayga tegay waa walaalkiis*
   4.9 *Miraayad jabtay baa cunugga sartay*
   4.10 *Farsamayaqaan imanaya baa matoorka hagaajin doona*

5. Sameeya siddeed tusaale oo OM-yadoodu ay la socdaan weer faahfaahineed, kuwaasoo ku sii dhex jira weer asaasi ah. Mid kastoo ka mid ah noocyada soo socda u sameeya laba tusaale:
   Y Y, Y LY, LY Y, LY LY.

11.3 Weli iyo weer faahfaahineedda

Waxaa habboon inaan weli ku sii hakanno arrimo ku saabsan qaar ka mid ah weero faahfaahineedyada oo u gaar ah qaab dhismeedka af soomaaliga, isla markaana wax la wadaago koox falal ah oo aan horay u soo qeexnay, uguna yeernay fal sifo (eeg kor bog 107), kuwaasoo ah asal (*weyn, yar, kulul,* iwm.) ama farac (*wanaagsanaan, yaraan*). Ereyadan waxaa lagu tiriyay in ay yihiin falal, maxaayeeley waxay la socon karaan oo keliya fal *ahaansho*, waana ku khasab in ay la socdaan falkaas.

Ereyada kuwan la midka ah marka ay keligood taagan yihiin waxay afaf kale uga tirsan yihiin sifooyinka. Waxayna noqdaan faahfaahiye magac ama waxay ka daba maraan falal kale oo xataa ka duwan fal *ahaansho* sida *noqosho, u ekaansho,* iwm. (oo af ingriisiga iyo af talyaanigu ay adeegsadaan).

Haddaba, mar kastoo aan la kulanno magac uu la socdo faahfaahiye leh fal sifo, waxaa na horyaalla weer ah weer faahfaahineed, walow aragga hore ay suurtowdo in aysan caddayn.
Eega tusaalooyinkan:

1) *Ninkii <u>wanaagsanaa</u> baa yimid*
2) *Wixii <u>cusbaa</u> waa duugoobay*

OM-ka yeelaha weerta (1) wuxuu ka samaysan yahay madax *ninkii* iyo faahfaahiyaha *wanaagsanaa*. Idinkoo ka shidaal qaadanaya baradigme faleedka aad horay u soo deristeen, waxaad ogtihiin in qaabka *wanaagsanaa* uu yahay tagto urursan oo ka tirsan habka ebyoon. Sidaa darteed waxaa qaabkan oo kale aan ka dhex heli karnaa weer asaasi ah:

3) *Wuu wanaagsanaa*

Midda kale falku wuxuu ka samaysan yahay *wanaagsan+ahaa* (falka *ahaanshaha*) oo khasab ay ku noqotay in uu ku soo koobmo *wanaagsanaa*.
Haddiise *wanaagsan* aan ku beddelno khabar ah magac, isku-dhafkan kooban ma dhacayo:

4) *Nin macallin **ahaa** .....*

lama dhihi karo

5) **Nin macallinaa*

Marka falku isku soo ururayo, qaybta la xadfayo waa salka fal *ahaansho* (*ah*). Maxaa dhacaya haddii weer faahfaahineedda sida (1) ama (2) laga dhigo *joogto*?
Hadii aan soo qaadanno weer leh khabar magaceed waxaan heleynaa:

6) *Nin macallin ah .....*

laakiin weer sida (1) ama (2) oo ah *joogto*, waxaan heleynaa

7) *Nin wanaagsan...*
8) *Wax cusub...*

halkaas oo fal *ahaansho* la rabay inuu u muuqdo sida weerta (6) oo ahaa *ah* wuu wada libdhay ama qarsoomay.

Waxaan falanqayntan ku soo gabaggabeyn karnaa sida soo socota: marka madaxa OM-ka uu leeyahay faahfaahiye ah weer faahfaahineed oo *joogto* ah, isla markaasna falku yahay fal sifo, waxaan ogaanaynaa in fal *ahaansho* uusan marna muuqanayn; laakiin haddii weer faahfaahineeddu tahay *tagto*, fal *ahaansho* wuxuu ku dhafmayaa fal sifo isagoo aan muuqan.

OM-ada noocan oo kale ah:

9) *Meel qabow*
10) *Aqalka cad*

waxay leeyihiin dhismaha soo socda:

11) [OM [M *meel*] [W *meel baa qabow ah*]]
12) [OM [M *aqalka*] [W *aqalka baa cad ah*]]

LAYLI

1. Muujiya qaab dhismeedka qarsoon ee OM-yada soo socda:
    1.1 *Nin dheer*
    1.2 *Bisad madow*
    1.3 *Dhalo jaban*
    1.4 *Derbi gaaban*
    1.5 *Albaab xiran*
    1.6 *Meel dhow*
    1.7 *Neef riman*
    1.8 *Hawo adag*
    1.9 *War cusub*
    1.10 *Hadal macaan*
2. Hoos ka xarriiqa dhammaan OM-yada ku jira weeraha soo socda, kaddibna sifeeya qaab dhismeedyada kuwa leh faahfaahiye.
    Tus.: <u>*Gabadha aan la hadlo*</u> waa taliyaani
    [OM [M *gabadha*] [W *gabadha baa aan la hadlo*]]

    Geela somaaliyeed waa badan yahay
    [OM [M *geela*] [M lihid *somaaliyeed*]]

    2.1 *Caano lo'aad ayuu cabbay*
    2.2 *Halka uu joogo baa doog leh*
    2.3 *Miro bardi duduub baa lagu liqaa*
    2.4 *Dayax gacmeed buu raacay*

2.5 *Magaalada uu ku dhashay waa Qoryooley*
2.6 *Markabka ay ku imanayaan baa Masar leh*
3. Si buuxa u sifeeya weeraha soo socda.
   Tus.: *Cali ninka aan Jamacaadda ku bartay buu arkay*

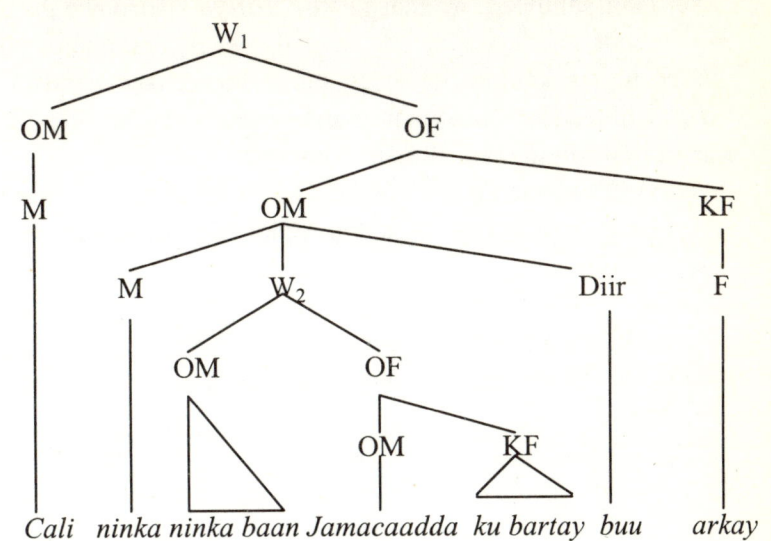

```
                    W₁
         ┌──────────┴──────────┐
        OM                     OF
         │          ┌──────────┼──────────┐
         M         OM                     KF
         │     ┌────┴────┐                 │
         M    W₂        Diir               F
              ┌─┴─┐        
             OM  OF
                 ┌─┴─┐
                OM  KF

Cali  ninka  ninka baan Jamacaadda  ku bartay  buu   arkay
```

3.1 *Warsame gabar Burco ka timid ayuu guursaday*
3.2 *Duuliyaha aan kaaga sheekeynaayay waa kaas*
3.3 *Faraska baratanka ku guulaystay baa qurux badan*

11.4 Weer faahfaahineed oo dheeraad ah

Waxaan sheegnay in weer faahfaahineedda ay ku dhex jirto dhismada OM-ka, ayna u tahay faahfaahiye madaxa OM-kaas. Dhammaan weero faahfaahineedyada aan soo aragnay waxay shaqadoodu ku jihaysanayd sidii loo haleelihaa ama lagu aqoonsan lahaa magaca weer faahfaahineedda oo la midka ah magac madaxeedka (isagoo laga aqoonsanayo ereyo badan oo la mid ah). Waa kuwan tusaalooyin kale:

1) **Nin Xuddur ka yimid** *aybaa keenay*
2) **Gaariga cusub** *ayaa jabay*

Weero faahfaahineedyada qiimahan leh waxaa lagu magacaabaa nooca **kooban**. Haatanse dhug u yeesha:

3) *__Saalax oo Yaman ka yimi__ ayaa keenay*
4) *__Gaarigii oo cusub__ ayaa jabay*

Xataa (3) iyo (4), magacyada *Saalax* iyo *gaarigii* waxay wataan weer faahfaahineed, waxaase isku xiriiriya xiriiriyaha ***oo***. Adeegsiga ***oo*** wuxuu caddeynayaa in shaqada weer faahfaahineedda aanay ahayn nooca kooban balse ay tahay nooca **dheeraadka** ah. Weer faahfaahineedda waxay markan soo gudbineysaa war dheeraad ah oo ku saabsan magac iskiis u cayimanaa.

Weerta (3) waxaa ku jira magac gaar oo iskiis u cayiman; weerta (4) magaca ku jira waxaa la socda qodobka "-*kii*", sidaa awgeed waa magac cayiman.

Haddaan eegno dabeecadaha labada nooc ee weer faahfaahineed oo ah mid kooban iyo mid dheeraad ah, waxaan si sahlan u ogaanaynaa farqiga u dhexeeya labadaas nooc, shaxdan ayaana soo koobaysa arrintaas.

		weer faahfaahineed oo kooban	weer faahfaahineed oo dheeraad ah
MADAXA	magacyo gaar **Cali**	MAYA	HAA
	magacyo aan cayimanayn **nin**	HAA	MAYA
	magacyo cayiman **ninka**	HAA	HAA

Sida ku cad shaxda, weer faahfaahineed oo dheeraad ah waxay raaci kartaa oo keliya magac gaar ah ama mid wata tifaftire (***Saalax*** *oo Yaman ka yimid...;* ***Gaarigii*** *oo cusub ayaa jabay*), laakiin weer faahfaahineed oo kooban ma raaci karto magac gaar ah, waxayse raaci kartaa magac aan cayimanayn iyo mid cayimanba (1-2).

Marka laga eego xagga qaab dhismeedka, labada nooc ee weer faah-faahineed, waxay u samaysan yihiin si isku mid ah. Wuxuu OM-ku ka kooban yahay magac ah madax oo ay ku xigto weer oo gudaheeda uu ku jiro magac qarsoon oo la mid ah kan madaxa.

Iskuxigga xubnahana wuxuu u samaysan yahay hab uu falku ugu danbeeyo mar kasta.

Curiyaha soocaya ama lagu aqoonsado weer faahfaahineed oo dheeraad ah waa xiriiriyaha (*oo*) oo isku xira madaxa iyo weer faahfaahineedda.

Maxaa dhacaya haddiise laba weer faahfaahineed ay faahfaahiye u wada yihiin hal madax? Weli ma la kala sooci karaa weer faahfaahineedda kooban iyo tan dheeraadka ah idinkoo og marka laba magac ay faahfaahinayaan isla hal madax in la kala dhex geliyo xiriiriyaha *ee* (eeg kor bog 199)?

Labadaa weer faahfaahineed waxaa lagu kala duwaa adeegsiga xiriiriyeyaal kala geddisan. Laba weer faahfaahineed oo dheeraad ah oo wada faahfaahinaya isla hal madax waxaa loo adeegsadaa xiriiriye labaad oo ah (*oo*):

    5)   *Cali oo <u>xanuunsan</u> oo <u>keligiisa ah</u> ayaa soo noqday*

Marka laba weer faahfaahineed oo kooban ay wada faahfaahinayaan isla hal madax waxaa weer faahfaahineedda labaad lagu xiriiriya OM-ka intiisa kale habkan: waxaa lagu xiriiriyaa (*oo*) haddii madaxu yahay mid aanu cayimanayn, (*ee*) haddii uu yahay mid cayiman:

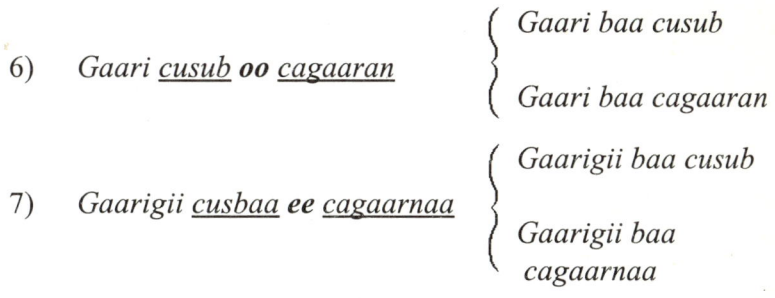

    6)   *Gaari <u>cusub</u> oo <u>cagaaran</u>* $\begin{cases} \textit{Gaari baa cusub} \\ \textit{Gaari baa cagaaran} \end{cases}$

    7)   *Gaarigii <u>cusbaa</u> ee <u>cagaarnaa</u>* $\begin{cases} \textit{Gaarigii baa cusub} \\ \textit{Gaarigii baa cagaarnaa} \end{cases}$

Ogaada weer faahfaahineedda kooban ee ku dhex jirta (6) walow ay (*oo*) ka horreyso, looma fasiri karo in ay tahay mid dheeraad ah, maxaayeeley madaxu waa mid aanu cayimanayn. Midda (7)-na oo madaxu yahay mid cayiman waxay weer faahfaahineeddu noqon kortaa mid dheeraad ah, haseyeeshee ma aha, maxaayeeley xiriiriyaha (*ee*) ma waafaqo weero faahfaahineedyada dheeraadka ah.

Xaaladda keliya ee aan wada heli karno weer faahfaahineed oo kooban iyo mid dheeraad ah waa marka ay faahfaahinayaan isla hal madax oo cayiman markaasna labada nooc ee weer faahfaahineed waxaa lagu kala soocaa laba xiriiriye oo kala duwan:

8) *Alaabta <u>cusub</u> **ee** <u>dhismaha ah</u> **oo** <u>aan weli Soomaaliya la geynin</u> waa qaali.*

LAYLI

1. Hoos ka xarriiqa OM-ka la socda weer faahfaahineed, kuna ag qora (K) weerta leh weer faahfaahineed oo kooban, (DH) midda leh weer faahfaahineed oo dheeraad ah.

    1.1 *Aniga oo guriga jooga ayaa warkaagu i soo gaaray*

    1.2 *Nin Beledweyne ka yimid ayaa alaabtaan keenay*

    1.3 *Gabadhii oo weli hurudda baa hooyadeed ku timid*

    1.4 *Max'ed oo aan nasan buu halkii ka sii dhaqaaqay*

    1.5 *Nimanka hawshan qabtay ayaa abaalmarin mudan*

    1.6 *Reerkii oo hurda baa tuug u soo dhacay*

    1.7 *Haweenayda soo socota wax bay soo siddaa*

    1.8 *Badmareen u dhashay dalka Marooko ayaa beri hore Soomaaliya yimid*

    1.9 *Iyagoo safar ku jira ayay libaax arkeen*

    1.10 *Wasiirka oo kormeer ku maqan baa shirku bilaabmay*

2. Weeraha soo soda waa qalad. Ka dhiga weero sax ah idinkoo sheegaya sababta ay qalad u noqdeen naxwe ahaan.

    Tus.:   **Cali muslim ah buu dibadda ka soo noqday*
    Cali oo muslim ah buu dibadda ka soo noqday

    Weerta kowaad waa qalad, waayo weer faahfaahineedda faahfaahinaysa magac madaxeedka *Cali* waa inay noqotaa mid dheeraad ah maadaama ay faahfaahinayso magac gaar ah, isla markiina lahaataa xiriiriyaha (*oo*).

    2.1 **Lacag oo sooyaal ah baa Xamarweyne laga helay*

    2.2 **Lafihii sidooda ah ayaa la helay*

    2.3 **Soomaalida aanay qabyaalad ka tagin hor u mari mayso*

    2.4 **Macallinkii aanu weli casharka dhammayn buu farta taagay*

    2.5 **Macallin oo aanan hore u arkin baa noo yimid maanta*

    2.6 **Annaga wax akhrisanayna ayuu nagu buuqay*

3. Sameeya 10 weerood oo middiiba leh hal OM oo leh weer faahfaahineed oo dheeraad ah. 5 leh magac-madaxeed oo magac gaar ah, 5-na leh magac uu tifaftire la socdo.
4. Ka soo saara buugaagtiinna mid ka mid ah (sida midka juqraafiga ama taariikhda, iwm.), idinkoo kala tashanaya macallinkiina, tusaalooyin leh weer faahfaahineed oo dheeraad ah ama mid kooban, kana dooda.

11.5 Weer faahfaahineed oo la xariirta falkaab

Weer faahfaahineedda waxaa af soomaaliga loo adeegsadaa in ay soo gudbiso arrimo la xariira *waqti*, *hab*, *meel*, *shuruud*, *sabab*, *qasdi*, yacnii warar ah nooc falkaabeed.

Afaf kale, sida af talyaaniga iyo ingriiska, waxay caadi ahaan u mujiyaan arrimahaas iyagoo adeegsanaya weer dhimman oo horseed u ah dhammaystire (sida *in*), kaasoo muujinaya xiriirka macneed ee ka dhexeeya weerta asaasiga ah iyo tan dhimman.

Si loo sharraxo weerahan kuma hakanayno dhismahooda maadaama ay la mid yihiin qaabdhismeedka weer faahfaahineedda ee aan horay u soo aragnay, waxaase aynu isku koobaynaa in aan siinno tusaalooyin mid kasta oo ka mid ah ereyada kor ku taxan, annago isku dayayna in aan caddayno halka aan warka ka heleyno.

11.5.1 *Waqti*

Eega weeraha soo socdo:

1) <u>**Markii** aan cashaynayay</u> ayaa saaxiibkay soo galay
2) <u>**Intii** aan fooqa sare joogay</u> ayaa dawankii dhawaaqay
3) <u>**Inta** aynan shaqada billaabin</u> waxaynu eegaynaa qalabka
4) <u>**Ilaa** aan ka imanayo</u> halkan joog

Weero faahfaahineedyada muujiya weer dhimman oo la xariirta waqtiga waxay dhammaantood fahfaahiyeyaal u yihiin hal magac madaxeed, kaasoo muujiya micne ama fikrad waqti. Sidaas awgeed ereyga *markii* ee weerta (1) waxaa loola jeedaa waqtiga, *intii* (2) muddada iwm.

Calaakulli xaal marka laga eego dhinaca macnaha guud ee weerta adag, madaxdan waxay abuuraan xiriir waqtiyeed oo ka dhexeeya labada weerood, xiriirkaasoo ku kala duwanaada xitaa dhinaca waxqabadka micnaha ee weer waliba ay leedahay.

Haddaba weerta (1) waxay muujisaa iskubeegmid waqtiyeed oo ka dhexeeya laba dhacdo: waa *cashayntayda* iyo *imaanshaha saaxiibkay*. Midda (2) waxaa ku jirta arrin dhacday inta mid kale socotay gudaheed. (3) arrin lagu wado inay dhacdo inta aysan mid kale dhicin. (4) dhacdo soconaysa ilaa laga xaqiijinayo dhicitaanka mid kale.

Sida aad aragtaan, dhammaan waxay soo gudbinayaan xiriir waqtiyeed.

Fikradaha waqtiga waxaa xataa lagu soo gudbin karaa weer faahfaahineed oo dheeraad ah oo faahfaahiye u ah madax magacuyaal ah.

5) *Anigoo* hurdaya ayaa hooyadeed timid

11.5.2 *Shuruud iyo inkasta*

Weeraha noocan ah waxaa madax u ah *haddii* oo soo gudbinaysa shuruud, ama *inkasta* oo ay la socoto weer faahfaahineed oo dheeraad ah:

6) *Haddaad* tagto iskajir!
7) *Hadduu* ku arko wuu farxayaa
8) *Inkasta* oo uu daalan yahay wuu yimid suuqa

Ogaada in ereyga *kasta* uu ku lifaaqmi karo ereyo kale sida *wax* si uu u noqdo madax weer faahfaahineed oo noocan ah:

9) *Wax kasta* oo uu sameeyaba waxay isu rogi xumaan
10) *Wax kasta* oo aan ku dhaqaaqo isaga ayaa la socda

11.5.3 *Sabab*

Xiriirka macneed ee ka dhexeeya shayga wax sababa iyo raadkiisa waxaa lagu soo gudbin karaa weer faahfaahineed oo dheeraad ah oo madaxeedu yahay *magacuyaal* ama weer dhan, yacnii *maxaa yeelay*:

11) *Iyadoo* roobku da'ayo ayuu tagsi qaatay

12) *Lacagtii ku ma aan siin karo **maxaa yeelay** weli ma iman*

Haddii aad sii fiirisaan qaab dhismeedka weertan dambe (12) waxaad markiiba ogaanaysaan in ay ka samaysan tahay saddex weerood oo isku jacburan.

    a. *Lacagtii ku ma aan siin karo*
    b. *Maxaa yeelay?*
    c. *Weli ma iman*

Sida idiin muuqato waxaa haddaba na horyaal ma aha arrin weer dhimman, laakiinse saddex weerood oo la isu keenayo xitaa si cad aanay isugu xirnayn dhexdooda. Waxaase isku xira micnaha ay weer walba soo gudbiso.

Waxaa jira habab kale oo loo soo gudbiyo xiriirka sababeed, yacni iyadoo labo weerood laysugu xirayo erey sida **sababta**, kaasoo markii la dhex geliyo weer sida tan (12) waxaa soo baxaya:

13) *Lacaagti ku ma aan siin karo **sababtuna waxa weeye** weli ma iman*

Xitaa markan lama adeegsan weero dhimman.

11.5.4 *Hadaf (Qasdi)*

Af soomaaliga waxaa loogu soo gudbin karaa waxa la qasdan yahay dhammaystiraha *in* oo ku tiirsan horyaalka ***u***:

14) *Wuxuu wax **u** baranayaa **in**uu helo shahaado*
15) *Waxaan **u** safrayaa **in** aan soo arko reerka*

Isagoo isla macnihii leh, horyaalka ***u*** wuxuu xijin karaa weer faahfaahineed oo ereyga *si* u yahay madax:

16) *Waxay goor hore u baxday **si** aanu **u** arag dagaalkaas*
17) *Wuxuu baranayaa cilmigan **si** uu macallin **u**ga noqdo Jaamacadda*

Gabaggabadii, weeraha muujiya *waqti, hab, shuruud, sabab, hadaf*, yacni waxyaabaha afaf badan ay ku muujiyaan weer dhimman oo falkaab leh (weer hoggaanka u haya dhammaystire leh micne sabab, iwm.) af soomaaligu wuxuu ku muujiyaa weer faahfaahineed oo faahfaahinaysa magac madaxeed muujinaya waqti iwm., ama xiriiriye ama weero is barbaryaalla sida (12).

LAYLI

1. Adinkoo macnaha eegaya direeya weeraha soo socda:
   Tus.: *Inta aan shaqaynayay buu iska tegay*   WAQTI
   1.1 *Annagoo xafiiska ku jirna ayaa warqaddii timid*
   1.2 *Marka aan qadada afka saarnay ayaa teleefon soo dhacay*
   1.3 *Haddii aad rabto guul, adkaysi lahaw*
   1.4 *Inkasta oo uu aad u tabaalaysanaa ma uusan joojinin waxbarashadiisa*
   1.5 *Isagoo wareersan ayuu ii yimid*
   1.6 *Galabtii ma seexdo maxaa yeelay wax baan bartaa*
   1.7 *Aqoon yari awgeed ayaan khayraadka dalkeenna uga gaajaysannahay*
   1.8 *Waxaan wax u baranaynaa in aynu gaarno horumar*
   1.9 *Wuxuu goor hore u kallahaa si uu xalaal u quuto*
   1.10 *Haddii aan si dhab ah loo qaabilin nolosha, baryo lama hurayo*
   1.11 *Waxay u halgameen in dalku uu madaxbanaanaado*
   1.12 *Haddaan la kala roonaan roob ma da'o*
   1.13 *Ilaa uu ka barto casharka indhaha isma uusan saarin*
   1.14 *Kolka aad soo noqotid baanu ka wada hadli doonnaa*
   1.15 *Maktabadda ayaan wax ku bartaa sababtuna waxa weeye guriga caruur baa joogta*

2. Dib u jaleeca weeraha (1, 2, 6) ee layliga hore, qeexa qaab dhismeedka mid kasta; sheega haddii weerta ku dhex jirta ay tahay mid faahfaahineed iyo nooca ay ka tahay, ama haddii ay yihiin weero isdhinac yaalla iwm.
   Tus.: *Sida Axmed uu doonayo ereyga u qor*
   Sida Axmed uu doonayo = OM leh weer faahfaahineed oo kooban
   Sida   = Madaxa OM
   Axmed uu doonayo = Weer faahfaahineed.

3. Sameeya lix weerood oo muujinaya lixdan arrimood: waqti, sabab, meel, hab, hadaf, shuruud.

4. Ka dhiga weer keliya weeraha mataansan oo hoos ku taxan idinkoo isugu geynaya sida ugu habboon, koox-koox isula shaqeeya, kaddibna ka faallooda habka aad u xalliseen.

   Tus.: 1. *Jaamacadda ayaan aadayaa*
          2. *Shir baan ka qayb galayaa*
          a) *<u>Haddaan</u> Jaamacadda aado shir baan ka qayb galayaa.*
             ama
          b) *<u>Markaan</u> Jaamacadda aado shir ayaan ka qayb galayaa*
             ama
          c) *Jaamacadda baan adayaa <u>si</u> aan <u>uga</u> qayb galo shir*

   4.1 - *Buug buu akhrinayaa*
        - *Aqoon buu kororsanayaa*

   4.2 - *Suuqa ayay aadaysaa*
        - *Cunto ayay soo gadaysaa*

   4.3 - *Miyiga ayay aadeen*
        - *Caano ayay soo dhammeen*

   4.4 - *Arigii waa foofay*
        - *Caws buu soo daaqay*

   4.5 - *Ibraahim beerta ayuu ka yimid*
        - *Khudaar ayuu keenay*

   4.6 - *Roob baa da'ay*
        - *Dhirtu way doogowday*

   4.7 - *Bankiga waa la furay*
        - *Dadweynihii baa soo galay*

   4.8 - *Cali tikid buu goosanayaa*
        - *Dibadda buu u dhoofayaa*

   4.9 - *Waan shaqaynaya*
        - *Guri baan dhisanayaa*

   4.10 - *Warsame wuu qubaystay*
        - *Daalkii ayaa ka baa ba'ay*

12. NOOCYADA WEERAHA

Markii aynu sharxaynay dhismaha weerta af soomaaliga yacni xeerarka gundhigga u ah in ereyadu ay isku xirmaan si ay u sameeyaan xubno ballaaran oo macne buuxa sameeya, waxaannu ka soo hadalnay hal nooc oo keliya, kaasoo ah **weer tebineedyada**.

Laakiin aynu isweyddiinno waxa aynu dhab ahaanti uga jeedno **weer tebineed**.

Waad xusuusan tihiin inaynu bilowgii ka soo hadalnay habka wargelinta, kaasoo ka dhex dhaca ugu yaraan labo qof dhexdooda: hadle iyo dhegeyste. Hadluhu wuxuu sameeyaa weer isagoo ula jeeddadiisu aanay ahayn oo keliya in uu tebiyo hadal micne leh, laakiin si uu uga gaari lahaa danta ama ulajeeddada laga dan lahaa wargelintaas.

Haddii, tusaale ahaan, hadlaha A uu ku yiraahdo dhegeystaha B:

    1) *Cali baa Xamar aaday*

ujeeddadiisu waa inuu B ku wargeliyo dhacdada ku xusan weerta (1). Laakiin haddii uu A yiraahdo:

    2) *Ma Cali baa Xamar aaday?*

ujeedadiisu ma aha in uu wargeliyo ama wax u sheego B, balse waa in uu ka helo xagga B akhbaar. Waxaa loola jeedaa in A uusan la socon in Cali uu yahay qofka aaday *Xamar* ee uu markaa ka xaqiiqsanayo B.

Waxa halkan laga fahmi karaa in nuxurka erayada iyo midka dhismaha ee weeraha (1) iyo (2) ay isku wada mid yihiin : waa *Cali* kan mar walba ah yeelaha wata khabarka *aad* iyo mawduuca labaad *Xamar*. Saas ay tahay hadluhu ulajeeddo wargelin oo kala duwan buu u adeegsaday isla nuxurkaas. Taasna waxay dhalisay in weerta (2) ay noqoto nooc kale oo aan ahayn weer tebineed, balse ay tahay *weer weyddiimeed*.

Faraqa u dhexeeya (1) iyo (2) dabcan waa inuu ka muuqdaa qaabka ay weertu u dhisan tahay, haddii kale suuraggal ma aha in la helo akhbaarta noocan ah. Bal u fiirso weertan oo kale:

    3) *Xamar aad, Cali!*

Markan hadluhu wuxuu dhegeystaha u jeedinayaa war uu ku amrayo in uu sameeyo wax, yacni waa amar. Weerahan oo kalena waxaa loo yaqaan *amar* (marka laga eego habka falka ee idiin muuqda).

Haddii aynu soo koobno, waxa uu hadluhu u adeegsan karaa hal nuxurweereed ujeeddooyin kala geddisan, kuwaas oo kala noqon kara in akhbaar lagu wargeliyo dhegeystaha, ama laga helo, ama laga dalbo oo lagu amro in uu wax sameeyo. Kala duwanaanshaha ujeeddooyinka wargelineed waxaa muujinaya dabeecadda dhismeed ee weer walba ay leedahay.

12.1 Weli iyo weer tebineedda

Inta aynaan gudagelin sharraxaadda noocyada kale ee weeraha (weyddiimeed, amareed, iwm.) waxaa lagama maarmaan ah in aynu weli ku yare hakanno dhismaha weer tebineedda si aynu u lafagurno nooc ka mid ah weerahaas oo aad loo adeegsado, kaasoo ku saabsan weerta uu ka dhex muuqdo ereyga *waxaa*. Tusaale:

4) Cali **wux*uu*** aadayaa *Xamar*
5) ***Wax*aan*** doonayaa *qalin*
6) ***Wax*aa*** hadlaya *nin aanan aqoon*

Sida tusaalooyinkan ka muuqdaba, midkasta oo ka mid ah weerahan waxaa ku jira OM ku xiga falka oo kala ah: *Xamar, qalin* iyo *nin aanan aqoon*. Markan waa khasab in uu hal OM joogo rugtaas, maxaa yeelay haddii aynu isku dayno in aynu ka saarno OM-yadaas waxaa soo baxaya weero jaban ama aan dhammayn:

7) **Cali wuxuu aadayaa*
8) **Waxaan doonayaa*
9) **Waxaa hadlaya*

Waxaa kale oo aynu mar walba heleynaa weero jaban ama aanay dhammayn haddii aynu beddelno rugta OM-yada oo ah falka dabadii oo aynu dhigno falka ka hor. Bal isku daya idinka qudhiina in aad hubsataan arrinkan.

Weer tebineedda af soomaaliga, sida aynu hore ugu soo sheegnayba, waxaa lagama maarmaan u ah in ay lahaato hal xubin oo diiradaysan.

Weeraha (4-6) waxa weeye, sida ka muuqataba, weero leh diirad magaceed, magaca diiradaysanna waa kan ay rugtiisu tahay falka dabadii. Aynu iskudayno in aan la barbar dhigno weeraha (4-6) kuwa (10-12):

10) *Cali <u>Xamar **buu**</u> aadayaa*
11) *<u>Qalin **baan**</u> doonayaa*
12) *<u>Nin aanan aqoon **ayaa**</u> hadlaya*

Waxaa aynu isla markiiba ogaanaynaa in ay isku mid yihiin (10) iyo (4), (11) iyo (5), (12) iyo (6).

Weer ay ku jirto *waxaa* iyo OM ka dambeeya falka (kaas oo ah midka diiradaysan) waxa ay la mid tahay weer leh isla OM-kaas oo rugtiisu tahay falka ka hor, isla markaana ku suntan diiradeeyaha *baa/ayaa*.

Sidee buu, haddaba, noqonayaa dhismaha weer ay ka muuqato **waxaa**?

Waxaa waxa ay geleysaa rugta OM-kii diiradaysnaa, OM-kuna wuxuu u guurayaa falka dabadii.

Waxaa aynu xeerkan ku soo koobi karnaa sidatan soo socota:

I $OM_1 - OM_2$ baa - F $\rightarrow$ OM_1 - waxaa - F - OM_2

Haddii aynu ka ambaqaadno weertan oo kale:

10) *Cali   Xamar buu aadayaa*
   OM_1 OM_2 F

oo aynu dhigno *waxaa* rugtii uu lahaa OM-ka diiradaysan, waxa aynu heleynaa:

4) *Cali **wuxuu** aadayaa <u>Xamar</u>*
   OM_1 F OM_2

Ogaada in **uu** oo ah magacuyaalka dhimman ee yeelaha uusan rugtiisa beddelin, laakiin uu ku lifaaqmay **waxaa** oo ay markaa isu beddeshey **wuxuu** (*waxaa* + *uu* $\rightarrow$ *wuxuu*).

Isla arrintan ku saabsan faraca waxaa lagu dabbaqi karaa xitaa weeraha kale ee isku mataanaha ah (11)-(5) iyo (12)-(6).

Lafaguristan aynu ka bixinnay weeraha leh **waxaa**, kuwaasoo ka yimi asal ahaan weer leh diirad magaceed, sida uu oranayo xeerka (I), waxa ay inoo oggolaanaysaa in si fudud aynu u sharraxno joogista ama maqnaashaha magacuyaallada dhimman ee yeelaha iyo rugahooda iyo xitaa qaababka baradigmaha falka. Arrintani kama duwana tii aynu ku soo aragnay weerihii watay diiradeeyaha *baa/ayaa*. Bal aynu hubinno in ay dhab tahay iyo in kale.

Waxaynu hore u soo aragnay in marka iskuxigga OM-yadu yahay yeele+layeele, isla mar ahaantaana layeeluhu uu diiradaysan yahay, ay khasab ama lagama maarmaan noqanayso in la adeegsado magacuyaalka dhimman ee yeelaha:

10) *Cali Xamar **buu** aadayaa*
13) **Cali Xamar baa aadayaa*

weerta (10) way toosan tahay halka ay (13) ka tahay mid jaban. Annago ka shidaal qaadanayna arrintan waxaan saadaalin karnaa in weerta (4) ay sax tahay halka aysan (14) ka ahayn:

4) *Cali wux**uu** aadayaa Xamar*
14) **Cali waxaa aadayaa Xamar*

Waxaa iyaguna suraggal ah weerahakan oo kale:

15) ***Wuxuu** Cali aadayaa **Xamar***
16) ***Waxaa** Cali aadayaa **Xamar***

maadaama ay suurtaggal yihiin kuwan soo socda:

17) ***Xamar buu** Cali aadayaa*
18) ***Xamar baa** Cali aadayaa*

Haddii aynu dib u fiirinno weerta (6) (oo ahayd *waxaa hadlaya nin aanan aqoon*) waxaynu arkaynaa in aan la isticmaali karin magacuyaalka dhimman ee yeelaha, sida weerta iyada la midka ah ee wadata *baa/ayaa* maadaama uu yeeluhu yahay shayga ka diiradaysan weerta. Tusaale:

19) **Wux**uu** hadlaya nin aanan aqoon*
20) **Nin aanan aqoon **buu** hadlaya*

Haddi aad u kuurgashaan qaabka falka, waxaad ogaanaysaan in baaraadigmaha (4) iyo (5) uu yahay mid fidsan halka werta (6) ay ka wadato baaraadigme kooban. Weerta (6) OM-ka lagu beddelay *waxaa* waa yeelaha, waxaynuna hore u soo aragnay in, haddii uu yahay yeelaha shayga ay *baa* ka diiradaynayso weerta, falku uu noqonayo mid leh baradigme kooban, sida ku cad weerta (12). Sidaa aawgeed (6) kama baxsana xaaladda aynu soo aragnay.

Laakiin baradigmaha weeraha (4) iyo (5) waa mid fidsan, sida la filayayba, waayo weerahooda u dhigma (10) iyo (11) waxaynu ku soo aragnay baaraadigme fidsan.

Haddaba weeraha leh *waxaa* waxa ay dhismo ahaan iyo weereyn ahaanba barbarbsocdaan oo ay gebi ahaanba la mid yihiin kuwa leh diiradeeyaha *baa/ayaa*.

Waxaa laakiin isweyddiin mudan sababta labo dhismo ay isku si ugu shaqeeyaan. Ma wuxuu yahay hab bilaa micno ah oo dheeraad ah?

Haddaynu jawaabta u daadegno waxaa jira siyaabo ay ku kala duwan yihiin labada diiradeeye ee kala ah *waxaa* iyo *baa/ayaa*.

Xeerka (1) wuxuu ku meeleeyaa OM diiradaysan falka dabadii (waana arrin u gaar ah *waxaa*, waayo marnaba looma isticmaali karo *baa/ayaa* (fiiri kor ...).

Baahida keentay in la geeyo OM diiradaysan falka dabadii waxay tahay marka uu OM-kaas leeyahay dhismo adag, sida marka uu wato weer. OM-ka oo falka laga dib mariyaana waxa ay u fududaysaa dhegeystaha fahamka, haddii kale wuxuu ku khasban yahay in uu falka ka hore ka fekero macnaha OM-kaas oo adag. Sidaa aawgeed, wax lala yaabo noqon mayso haddii weertan soo socota

21) **Waxaan** maqlay in Caasha berri imaan doonto

laga doorbido weertan kale ee la midka ah

22) *In Caasha berri imaan doonto* **baan** *maqlay*

xitaa haddii ay middan dambe ee (22) ay tahay weer naxwe ahaan sax ah. Waxaa iyaduna arrintan aan ka duwanayn marka aynu haysanno layeele diiradaysan oo uu dhismihiisu adag yahay sida:

23) *Axmed* **wuxuu** *doonayaa inaad moos cunto*

weertan waxa ay iyaduna dhaantaa, marka laga fiiriyo xagga fahamka dhegeystaha, middan kale ee la midka ah:

24) *Axmed inaad moos cunto* **buu** *doonayaa*

Gabaggabadii, waxa aynu aragnaa in la doorbido in xubnaha "culus" la xejiyo marwalba xagga dambe ee weerta, mana aha arrin u gaar ah af soomaaliga oo keliya, balse waa dabeecad caam ah oo ka dhexeysa dhammaan afafka.

LAYLI

1. Beddela qaab dhismeedka weeraha soo socda idiinkoo ka saaraya ereyga *waxaa*.

    Tus.: *Waxaan soo noqonayaa kolka uu ninku yimaadoo* →
    Kolka uu ninku yimaado baan soo noqonayaa

    1.1 *Waxaan soo noqonayaa kolka uu ninku yimaado*
    1.2 *Waxaan u baxay inaan sonkor soo gado*
    1.3 *Axmed Jaamacadda wuxuu geeyey buugag*
    1.4 *Axmed wuxuu buugag geeyey Jaamacadda*
    1.5 *Xasan wuxuu ka faallooday arrinta Bariga Dhexe*
    1.6 *Waxaynu ogaannay in wiilkii uu biskooday*
    1.7 *Waxaan gartay waxa ay doonayaan*
    1.8 *Carfoon waxay barataa af Sawaaxili*
    1.9 *Waxay doonayaan in ay isku fillaadaan*
    1.10 *Biyaha webiga Shabeelle wuxuu waraabiyaa beero badan*

2. Weerahan soo socda ee wata *waxaa* waa kuwo jaban ama aan naxwe ahaan sax ahayn. Waxaa la idinka doonayaa in aad saxdaan mid kasta oo ka mid ah, isla marahaantaana aad ka dooddaan sababta ay u qaldan yihiin.

    Tus.: **Aniga waxaa cunay moos*
    Anigu waxaan cunay moos

    2.1 **Waxaan kolkuu ninku yimaado soo noqonayaa*
    2.2 **Gabadhu waxa ku dadaashay sidii ay u guulaysan lahayd*
    2.3 **Dadkii hore hadal maldahan waxay isku la hadli jireen*
    2.4 **Odaygii waxaa maqlay inuu wiilkiisii xanuunsan yahay*
    2.5 **Wuxuu ninkii uu raadinayay arkay*
    2.6 ** Markaan waxaan ku arkaba xusuustaa yaraannimadayda*
    2.7 **Doonayaa in aan ku arko waxaan*
    2.8 **Waxaan dhiseen dugsi aad u fiican*
    2.9 **In ay habeenkii shaqeeyaan waxay doonayaan*
    2.10 **Waxaad baarnay arrinta ay isku haystaan*

3. Sheekadan soo socota hoosta ka xarriiqa dhammaan weeraha ay ku jirto *waxaa*, waana in aad sharraxdaan waxa OM-ka diiradaysan uu ka dhex hayo weerta uu xubin ka yahay amaba uu ka tirsan yahay

> Waa baa waxaa wada ugaarsaday libaax, dawaco, dhurwaa iyo dugaag kale. Waxaa la helay qaalin baarqab ah. Waraabihii waxaa loo xilsaaray in uu qaalinka qaybiyo.
> Dhurwaagii wuxuu yiri: "Qaalinka bar waxaa leh boqorka, barka kalana waxaa qaybsanaya aniga, dawaco iyo dugaagga kale". Libaaxii intuu dharbaaxo il iyo goon fujiyey, ayuu dawacadii u soo jeestay oo ku yiri: "Adigu qaybi!". Dawacadii waxay ku tiri: "Qaalinka bar waad ku qadayn, waaxi waa cashadaadii, fallaarna waad ku quraacan, inta soo hartayna waxaa qaybsanaya dugaagga kale". Libaaxii oo farax la dhoolla caddaynaya ayaa dabadeed yiri: "Yaa ku baray qaybta sidaan u wanaagsan?". Markaasay tiri: "Waxaa i baray daankii waraabe oo dunsanaa".

12.2 Weer weyddiimeed

Af soomaaligu, sida afafka kale ee dunida, wuxuu leeyahay labo nooc oo ay u kala baxaan weero weyddiimeedyadu, kuwaasoo kala ah: kuwa ay jawaabtoodu noqoneyso **haa/maya** iyo kuwo ay ka muuqdaan ereyo weyddiimeedyo. Waa kuwan tusaalooyinkooda:

1) *Cali **ma** yimid?*
2) *Xagg**ee** buu tegay?*

Faraqa u dhexeeya labadan weyddiimeed waa mid cad. Weerta (1) jawaabtu waxa ay noqonaysaa *haa* ama *maya*, halka weerta (2) aan lagu jawaabi karin *haa* ama *maya*, balse loo baahan yahay in lagu warceliyo weer laga helo dhammaan waxa la weyddiistay. Waxa aynu markaa ku magacaabaynaa noocakan labaad ee weero weyddiimeedyada: **weyddiimeedyada -ee**.

Labadan qaybood ee weyddiimeedyadu waxa ay kala leeyihiin dabeecado kala duwan. Bal aynu kala qaadno oo aynu u derisno mid walba oo ka mid ah si gaar ah.

12.2.1 Weyddiimeedyada haa/maya

Af soomaaligu wuxuu u adeegsadaa weyddiimeedyadan qurub weyddiimeedka *ma* kaasoo la raacsiiyo weerta.

Bal isku daya idinka qudhiinnu inaad fahamtaan, idinkoo u kuurgelaya weerahan soo socda, halka uu qurub weyddiimeedka *ma* ku jiro:

    3) *Axmed ma <u>hadiyad</u> buu keenay?*
    4) *Ma <u>Axmed</u> baa hadiyad keenay?*
    5) *Axmed hadiyad ma <u>keenay</u>?*

haatanna la barbardhiga kuwan soo socda:

    6) *Axmed <u>hadiyad</u> buu keenay*
    7) *<u>Axmed</u> baa hadiyad keenay*
    8) *Axmed hadiyad waa <u>keenay</u>*

Kaddib markii aynu u kuurgalnay weeraha (3), (4) iyo (5) oo aynu barbardhignay (6), (7) iyo (8) waxaa inoo caddaatay in qurub weyddiimeedka *ma* uu ku xirmo xubinta diiradaysan ee weerta.

Haddaba weerta (3) shayga lays weyddiiyey waa OM-ka layeelaha, kaasoo diiradaysan sida uu ku yahay weer tebineedda (6). Weerta (4) shayga lays weyddiiyey waa OM-ka yeelaha ah, kaasoo diiradaysan sida weer tebineedda (7). Weerta (5) shayga lays weyddiiyey waa falka sida weer tebineedda (8).

Waxa aynu soo niri in qurub weyddiimeedku uu mar walba ku xirmo curiyaha diiradaysan ee weerta, taasi macnaheedu wuxuu yahay in curiyaha diiradaysan oo keliya lays weyddiin karo, marnaba suurtaggal noqon mayso in weer laga dhex helo xubin leh qurub weyddiimeed iyo mid kale oo ka duwan oo wata isna qurub diiradeed sida:

    9) **Ma Axmed hadiyad buu keenay?*
    10) **Axmed baa ma hadiyad keenay?*
    11) **Axmed baa hadiyad ma keenay?*

Qaababka iyo iskuxigga curiyeyaasha muuqda ee weer weyddiimeedda *haa/maya* ay yeelan karto waxa ay weli barbarsocdaan oo aysan ka leexsanayn inta hab ee suurtaggalka ah ee aynu soo aragnay markii aynu sharraxaynay habka ay diiradayntu u shaqayso weer tebineedyada dhexdooda.

Haddeerna waxa idinku soo socda taxana ka kooban weero qumman iyo kuwa jaban. Si aanan idiinku daalinin war aan hore u soo sheeqnay, waxaa la idinka doonayaa in aad ka faallootaan aadna sharraxdaan idinka oo la kaashanaya baraha:

3) *Axmed* **ma** *hadiyad* **buu** *keenay?*
12) **Axmed* **ma** *hadiyad* **baa** *keenay?*
13) **Ma** *hadiyad* **buu** *Axmed keenay?*
14) **Ma** *hadiyad* **baa** *Axmed keenay?*
4) **Ma** *Axmed* **baa** *hadiyad keenay?*
15) **Ma** *Axmed* **buu** *hadiyad keenay?*
5) *Axmed hadiyad* **ma** *keenay?*
16) *Axmed hadiyad* **muu** *keenay?*

Markanna aynu tixgelin siinno weerahan soo socda ee wata khabar magaceed:

17) *Tani* **waa** *gabar*
18) *Ciise* **waa** *macallin*

Suurtaggal ma noqon kartaa in weerahan laga dhigo weyddiimeedyo noocoodu yahay *haa/maya*?
Jawaabtu dabcan waa haa. Curiyaha la is weyddiiyeyna waxa uu noqonayaa khabarka, kaasoo sida aad ogtihiinba, weerahaan ka yahay magac.

19) *Tani* **ma** *gabar* **baa**?
20) *Ciise* **ma** *macallin* **baa**?

weeraha (19) iyo (20) qurub weyddiimeedku wuxuu beddelayaa *waa* sida aynu ku soo aragnay weeraha kore, laakiin maadaama curiyaha ku xiga uu yahay magac, waxay noqonaysaa in la isticmaalo diiradeeyaha *baa*.

Si aan u soo koobno, waxaan ka faalloonaynaa weero weyddiimeedyada oo laga eegayo dhinaca micnaha, sida weerta:

5) *Axmed hadiyad* **ma** *keenay?*

waa midda ugu summad yar, marka uu hadluhu isticmaalo weyddiintanna, waxa uu badanaa doonayaa in uu xaqiiqsado in *Axmed* uu keenay hadiyadda iyo in kale. Aad ayay summaddoodu u sarraysaa weeraha uu qurub weyddiimeedku summadaynayo OM, maadaama weyddiintu dhab ahaanti ay si gaar ah u khusayso OM kaas. Haddii, marka aynu si kale u niraahno, oo hadluhu yiraahdo weyddiintan.

4) *Ma Axmed **baa** hadiyad keenay?*

waa uu yaqaannaa oo hadluhu shaki ugama jiro in qofi uu keenay hadiyad, laakiin wuxuu doonayaa in uu ogaado in qofkasu yahay Axmed iyo in kale.

LAYLI

1. Weerahan soo socda ku ag qora weer kasta T haddii ay tahay weer tebineed ama W haddii ay tahay weer weyddiimeed.

    1.1 *Gabadhu ma macallimad baa*

    1.2 *Afkayga hooyo baan marka hore si fiican u baranayaa*

    1.3 *Xagguu ka yimid Warsame walaalkiis*

    1.4 *Diiriye miyuu dugsiga ka beddeshay*

    1.5 *Markaan dugsi sare dhameeyo ayaan Jaamacad gelayaa*

    1.6 *Cali iyo Axmed ayaa maanta qalin jebinaya*

    1.7 *Yaa ka hor yimid taladii Macallinka*

    1.8 *Ma Cali baa xiray albaabka*

    1.9 *Muuse aroortii ayuu shaqada ku kallahaa*

    1.10 *Wax hubso hal dhan baa la siistaa*

    1.11 *Maxay arrintu ku dhammaatay*

    1.12 *Hilibka kalluunka ayaa ka caafimaad badan midka xoolaha*

    1.13 *Horumarkeenu wuxuu ku xiran yahay tacabka beeraha*

    1.14 *Adigu ma shaqaale baad tahay*

    1.15 *Hooyadaa dugsi ma dhigatay*

2. Sax ka dhiga weero weyddimeedyada soo socda, idinka oo ku daraya wixii ka maqan ama isku toosinaya curiyeyaasha is ku xiggooda si weeruhu ay u noqdaan kuwo naxwe ahaan sax ah, dabadeedna kala dooda baraha.

    2.1 **Ma Safiya kuu soo dirtay waraaqdan?*

    2.2 **Colaad ma jaamacad dhigtaa?*

    2.3 **Ma caruurtii miyay seexatay durba?*

    2.4 **Ma Saalax buugga baa ku siiyay?*

    2.5 **Ma isagu askari baa?*

    2.6 **Geeddi ma af carabi yaqaan?*

2.7 *Ma goormaad soo noqonaysaa?

2.8 *Ii soo qaadday buuggii?

2.9 *Ma Waraaqdan Safiya kuu soo dirtay?

2.10 *Madiino shalay aqal gashay miyay?

3. Sheekadan soo socota waa in aad kala saarsaartaan ama ku samaysaan direyn weero tebineedyada oo ay xitaa ku jiraan kuwa wata *waxaa* iyo kuwa weyddiimeedyada *haa/maya*. Kaddib waxaa la idinka doonayaa in aad sharraxdaan dhismaha mid kasta ee weerahan ka mid ah si tiraab ahaan ah, sida: dhinaca diiradaynta, dib u qaadashada magacuyaalka dhimman, hawlgalka iyo iskuxigga curiyeyaasha, qaababka falalka.

Waxaa la yiri: "nin ayaa nin kale u yimid. Wuxuu damcay inuu ka nixiyo. Wuxuu yiri: "Hebelow! Ma maqashay in dunidii la rogayo?". Markaasaa ninkii kale yiri: "Koow! Goormaad maqashay in dunida la rogayo?!". "Waxaan maqlay shalay. Culimadii baa masaajidka ku sheegtay".

Ninkii kale wuxuu yiri, siduu wax kale uga sugaayay: "Haddii dunida la rogayo alleylehe aniga dan baa iigu jirta!". Mar kaasaa ninkii rabay inuu ninka ka naxsado yiri: "Oo sidee dani kuugu jirtaa, haddii dunida la rogayo? Miyaadan maqal waxa dunida ku nool oo dhan in la rogayo?!!!". Markaasaa ninkii kale yiri: "Taasi waa ii wanaagsan tahay, maxaa yeelay ratigii aan raran jiray ayaa iga garba beelay. Marka haddii dunida la rogo dan baa iigu jirta, maxaa yeelay caloosha ayaan ka raran lahaa!!!".

4. U sameeya su'aasha ku habboon jawaab kasta oo hoos ku qoran.

    Tus: S. *Ma Axmed baa akhriyay buugga?*
               J. *Haa, Axmed baa akhriyay buugga*

4.1 S.

   J. *Haa, buug buu keenay Maxamed*

4.2 S.

   J. *Haa, biyo bay doontay Caasha*

4.3 S.

   J. *Haa, Cusbo baan ku daray cuntada*

4.4 S.

   J. *Haa, macallinku waa soo saxay Casharka*

4.5 S.

   J. *Haa, geedku miro buu dhalay*

4.6 S.

   J. *Haa, waan u celiyey buuggiisa*

4.7 S.
    J. *Haa, si fiican bay u barteen casharka*
4.8 S.
    J. *Haa, mar hore ayaan dhameeyey hawsha*
4.9 S.
    J. *Haa, aad baan ugu baahnahay gacan*
4.10 S.
    J. *Haa, waanu ka heshiinnay*

12.2.2 *Weli iyo weero weyddiimeedyada haa/maya*

Weero weyddiimeedyada noocoodu yahay *haa/maya* waxaa lagu garan karaa qurubweyddiimeed kale oo ah *miyaa*. Tusaale:

    21) *Wiilkii **miyaa** ka tegaya?*
    22) *Wiilkii **miyaa** hadiyad keenaya?*
    23) *Wiilkii hadiyad **miyuu** keenayaa?*

Weeraha (21-23) waxaa ku cad in xitaa *miyaa* ay summadayso weyddiin ahaan curyaha diiradaysan ee weerta; dabeecaddani waxa ay gebi ahaanba la mid tahay middii aynu hore u soo aragnay ee *ma*, inkasta oo rugaha ama meelaha ay kala gelayaan labadan erey weyddiimeed ay kala duwan yihiin.

Weeraha (21) iyo (22) curiyaha la is weyddiiyey isla mar ahaantaana diiradaysan waa *wiilkii*, kaasoo ah yeelaha weerta, sida la filayo oo aynu hore u soo aragnayna falku waa mid wata baradigme kooban. Weerta (23) waa layeelaha waxa ka diiradaysan. Maadaama iskuxigga OM-yaduna ay yihiin *yeele + layeele*, waxaa *miyaa* ku lifaaqmaya *uu* oo ah magacuyaalka dhimman ee yeelaha. Bal aynu isku dayno haddeerna in aynu barbardhigno weerta (22) mid kale oo is barbarro ah oo wadata *ma*:

    22) *Wiilkii **miyaa** hadiyad keenaya?*
    24) *Ma wiilkii **baa** hadiyad keenaya?*

Waxaynu aragnaa in weerta (24) ay *ma* ka hor dhacdo OM-ka ay summadaynayso oo lays weyddiinayo, halka ay (22) *miyaa* ay ku xigto OM-ka ay weyddiin ahaan u summadaynayso. Midda kale *ma* marka ay ku dhex jirto weer weyddiimeed oo diiraddu ay saaran tahay magaca, waxay keydisaa qurub diiradeedka *baa/ayaa* ee lagu yaqaanno weer tebineedda, laakiin marka ay weerta ka dhex muuqato *miyaa* qurubka *baa* lama arko.

Waxaa xusuus mudan in markii aynu ka soo hadlaynay diiradaynta aynu niri in qurub diiradeedka loo adeegsado, si loo sunto OM-ka sheegaya warka cusub, uu noqon karo *baa* ama *ayaa*, kuwaas oo dabeecadahooda aan ku kala duwanayn weero tebineedyada gudahooda, sida:

    25) *Axmed **baa** hadiyad keenay*
    26) *Axmed **ayaa** hadiyad keenay*

oo aan haba yaraatee kala duwanayn. Laakiin aynu isku dayno in aynu *ayaa* ku beddelno *baa* sida weerta (24):

    24) ***Ma** wiilkii **baa** hadiyad keenay?*
    27) *****Ma** wiilkii **ayaa** hadiyad keenay?*

Waxaa soo baxday weer jaban ama aan naxwe ahaan sax ahayn (27). Annagoo ka shidaal qaadanayna arrintan iyo midda la xariirta in weyddiin walba oo nooceedu yahay **ma OM baa** ay barbar socoto mid kale oo ah **OM miyaa**, waxaynu dhisi karnaa xeerka soo socda:

I. Weer tebineed ku bilaaban **OM baa** waxay waafaqsan tahay mid weyddiimeed oo leh qaabkan **ma OM baa**. Weer tebineed ku bilaabma **OM ayaa** waxay waafaqdaa mid weyddiimeed oo leh qaabkan **OM miyaa**.

Haddii aynu weli ka sii fekerno xeerkan, waxaynu gaari karnaa sharraxaaddan kooban: weer weyddiimeedda *haa/maya* waxay mar walba samaysantaa marka ay *ma* ag dhacdo curiyaha diiradaysan. Haddii diiradeeyuhu uu yahay *baa*, *ma*-du waxay dhacaysaa *OM*-ka hortiisa waxaana kolkaa soo baxaya *ma OM baa*, haddiise uu diiradeeyuhu yahay *ayaa*, *ma*-du waxay dhacaysaa barta u dhexeeysa OM-ka iyo *ayaa*, iyadoo ay *ma* + *ayaa* ay samayso *miyaa*.

Waxaan weli idiin soo gudbinaynaa tusaalooyin dhawr ah oo idiin caddaynaya in marka la isticmaalo *miyaa*, sida *ma* oo kale, ay xeerarka ku saabsan adeegsiga ama ka tegista magacuyaalka dhimman ee yeeluhu ay gebi ahaanba la mid yihiin xeerarkii aynu ku soo aragnay weertebineedda.

28) *Axmed **miyaa** hadiyad keenay?*
29) *Axmed hadiyad **miyuu** keenay?*
30) *Hadiyad **miyuu** Axmed keenay?*
31) *Hadiyad **miyaa** Axmed keenay?*

Haatanna waxaa inoo haray in aynu u leexanno dhinaca weyddiimeedyada ka yimi weer ka diiradaysan dhanka falka, yacni haddii ay suurtaggal tahay in la helo weer weyddimeed leh qurubka *miyaa* oo diiradaynaya falka. Bal hubsada weerahan soo socda:

32) ***Miyaa** wiilkii ka tegey?*
33) ***Miyaa** Axmed hadiyad keenay*

(32) iyo (33) waa weer weyddiimeedyo waafaqsan weer tebineedyadan:

34) *Wiilkii **waa** ka tegey*
35) *Axmed hadiyad **waa** keenay*

Sida idiin muuqata, *miyaa* waxay beddeleysaa *waa*, waxayna galeysaa bilowga weerta.

Eega (34) iyo (35) waxaynu isticmaali karnaa *wuu* halka *waa* (fiiri kor bog 181) sidaas oo kalena waxaynu (32) iyo (33) u beddeli karnaa sidan soo socota:

36) ***Miyuu** wiilkii ka tegay?*
37) ***Miyuu** Axmed hadiyad keenay?*

sideynu aragnaba *uu* oo ah magacuyaalka dhimman ee yeeluhu, waxay ku dhegeysaa *miyaa* iyadoo ay soo baxayso *miyuu* oo galaysa bilowga weerta.

Inta aynaan soo gabaggabeyn weer weyddiimeedyada *haa/maya* ee wata *miyaa*, waxaynu geleynaa, bal in aynu eegno, habka uu u shaqeeyo qurubkan *miyaa* marka loo isticmaalo weero tebineedyada leh ama wata khabar magaceed. Tusaale:

38) *Cali **waa** macallin*

weyddiinta waafaaqsan weertan waxay noqonaysaa:

39) *Cali macallin **miyaa**?*

laakiin marnaba ma noqon karto sidan:

40) ***Miyaa** Cali macallin?*

Xaaladdan waxaynu ku aragnaa in *miyaa* ay u dhaqmayso sidii ay ku ahayd weerihi caadiga ahaa ee lahaa magac diiradaysan, waxayna dib dhacaysaa OM-ka diiradaysan; taas macnaheedu waxay tahay, sida aynu ku soo aragnay xataa weer weyddiimeedyadii watay *ma*, in marka la doonayo in la siiyo qaab weyddiimeed weeraha wata khabar magaceedka, waxaa xoog yeelanaya arrinka ah in khabarku uu yahay magac, sidaas awgeed weyddiintu waxay khabarkaas ula dhaqmaysaa sida magaca oo kale. Inta aynaan soo gunaanadin sharraxaadda ku saabsan qurub weyddiimeedka *miyaa*, waxaa habbon in aan carrabbaabno in rugta *miyaa* ay tahay asaasi, yacni waxay geli kartaa meelo badan oo ka mid ah weerta, tusaale:

41) *Axmed **miyuu** hadiyad keenay?*

Miyaa waxay diiradaynaysaa oo weyddiintana saaraysaa layeelaha oo ah *hadiyad*, walow ay ka horreyso, mana diiradaynayso yeelaha weerta oo ah *Axmed*.

In arrintani ay ku salaysan tahay dhiraandhirin toosan waxaa idiinku filan (fahamka afkiina hooyo ka sokow) arrin la xariirta weereynta oo taageereysa fikraddeena, waxayna tahay: haddii *miyaa* loola jeedilahaa yeelaha *Axmed*, suurtaggal ma ahaateen in *miyaa* lagu lifaaqo *uu* oo ah magacuyaalka dhimman ee yeelaha.

Suurtaggalka ballaaran ee la xariira rugta *miyaa*, hadday noqon lahayd ka hor ama kaddib OM-ka, waxa ay iman kartaa keliya marka *miyaa* ay ku lifaaqanto magacuyaalka dhimman ee yeelaha. Inkasta oo ay arrintani dhalin karto dhawr fasiraad marka aynu haysanno wax ka badan hal OM oo aan ahayn yeele:

42) (*Adigu*) *Axmed **miyaad** shineemada ku aragtay?*

weertan (42) waxaa loo fahmi karaa in *miyaa* ay diiradaynayso *Axmed* yacni hadluhu wuxuu weyddiinayaa dhegeystaha in *Axmed* uu yahay qofka uu ku arkay *shineemada*, marna ay diiradaynayso *shineemada*, yacni in hadluhu uu weyddiinayo dhegeystaha inay tahay *shineemada* meesha uu *Axmed* ku arkay. Waxayna jawaabohoodu kala noqon karaan:

- *Axmed **baan** shineemada ku arkay*
- *Axmed shineemada **baan** ku arkay*

Gelidda ay *miyaa* ka geli karto meelo badan oo ka mid ah weerta, marka ay ku lifaaqan tahay magacuyaalka dhimman ee yeelaha, waxa ay xitaa ka jirtaa weyddiimaha wata diirad faleed, sidaa darteed weerta soo socota:

43) ***Miyaa** wiilkii ka tegayaa?*

waxaynu xitaa ka dhigi karnaa

44) *Wiilkii **miyuu** ka tegayaa?*

iyadoo uusan isbeddellin macnihii.

Waxaynu ku gabaggabeyneynaa, annagoo hoosta ka xarriiqayna mar kale in xornimada ballaaran ee rugta qurub-weyddiimeedka *miyaa* ay ku xiran tahay dhismo ahaan la joogista magacuyaalka dhimman ee yeelaha.

LAYLI

1. Mid kasta oo ka mid ah weer tebineedyada soo socda u beddela weer weyddiimeedyada noocoodu yahay *haa/maya* idinkoo adeegsanaya qurub-weyddiimeedka *miyaa*.

    1.1 *Daa'uud baa tegaya*
    1.2 *Seynab hadiyad bay keentay*
    1.3 *Cartan masjidka ayuu u socday*
    1.4 *Hodan baa dawada cabtay*
    1.5 *Caruurtii dugsiga bay weli jirtaa*
    1.6 *Idinku waad dhammayseen hawsha*
    1.7 *Iyadaa jecel maaddadaas*
    1.8 *Shisheeyuhu jawiga dalkeenna aad buu uga helaa*
    1.9 *Soomaalida dibadda tagtay ayaa dalka fiicnaantiisa garata*
    1.10 *Yoonis dalkiisii buu wax u bartay*

2. Ma waxaa jira weero weyddiimeedyo wata *miyaa* oo la mid ah kuwan soo socda? Haddii ay jiraan sheega, isla mar ahaantaana ka dooda farqi ku saabsan xagga dhismaha.

    2.1 *Ma nabad baa?*
    2.2 *Ma qaali baa?*
    2.3 *Ma dhakhtar baa?*

2.4 *Ma xaaskaagii baa?*

2.5 *Ma shaah baa?*

3. Hoosta ka xarriiqa dhammaan weer weyddiimeedyada haasaawaha soo socda oo noocoodu yahay *haa/maya*, sharxa mid kasta oo ka mid ah:

A - *Ma nabad baa?*

B - *Waa nabadee iska warran!*

A - *Dhibaato ma jirtee, maamulihii ma joogaa?*

B - *Shirbuu ku jiraa ee maxaa kuu daran?*

A - *Adigu ma xoghayihiisi baad tahay?*

B - *Haaye, maxaan kuu qoban karaa?*

A - *Shaqo ayaan raadinayay, ee maxaad iiga qaban kartaa?*

B - *Anaa u sii sheegayee, berri ma u soo noqon kartaa?*

A - *Maxaan u soo noqon waayay, anaaba dan lahee. Meeqa saac ayaan imanayaa?*

B - *Subaxdii hore, ama saacadaha dambe*

A - *Khayr Alla haku siiyo, qof fiican baad tahaye!*

B - *Nabad gelyo*

12.2.3 *Weero weyddiimeedyada -EE*

Waxaynu haatan u gudbaynaa inaynu derisno bal sida ay u dhisan yihiin weero-weyddiimeedyada aan u baahnayn in lagu warceliyo *haa* ama *maya*, laakiin u baahan jawaab buuxda. Aynu tusaale ahaan u fiirinno weyddiintan:

45) **Yaa** yimid?

jawaabta qura ee ku habboon waa:

46) <u>Yuusuf baa</u> yimid

Waxay haddaba weertani ay ka mid tahay weero leh erey weyddiimeed oo isla marahaantaana khuseeya waxa uu hadluhu doonayo inuu ogaado.

Waxaynu soo qaadanaynaa tusaalooyin dhawr ah oo ku saabsan weero weyddiimeedyada noocaas ah.

47) *Goormaa Cali yimid?*

48) *Nin**maa** yimid?*
49) *Xagg**ee** baa Axmed aaday?*
50) *Dugsig**ee** baad dhigataa?*
51) ***Yaad*** *aragtay?*
52) *Buuggani **immisuu** joogaa?*

Sida aad arki kartaanba, waxaa la moodaa in ay jirto dhawr siyood oo suurtaggal ah si lo sameeyo weyddiin noocaan ah. Waxaynu markaa mid mid u baaraynaa innagoo iskudayayna in aynu muujinno sida ay qaar ka mid ah dabeecadaha weereyntu ay mar walba joogto u yihiin, iyo nadaamsanaanta habdhiska af soomaaliga.

12.2.3.1 *Weyddiimada wata "ma"*
Koox hoosaadda u horreysa ee weyddiimadan waxaynu ka soo qaadan karnaa:

53) <u>*Goor**maa*** Cali yimid?</u>
54) <u>*Nin**maa** yimid?*</u>

Labada erey ee ku jira weerahan ee lays weyddiinayaa waa *goormaa* iyo *ninmaa*. Haddii aynu lafagur ku samayno labadan xubnood si aynu u fahamno, waxaynu xaqiiqsanaynaa in ay labaduba ku saabsan yihiin labo magac oo kala ah *goor* iyo *nin*. Laakiin waxaa labadan magac ku lifaaqmay dibkabaha *-maa*. Muxuu yahay dibkabahan *-maa*? Waad xusuusan tihiin in mid ka mid ah hababka loo samaynayo weyddiin nooceedu yahay *haa/maya* uu ahaa ku kordhinta qurubka *ma* lagu kordhinayo magaca ku diiradaysan *baa*. Waxaa la mala awaali karaa in xataa goormaa ay wadato qurub weyddiimeedka *ma*, inkasto uu iman karo shaki, maadaama *maa*-da aan baarayno ay ku dhammaato shaqal dheer (*-aa*).
Waxaynu hore u soo sheegnay marka la doonayo in lays weyddiiyo xubin ka mid ah weerta, loo baahan yahay marka hore, in xubintaasi ay tahay mid diiradaysan (fiiri kor bog 245). Arrintani waxaa u sabab ah baahi ka timid macnaha. Sidaa darteed waxaa inaga reebbanayn in aynu ku fekerno in weer weyddiimeed kasta ay wadato qurub diiradeed, xataa marka aan si cad ugu dhex muuqan weerta gudaheeda.

Haddaba aynu dib u soo qaadanno *maa*-dii *goormaa* iyo *ninmaa*. Iyadoo la tixgelinayo sharraxaadda aynu haatan ka bixinnay xiriirka ka dhexeeya weyddiinta iyo diiradaynta, waxaa caddaanaysa in -*maa* loo lafaguri karo inay ka samaysan tahay -*ma* oo lagu daray *baa* oo kaddib xeerka isku soo ururinta, oo dhawr jeer aynu hore u soo aragnay uu dheliyey -*maa*.

Iyadoo la soo koobayo lafaguridda ku saabsan xubin-weyddiimeedkii weeraha (53) iyo (54) waxaa soo baxaya:

55) *goor* + *ma* + *baa* (-*maa*)
56) *nin* + *ma* + *baa* (-*maa*)

Haddii lafaguriddani ay qumman tahay waxaynu mala awaali karnaa ama sii sheegi karnaa in xataa weero-weyddiimeedyadu ay yeelan karaan dhismayaal kala duduwan oo ku xiran joogista diiradeeyaha *baa* iyo habka iskuxijinta xubnaha weerta. Bal u fiirsada weeraha soo socda:

57) *Goor**muu** Cali yimid?*
58) *Cali goor**muu** yimid?*
59) **Cali goor**maa** yimid?*

Weerta (57) curiyaha diiradaysan oo ah *goor* waxa uu hordhacay *Cali* oo ah yeelaha, waxa uuna wataa magacuyaalka dhimman ee yeelaha oo ah *uu*, kaasoo haddii la doonana la qaadan karo haddii kalena laga tegi karo sida (53); weerta (58) iyo (59) curiyaha diiradaysan oo ah *goor* waxa uu dibdhacaa yeelaha, kolkaas oo uu magacuyaalka dhimman ee yeeluhu yahay khasab in uu joogo, middaasoo ka dhigtay (58) weer toosan, (59) na mid jaban.

Waxaynu haatan dhisi karnaa xeer guud oo ku saabsan samaynta weyddiimaha noocan ah oo hawshoodu tahay in ay weyddiiyaan sidii lagu aqoonsan lahaa mid aan laga warhayn (x):

I. Dhiga dibkabe weyddiimeedka *ma* midigta magac madaxeedka ka tirsan OM diiradaysan.

Xeerkani waa mid waxtarkiisu badan yahay waxaana loo isticmaali karaa OM kasta:

60) *Nin **maa** imanaya?*
61) *Buug **maa** Cali iibiyay?*

Labadan tusaale *ma* weyddiimeeddu waxay la shaqaysaa labo OM oo kala leh madax dhan. Weerta (60) OM-ka lays weyddiinayo waa yeelaha, maadaama uu yahay midka lays weyddiinayo haddana waa isla isaga midka diiradaysan. Haddii aad u kuurgashaanna waxaad arki kartaan in, sida marka *baa* ay diiradaynayso yeelaha, ay falka ka muuqato baradigme kooban. Weerta (61) waxa lays weyddiinayaa waa layeelaha.

Waxaa kale oo jira curiyeyaal kale oo aan u tixgelin karno in isku si weyddiinta loogu samayn karo kuwaasoo ah ***maxaa*** iyo ***kuma/tuma***:

    62) ***Maxaa*** Maryam ku dhacay?
    63) Xasan ***muxuu*** keenay?
    64) ***Kumaa*** takhtar ah?
    65) *Taasi waa **tuma**?*

Haddii aynu soo qaadanno *maxaa* waxaynu aragnaa in faracu uusan ahayn mid muuqda, hase-ahaatee waxaynu mala awaali karnaa in magac madaxceedka guud uu yahay *wax + ma + baa* oo marka la isku daro sameeya *maxaa*.

Haddiise aan milicsanno labada curiye weyddiimeed *kuma* iyo *tuma* faracoodu aad buu u cad yahay, waxaa labadooda magac madaxeed ay ka kala tirsan yihiin *ku* iyo *tu*, kuwaasoo haddeer aad loo isticmaalo marka ay yihiin lammaane oo keli ah sida aynu ku soo aragnay weyddiimaha, laakiin af soomaaliga la isticmaali jirey waayadii hore waxay ahaayeen qodob aan cayinnayn. Waxaa kaloo loo adeegsan jireyn, oo ilaa haatan suurtaggal ah, sidii magacuyaal oo kale, tusaale:

    65b)   ***Tu*** *baa i dhibtay*

LAYLI

1. Weero weyddiimeedyada soo socda dhammaantood ma wada saxsana. Dib u qora weeraha qaldan idinkoo sax ka dhigaya.

    1.1 *Ma Ibnu Batuta Xamar yimid?*
    1.2 *Hargeysa miyaa laga dhoofin jiray xoolaha?*
    1.3 *Magaalada Doolow ma bad bay leedahay?*
    1.4 *Ma shabeelle ka dheer jubba?*
    1.5 *Miyay hurdadu kula tagtay?*

1.6 *Goorma waxbarashadu ay habboon tahay?*

1.7 *Faarax Kismaayo buu ku dhashay?*

1.8 *Waligaa Nugaal dhaayaha saartay?*

1.9 *Janaale ayaad beer ku leedihiin?*

1.10 *Ma Baydhabo ku soo nasatay?*

2. Kala saara weero weyddiimeedyada soo socda; ku ag qora H kuwa noocoodu yahay *haa/mayaa*, E-na kuwa kale ee u baahan jawaab dhan:

    2.1 *Goormaa Ciise yimid?*

    2.2 *Ma gabay baad curin kartaa?*

    2.3 *Shuuriya miyaa iska leh gaarigan?*

    2.4 *Hadraawi ma gabyaa baa?*

    2.5 *Kumaa macallin ah?*

    2.6 *Ma taqaanaa taariikhdii Sh. Xasan Barsane?*

    2.7 *Wiilmaa yimid?*

    2.8 *Dharmaa Xersi tolay*

    2.9 *Yaasiin ma gurigiisi buu aaday?*

    2.10 *Ma ka warhaysaa dhacdadii lafoole?*

3. Hoosta ka xariiqa dhammaan weero-weyddiimeedyada aad ku dhex aragtaan sheekadan soo socota, dabadeedna u kale saara labadii nooc ee aan soo aragnay, H iyo E idinkoo labo taxane ama labo liis ku kala guurinaya:

<u>Xagguu af soomaaligu ka tirsan yahay?</u>

Waagii hore waxaa keliye oo wax lagu baran jiray af shisheeye, waxaana dhalliinta yar ay kala kulmi jirtay dhibaatooyin ay ka mid yihiin: maaddada oo fahamkeedu adkaa iyo dhaqanka afka wax lagu baranayo oo ahaa mid shisheeye oo sii adkeynayay fahamka maaddada, isla mar ahaantiina hoos buu u dhigi jiray qiimaha afkeenna iyo dhaqankeennaba.

Markii af soomaaliga la qoray ayaa dad badan waxa ku abuurmay in ay xiiseeyaan dhaqankeenna, sida suugaanta iyo naxwaha af soomaaliga. Kaddibna waxaa la billaabay in lays weyddiiyo xagga uu ka yimid ama uu ka tirsan yahay af soomaaligu. Bal dhug u yeelo haasaawaha dhex maray macallin (M) iyo ardaygiisa (A)

A: Macallinow waan ku wareernee, af soomaaligu ma af carbeedka buu ka soo tafiirmay? Mise af sawaaxili buu la bah yahay?

M: Labada midna ka ma uusan tafiirmin, walaw af soomaaliga iyo af carbeedku ay guud ahaan isir wadaagaan. Afkeennu wuxuu ka tirsan yahay bahda Kushitig.

A: Oo waa maxay kushitig?

M: Kushitig waa magac loo bixiyey afaf si gaar ah isir u wadaaga, kuwaasoo si cad u muujinaya isu ekaanta qaab naxweedyadooda iyo ereyadoodaba.

A: Xaggee baa looga hadlaa afafkaas?

M: Waxaa looga hadlaa Afrika xaggeeda woqooyi-bari, gaar ahaan: Somalia, Itobiya, Jibuti, Kenya, Sudan, Tanzania.

A: Waa imisa tirada afafkan? Kuwee baa-se ugu muhiimsan?

M: Afafka kushitiggu waa afartameeyo, waxaana ugu muhiimsan: Soomaali, Oromo, Sidamo, Agaw, Beja, Iraqw, Cafar, Rendille iwm.

A: Dalalka aad kor ku soo xustay oo dhan ma afafkan keliya baa looga hadlaa?

M: Soomaali keli ah ayaa hal af leh inta kale afaf badan ayay leeyihiin. Inkastoo afafka kushitigga badankooda looga hadlo Itoobiya haddana afaf kale oo fara badan ayaa ka jira. Tanzania iyo Sudan degaan yar ayaa afafka kushitigga looga hadlaa, Kenyana xaggeeda woqooyi ayaa looga hadlaa afafkan.

12.2.3.2 *Weyddiimada wata "-ee"*

Haddii aynu u kuurgalno weerahan:

66) *Xaggee baa Axmed aaday?*
67) *Dugsigee baad dhigataa?*

Waxa aynu arkaynaa in weerta (66) uu ku dhex jiro magaca *xag* oo uu la socdo qodob-weyddiimeedka *kee*; haddaba dibkabe weyddiimeedka *-ee* waxa uu summadaynayaa tifaftire magac madaxeed, taasina macnaheedu waxay tahay in weyddiintu ay macne ahaan doonayso war ku saabsan tifaftiraha magaca. Maadaama hawsha tifaftiruhu ay tahay in ay cayinto shay gaar ah oo ku dhex jira dir isku magac leh.

Weerta (67) kama leexsana sharraxaaddan aynu kor ku soo sheegnay, waayo waxa aynu haysannaa tifaftire weyddiimeedka *kee*, kaaso ku lifaaqan magaca *dugsi*, kolkaasoo weyddiintu u dhadhamayso in uu hadluhu doonayo in uu ogaado dugsiga uu dhegeystuhu dhigto.

Waxaa u baahan in xataa maanka lagu hayo in markan OM-ka wata curiyaha weyddiintu uu yahay xubinta weerta oo diiradaysan: haddaba *baa* kama marna weertan, waxa ayna raaci kartaa oo keliya magac uu tifaftiraha -*ee* summadaynayo, taasina waa sababta weerahan soo socda ay u qaldan yihiin.

68) *Xagg**ee** Axmed **baa** aaday?
69) *Dugsig**ee** adiga **baad** dhigataa?

Dabcan xataa halkan waxaa meelmar ah dhammaan xeerarkii aynu kor ku soo aragnay oo ku saabsan: magacuyaallada dhimman ee yeelaha marka laga fiiriyo curiyaha diiradaysan iyo qaabka iskuxigga yeelaha iyo layeelaha, sidaas oo kale habaynta baradigmaha kooban ama fidsan, iyada oo ay arrintani ku xiran tahay haddii curiyaha la is weyddiiyey isla mar ahaantaana diiradaysan uu yahay yeelaha weerta iyo in kale. Looma baahna in aynu ku soo celcelinno dhammaan tusaalayaasha la xariira arrimahaan, maxaa yeelay idinka ayaa ku filan in aad hubsataan inta aad layliyada ku dhex jirtaan.

Weyddiimaha noocoodu yahay -*ee* waxa ay, ilaa haatan, barbarsocdaan kuwii aynu ku soo aragnaty faqraddii hore markii aynu ka hadlaynay -*maa*. Waxa laakiin jira farqi loo baahan yahay in la xuso. Bal u fiirsada weerahan:

70) Xagg**ee** ka timid?
71) Sid**ee** tahay?
72) Wiilk**ee** hilibka cunaya?

Weeraha (70-72) waa kuwo naxwe ahaan sax ah inkasta oo ay ka maqan tahay *baa*. Tanina macnaheedu ma aha in weerahakan curiyaha la is weyddiiyey uusan ahayn mid diiradaysan, balse dhici karta in weerahan laga tirtiro *baa*. Inkasta oo *baa* ay muuqaal ahaan ka maqan tahay weerta, haddana kama maqna gebigeed, arrintanna waxa aynu ka xaqiiqsan karna weerta (72), taasoo curiyaha weyddiinta saaran uu yahay yeelaha. Sida aynu la wada soconno marka uu yeeluhu diiradaysan yahay, baradigmaha falku waxa uu noqonayaa mid kooban, aragtidanna waxa ay ka muuqataa weerta (72) maadaama ay baradigme kooban wadato.

Halkanna waxa aynu ka garan karnaa in OM-ka yeelaha ah oo weyddiinta saaran ay isla isaga diiraddu dul saaran tahay xitaa marka qurub diiradeedku uusan si cad uga dhex muuqan weerta.

Waxaa dhacda marar ay magacyada weyddiinta saaran, marka la adeegsado *kee/tee* ay lahaan karaan qaab isku urursan, sidaa awgeed iskuxiggii asalka ahaa *kee + baa + magacuyaal* waxa ka soo hara oo keliya magacuyaalka dhimman oo yeelaha ah. Tusaale:

    73) *Caasha xagg**ay** ku nooshahay?*
    74) *Sid**eed** tahay?*

Weeraha (73) iyo (74) waxa laga arki karaa in qaabka isku ururiddu uu dheliyey tirtiridda *-ee*-dii weyddiinta iyo *baa*, magacuyaalka dhimman ee yeeluhuse si toos ah ayuu ugu dhegaa tifaftiraha magaca.

Inta aynaan soo gunaanadin faqraddan waxaa u baahan in la xuso in tifaftire weyddimeedka *kee/tee* loo adeegsan karo xitaa magacuyaal ahaan.

    75) *Axmed waa **kee**?*
    76) ***Tee** ugu dheer?*

LAYLI

1. Weero-weyddimeedyada soo socda waxaa ku jira kuwo jaban, ku ag qora kuwa aan saxda ahayn summadda qaladka (*), isla mar ahaantaana sharxa sababta ayna naxwe ahaan sax u ahayn mid kasta oo ka mid ah weerahaas jaban:

    1.1 *Maxaa loo yiri biyuhu waa tiir dhexaadka nolosha?*
    1.2 *Xaggee laga baa helaa macdanta yuraaniyumka?*
    1.3 *Dalkee baa ugu dad badan dunida maanta?*
    1.4 *Halkee ku yaallaa Dugsiga Sheekh Xasan Barsane baa?*
    1.5 *Ninmaa buuggaan curiyey?*
    1.6 *Sidee baa gorayadu ugxaanteeda u dhawrtaa?*
    1.7 *Maxaa baa ka mid ah alaabta Madxafka la dhigay?*
    1.8 *Habkee hooyadu bay ubadkeeda u af bartaa?*
    1.9 *Goormaa baa Xamar la aasaasay?*
    1.10 *Maxaa lagu falaa beeyada?*

2. U beddela weero weyddiimeedyada soo socda ee wata *-maa* kuwo wata *-ee*, idinkoo koox koox isu qaybiyey kaddibna isbarbardhiga natiijada idiin soo baxday, oo kala dooda baraha:

   2.1 *Macallinmaa xisaabta idiin dhiga?*
   2.2 *Afmaa Kenya looga hadlaa?*
   2.3 *Suuqmaa ugu weyn Xamar?*
   2.4 *Ninmaa Faa'isa arkay?*
   2.5 *Buugmaa Maadiino gadatay?*
   2.6 *Waqtimaa calanka soomaaliyeed la suray?*
   2.7 *Gabaymaa xafidsan tahay?*
   2.8 *Sannadmaa af soomaaliga la qoray?*
   2.9 *Magaalamaa ugu qaddiimsan Soomaaliya?*
   2.10 *Noocmaa rabtaa?*

3. Waxa aad dhistaan ugu yaraan siddeed weero weyddimeed, idinka oo mid kasta u adeegsanaya dhismayaashii aad ilaa iyo haatan soo barateen haddii ay noqon lahayd weyddimeedyada noocoodu yahay *haa/mayaa* iyo kuwa *-ee*.

12.2.3.3 *Ereyo weyddiimeedyo kale*

Waxa aynu markanna derseynaa, oo innoo haray, weero kale oo wata ereyo weyddiimeedyo kale, siddii aynu ku soo aragnay weyddiimadii kale ee (51) iyo (52) oo aynu halkan ku soo rogaal celineyno hawl fududayn darteed:

51) **Yaad** *aragtay?*
52) *Buuggani* **immisuu** *joogaa?*

Ereyo weyddimeedyadu waa *yaa* iyo *immisa*. Marka laga fiiriyo dhinaca sarfaha waa ay ka duwan yihiin kuwii aynu horay u soo aragnay ee *-maa* iyo *-ee* maadaama aan la kala furfuri karin sida magac madaxeed + weyddiin.

Laakiin marka laga eego dhinaca weereynta wax farqi ah ma jiro oo waxa ay dabeecad ahaan la mid yihiin gebi ahaan oo ay barbar socdaan weero weyddiimeedyadii kale ee aynu hore u soo aragnay.

Weerta (51) *yaa* waxa ay ku lifaaqan tahay *aad* oo ah magacuyaalka dhimman ee yeelaha, maadaama ay *yaa* tahay layeelaha weerta. Markase ay *yaa* noqoto yeelaha weerta, waxa ay noqonaysaa keligeed oo wax kale kume lifaaqmayso, isla mar ahaantaana baradigmuhu, sida la malayn karo, waxa uu noqonayaa mid kooban maadaama yeeluhu diiradaysan yahay. Tusaale:

77) ***Yaa*** *ku toosiya?*

Xataa markan qurub diiradeedka *baa* kama muuqdo weerta qaabkeeda sare, sidaas ay tahay waxaa lagu wadaa in xitaa halkan (eeg kor bog 258) curiyaha ay weyddiintu saaran tahay uu yahay midka diiradaysan, waana tan sida keliya ee ugu fudud ee loo fasiri karo hab dhaqanka magacuyaalka dhimman ee yeelaha iyo baradigme faleedka.

Erey weyddiimeedka weerta (52) *immisa* waa mawduuca labaad, yacni layeelaha falka *joog*. Xataa weertan curiye weyddiimeedka ayaa ka diiradaysan, taana waxaa u daliil ah in uu ku lifaaqmo *uu* oo ah magacuyaalka dhimman ee yeelaha oo khasab ku ah in uu muuqdo marka diiradayntu ay khusayo magaca layeelaha ah, maadama iskuxigga xubnuhu uu yahay yeele + layeele.

Waxaa kaloo af soomaaligu uu leeyahay ereyo weyddiimeedyo kale, hase ahaate waxaan ku soo koobaynaa in aan taxno oo keli ah: *meeqaa, maxaa, maxay....u,* iwm.

12.2.3.4 *Weyddiimo dadban*

Inta aynaan gabaggabeynin baabka weero weyddiimeedyada waxaa habboon in la carabbaabo in weeraha af soomaaliga ee ay dhexdooda ku jiraan ereyo weyddiimeed aan weligood noqonayn weero dhimman, halka afaf kale oo badan ay u noqdaan. U fiirsada weerahan:

78) *Weyddii <u>halkuu tegayo</u>*
79) *Waxaan weyddiiyay <u>goorta uu Cali imanayo</u>*
80) *Wuxuu raadinayaa <u>sababta neefka loo dilay</u>*

Midkasta oo ka mid ah weerahan kor ku xusan waxa uu hadluhu doonayaa in uu ogaado war ama xog, waxaana gudbinaya falka weerta asaasiga ah. Laakiin weerta dhimman marna kama muuqato curiye weyddiimeed.

Waxay weerta dhimman u dhisan tahay sida weeraha dhimman ee af soomaaliga intooda kale ee badan, yacni sida weer faahfaahineed oo tifaftirta magac madaxeed caadi ah oo aan ahayn weyddiin sida *hal*(*ka*), *goor*(*ta*), *sabab*(*ta*).

LAYLI

1. Dhammaan weero weyddiimeedyada soo socda waa kuwa uu noocaadu yahay *-ee*. Hoosta ka xarriiqa curiye weyddiimeedka ku jira weer kasta, kagadaalna sharxa hawsha uu ku hayo weerta dhexdeeda.
    Tus.:   *Ninkee bay Caasho aragtay?*
          Ninkee bay Caasho aragtay = <u>layeele</u>
    1.1 *Casharkee baad baratay?*
    1.2 *Midabkee buu Idiris ka helaa?*
    1.3 *Afkee baad si fiican u taqaannaa?*
    1.4 *Cudurkee baa ku dhacay?*
    1.5 *Gabaygee aad kuu saameeyey?*
    1.6 *Dhakhtarkee baa idin daaweeyey?*
    1.7 *Buugee bay akhrisay ardaydu?*
    1.8 *Wiilkee kalluunka jecel?*
    1.9 *Buuggee Cali gatay?*
    1.10 *Dugsigee buu Nuur dhigtaa?*
2. Dhisa ugu yaraan 20 weerood oo ay ku jiraan ereyo weyddiimeed-yada soo socda: *yaa, immisa, meeqaa, maxaa, maxay...u*. Waxa la idinka doonayaa in hawsha erey weyddiimeedku ay noqoto mid ku kala duwan weeraha.
3. Sameeya shan weer weyddiimeed idiinkoo sharxaya dabeecada-hooda ku saabsan xagga weereynta sida: iskuxigga xubnaha, magacuyaallada dhimman, qaababka falka.
4. Hoosta ka xarriiqa dhammaan weer weyddiimeedyada sheekadan soo socota, dabadeedna:
    a. u kala saara labadi nooc: *haa/maya* iyo *-ee*.
    b. weer kasta waxaad hoosta kaga xarriiqdaan waxa la is weyddiiyey isla mar ahaantaana diiradaysan.
          <u>Dhirta hilib cunka ah</u>
    Labo arday (A, B) ayaa ka sheekaysanaysa aqoonta la xariirta quudashada dhirta la yaabka leh.
    A: *Ma ogtahay sida ay dhirtu u quudato?*

B: *Waxaan cilmiga sayniska ku bartay in dhirtu ay ku noosha-hay cunno ay caleentu diyaariso. Waxayna ka kooban tahay: waxyaalo xididdadu ka soo qaadaan dhulka hoostii-sa, sida biyaha, iyo waxyaalo caleentu ay soo qabato sida ilayska qorraxda iyo hawada.*

A: *Waa runee, mase maqashay in ay jirto dhir cayayaanka cunta?*

B: *Weligay ma maqlin, oo dhirtaas maxay tahay?*

A: *Dhir ayaa jirta oo caleenteeda ka dhigata dabin ay ku ugaarsato cayayaanka yar yar ee isku dultaaga.*

B: *Xagee bay dhirtaasu ka baxdaa?*

A: *Dhirtaas tiradeedu aad uma badna, waxnayna ka baxdaa dhulal badan oo dunida ka mid ah.*

B: *Ma sidii xayawaanka bay u ugaarsataa?*

A: *Si la yaab leh ayay u ugaarsataa: marka uu dusheeda caya-yaanku isku taago sinnaba ugama fakan karo. Caleenta dhirtaasi waxay leedahay xabag wax qabsata. Marka uu cayayaanku isku taago caleenta korkeed oo xabagtu ku dhegto, caleentu way duuduubantaa cayayaankii oo ku jira. Goorta uu cayayaanku dhinto ayay dabadeedna dhiigga iyo dheecaanka ka nuugtaa. Mar dambe ayay caleentii afka kala qaaddaa, waxay soo tuftaa haraagi cayayaanka ee ay cuni weyday.*

B: *Maxaa lagu magacaabaa dhirtaas?*

A: *Dhirta hilib cunka ah ama dhirta cayayaanka cunta.*

5. Qora inta weero weyddiimeed ee ku habboon mid kasta oo ka mid ah jawaabaha soo socda:

    Tus. R. *Cali baa yimid*
            S. *Ma Cali baa yimid?*
              Cali miyaa yimid?
              Yaa yimid?
              Ninkee yimid?

5.1 *Gabbalkii baa dhacday*

5.2 *Khadiijo baa dawadii kuu keentay*

5.3 *Warsame geel buu raaci jiray*

5.4 *Daahir dukaan buu ka shaqeeyaa*

5.5 *Salaad baa baryo neceb*

5.6 *Dhallinyaro badan baa diinta ku soo noqotay*

5.7 *Waalid baa xushmo mudan*

5.8 *Fawsiya baa daadaal badan*

5.9 *Abshir aqoon buu ku gaaray jagadaas*
5.10 *Shaqo baa sharaf leh*

12.3 Weer diidmo

Weeraha diidmadu waxa weeye weero uu ka dhex muuqdo curiye diida nuxurka ay weertu leedahay, diidmaduna waxa ay ka muuqan kartaa nooc kasta oo ka mid ah weeraha: weer tebineed, weer weyddiimeed iyo weer amareed. Waxa aynu laakiin haatan ku bilaabaynaa in aynu derisno bal sida ay diidmadu uga hawlgasho weero tebineedyada dhexdooda. Tusaale:

1) *Xamar baanan tegin*
2) *Cali hadiyad buusan keenin*
3) *Xamar ma tago*

Waxa weerahan ku cad in ay lagama maarmaan ama khasab tahay marka la dhisayo weer diidmo, sida weero tebineedyada qiraalka ah, in uu jiro hal xubin keliya oo diiradaysan. Diidmadu waxa ay ku saabsanaan kartaa oo keliya hal xubin, oo noqon kara OM ama fal, xubintaasoo ah mar walba midda ka diiradaysan weerta.

Xataa markakan, sida weero weyddimeedyada oo kale, dabeecadda summadaha tilmaama diidmadu waxay si xoog leh ugu xiran tahay midda qurub diiradeedka.

Sidaa awgeed waxa aynu sii gudageleynaa weero diidmeedyada, innagoo u kala qaadayna kuwo wata diirad magaceed iyo kuwo wata diirad faleed.

12.3.1 *Weero diidmeedyada wata diirad magaceed*

Weeraha noocan oo kale waxaa ka mid ah tusaalooyinkan soo socda:

4) *Xamar baanan tagin*
5) *Cali hadiyad buusan keenin*
6) *Xuseen baan i arkin*

Weerahan waxay u dhisan yihiin iyadoo loo adeegsaday qurub diidmeedka *-aan* oo dul saaran OM-ka diiradaysan, iyo falka oo uu yeelanayo qaab diidmo (fiiri kor...).

Muhimmadda ay weerahani leeyihiin dabcan waa mid laga garan karo hadba dhismaha diiradaynta, maadaama ay diidmadu ku saabsan tahay xubinta ku suntan qurub diiradeedka iyo qurub diidmeedka.

Xitaa weero diidmeedyada wata diirad magaceedka waan garan karnaa dabeecaddooda, xagga weereynta, oo la xariirta adeegsiga magacuyaalka dhimman ee yeelaha, dabeecaddaas waxba kagama duwana kuwa leh weero tebineedyada u barbardhigma. Haddii aynu aragtidaa ka ambaqaadno weerta (5) adeegsiga magacuyaalka dhimman ee yeeluhu waa khasab maadaama iskuxiggu uu yahay yeele + layeele, laakiin weer sida midda (7) ee soo socotaa waa mid jaban:

7) *Cali hadiyad baan keenin

Sidoo kale waxa aynu garan karnaa in weerta (6) aysan wadan karin magacuyaalka dhimman ee yeelaha maadaama curiyaha la diidayo isla mar ahaantaana diiradaysan uu yahay isla yeelahaas, sidaa daraadeed weerta (8) ee soo socotaayi waa mid jaban:

8) *Xuseen buusan i arkin

Waxa aynu hore u soo aragnay in marka uu yeluhu diiradaysan yahay ay lagama maarmaan tahayd in uu baaradigmuhu noqdo mid kooban, laakiin waxa aad ogaataan in baaradigmaha falka ee weero diidmeedyadu uusan noqon mid kooban iyadoo yeeluhu uu diiradaysan yahay haddana yahay curiyaha la diidayo.

Taasna waxaa ugu wacan, sidaan horay ugu soo sheegnay, qaabka baaradigmaha falka ee weerta diidmo wuu ka duwan yahay midka weeraha kale ee uu ka muuqdo.

Waxaa ugu dambayntii xusid mudan, iyadoo la tixraacaayo tafaasiishii aan kor ku soo bixinnay, in aysan marnaba suurtaggal ahayn in laga wada helo weer diidmo gudaheed qurubka *-aan* iyo diirad tilmaamaha *baa*, kuwaasoo aan wada summadaynayn hal xubin oo qura:

9) *Cali **aan** hadiyad **buu** keenin

LAYLI

1. Weeraha soo socda ma wada aha kuwo toosan. Ku ag qora summadda tilmaanta qaladka (*) kuwa aan toosnayn ama naxwe ahaan aanu sax ahayn, isla markaana dib u guuriya iyagoo sax ah. Waxa kale oo la idinka doonayaa in aad sharraxdaan, tiraab ahaan, sababta ay weeruhu u toosan yihiin ama ay u jaban yihiin?

   1.1 *Cali dugsiga buu aadayaa*
   1.2 *Xaawo jaamacad baa gelin*
   1.3 *Luuq waa meesha ugu kulul Soomaaliya*
   1.4 *Yoonis baa aragoosta cunin*
   1.5 *Saynab ayaa dugsigaas dhigataa*
   1.6 *Jimca walba badda ayaan aadaynin*
   1.7 *Baddu dabayl caafimaad leh bay leedahay*
   1.8 *Toddobaadkii maalin in la nasto baa caafimaad leh*
   1.9 *Isagu baa ku jecel yahay*
   1.10 *Weligay sigaar afka ma saara*

2. Weer qiraallada soo socda u beddela kuwo diidmo ah.
   Tus.:   Aadan Jowhar buu tagey
           Aadan Jowhar buusan tegin

   2.1 *Baraawe ayaa xeeb fiican leh*
   2.2 *Nugaal baa degaan aad u qurux badan leh*
   2.3 *Saylac baa taariikh leh*
   2.4 *B/weyne aad bay uga fog tahay Xamar*
   2.5 *Wadajir baa lagu guulaystaa*
   2.6 *Lax baa dhashay*
   2.7 *Wiilkaas balwadiisa ayaa ka xoog badan*

12.3.2 *Weero diidmeedyada wata diirad faleed*

Weeraha diidmada ah ee wata diirad faleedka waxaa ku dhex jira ama ka muuqda qurub diidmeedka *ma* oo ka duwan qurub weyddiimeedkii aynu hore u soo aragnay ee *ma* (fiiri kor....). Maxaa yeelay waxa ay *ma*-da diidmadu leedahay codkac dheer, iyada oo ka tirsan mar walba koox faleedka. Tusaale:

   10) *Cali hadiyad **ma** keenin*

11) *Xamar **ma** tago*

Xitaa xaaladdan waxaan u dejin karnaa xeer ku saabsan sida loo dhisi karo weerahan, kaasoo ka ambaqaadaya weero tebineedyada waafaqsan weerahan ee wata *waa*, yacni leh diirad faleed:

> **I.** Ku beddela qurub diidmeedka *ma* oo dhiga halkii diiradeeyaha *waa*, dabadeedna falka u sameeya baaradigmaha diidmada ee ku habboon.

Xeerka loo sameeyey habkan wuxuu innoo oggolaanayaa in aynu sharraxno sababta diiradeeye kale uusan uga muuqan weerta ay *ma* diidmo ku jirto, maadama qurubkan uu galay beddelkii *waa*. Taasina waxaa u daliil ah sida weerta soo socota oo ah mid jaban.

12) **Cali hadiyad **waa ma** keenin*

Xeerkan waxa kale oo innoo oggolaanaya in aynu si fudud u garanno in ay suuraggal tahay adeegsiga magacuyaalka dhimman ee yeelaha, sida diiradeeyaha *waa* oo suuraggal u ah in uu qaato magacuyaalkaas marna ka tago. Sidaas awgeed weerihii aynu hore u soo aragnay ee (10) iyo (11) waxa ay yeelan karaan xitaa qaababkan soo socda:

13) *Cali hadiyad **ma uu** keenin*
14) *Xamar **ma aan** tago*

Laakiin waxaa jira farqi u dhexeeya *waa* iyo *ma* oo ku saabsan rugta ay kaga kala dhacaan koox faleedka (kf) dhexdiisa. Isu fiiriya weerahan soo socda:

15) *Warshaddaas **waa** ka shaqeeyaa*
16) *Warshaddaas ka **ma** shaqeeyo*
17) *Ciise shineemada **waa** igu arkay*
18) *Ciise shineemada igu **ma** arkin*

Weeraha (15) iyo (17) *waa* waa curiyaha u horreeya ee koox faleedka oo ay xitaa ku jiraan horyaalayaal iyo magacuyaallada dhimman ee layeelaha. Weeraha (10) iyo (18) qurub-diidmeedka *ma* ayaa ku jira halkii *waa*, qurubkaasina waxa uu hor dhacaa falka waxa uuna daba dhacaa horyaalayaasha iyo magacuyaallada ku jira koox faleedka dhexdiisa.

Haddii aynu dib u hagaajinno xeerkii ku saabsanaa sida loo samayn karo weero diidmeedyada wata diirad faleedka waxa uu noqon karaa:

> **II.** Ha lagu beddelo qurub diidmeedka *ma* halkii diiradeeyaha *waa*, idinka oo dhexgelinaya koox faleedka (KF) dhexdooda, siiba falka hortiisa iyadoo la siinayo falka qaabka baaraadigmaha diidmada ee ku habboon.

Waxa aynu arki karnaa innagoo soo gabaggabeynayna, in falka weero diidmeedyadu uu yeesho baaradigme gaar ah oo aynu ku magacawnay diidmo. Weeraha ay ku dhex jirto *-an*, qaabka falkoodu waa mid keliya oo aan isbeddelin oo ku dhammada *-in* (ama *-o*), haddaba waa qaab aan lahayn summad muujinaysa amminka falka.

Weeraha ay ku dhex jirto *ma* falku waxa uu u muuqdaa qaab leh *-in* oo loo isticmaalo tagtada, iyo mid leh *-o* oo iyadu leh isbeddelka ama nadooca la xariira qofka (waxaa qaabkan aan laga garanayn joogtada habka dhimman) waxaana loo adeegsadaa joogtada iyo timaaddada. Waxaase tixgelin mudan in marka la adeegsado qurub diidmeedka *ma* falku waxa uu muujiyaa qaabab kala duwan oo la xiriira amminnada kala duwan.

Af soomaaligu waxaa uu leeyahay qaabab kale oo loo dhisi karo weero diidmeedyada laakiin ma aha kuwo mudnaanta koowaad u leh sidii kuwii aynu soo sharraxnay. Waxa aynu ku soo afjaraynaa sharraxaadda tusaalayaashan soo socda oo idinka qudhiina aad ka faalloon kartaan kana baaraandegi kartaan:

19) *Cali ku**ma** uusan arki**n***
20) ***Ma** aanan tiri**n***
21) *Cali wuus**an** ku arki**n***
22) *Waad**an** ii sheegi**n***

Labada weerood ee u horreeya waxaa ku wada jira *ma* iyo *aan*. Labada ku xigana waxaa diidmadii *-aan* si toos ah loogu daray *waa* + magacuyaal dhimman.

12.3.3 *Diidmada weeraha khabar magaceedka leh*

Dhismaha u dambeeya ee aynu doonayno in aynu fiirino sida uu ula dhaqmo diidmada waa weeraha leh khabar magaceed, sida:

23) *Muuse waa macallin*

Weeraha qaabkan oo kale leh lagama dhigi karo diidmo. Si looga dhigo diidmo waa in kolka hore la beddelaa qaabkooda, iyadoo aysan macne ahaan waxba isbeddelin, oo dhexdooda si cad uga muuqda fal ahaanshaha:

24) *Muuse macallin* **waa yahay**

weerta (24) oo leh fal waxaa laga dhigi karaa mid diidmo ah, iyada oo la raacayo xeerkii caadiga ahaa ee ku saabsanaa samaynta diidmada: in *waa* lagu beddelo *ma* kagadaalna loo yeelo falka baaradigme diidmo ah. Weerta soo baxaysaana waa:

25) *Muuse macallin* **ma aha**

LAYLI

1. U beddela diidmo weero tebineedyada soo socda:
    1.1 *Gabari waa timid*
    1.2 *Inankaasu aabbihiis ayuu aad ugu eg yahay*
    1.3 *Berri xaflad ayaan dhigaynaa*
    1.4 *Cigaal Shiddaad baa caan ku ah fulaynimo*
    1.5 *Boqorkii geenyo kooraysan buu raacay*
    1.6 *Raage Ugaas gabyaa weyn buu ahaa*
    1.7 *Wiilwaal ayaa ahaa geesi keligii taliye ah*
    1.8 *Sheekh Axmed Gabyow isna gabyaa weyn ayuu ahaa*
    1.9 *Ardaydu loox bay wax ku baran jirtay*
    1.10 *Geeddi Baabbow ayaa gumaysan jiray Buur Hakaba*

2. Saxa weerahan soo socda ee jaban isla markaana sharraxa sababta aysan sax u ahayn.
    2.1 **Yaasiin Cusmaan kenediid buu sameeyey qaamuuskan*
    2.2 **Sheekh Awees ka mid ah dadka ugu horreeyey ee af soomaaliga qora*
    2.3 **Xooluhu saddex meesi u kala baxaan*
    2.4 **Ariga laba jaad u kala buu baxaa*
    2.5 **Riyaha iyo idaha isku baxaalli baa aha*
    2.6 **Saddex dibi ay daaqaya balli biyo ku jiraan*
    2.7 **Wax hubso hal la siistaa*
    2.8 **Meesha ninka iyo afadiisu soo degeen cidlo baa ahayd*

2.9 *Labada isqaaddo ma labada gacmood

2.10 *Gabow iyo geerina is daba ordayaan

3. Dhisa 15 weerood oo diidmo ah idinka oo adeegsanaya dhammaan qurubyo diidmeedyada aad garanaysaan. Kooxo isu kala qaybiya, dabadeedna isu barbardhiga weeraha soo baxay, kana wada dooda.

4. Hosta ka xarriiqa dhammaan weero diidmeedyada sheekadan soo socota, mid kastana dhismaheeda sharxa (curiyaha la diiday, hawsha xubnaha weerta, iwm.).

Shinni iyo duqsi

Shinni iyo duqsi oo ku kala fadhiya ubax iyo neef bakhtiyey baa sheekadan dhex martay:

Duqsigii: Agtayda ka tag kuma jecliye.

Shinnidii: Anigu bakhtiga aad cunaysid uma soo socdo, waxa igu filan ubaxan quruxda badan ee aan fuushanahay.

Duqsigii: Waa run in aad wax xun tahay, maxaa yeelay miciyo halis ah baad leedahay, haddana dadka kuma qaniintid. Waliba waxa jirta in aad dadka saaxiib la tahay.

Shinnidii: Dadka marka ay i dhibaan ee ay i soo gardarraystaan mooyee ma qaniino inta badan; haseyeeshee waxa aan sameeyaa malab macaan oo uu dadku aad u jecel yahay.

Duqsigii: Adigu malabka ayaad dadka u samaysaa. Iyaguna abaal la'aan bay kaaga gurtaan. Aniguse haddii aan karayo naftaan ka wada goyn lahaa dadka oo idil.

Shinnidii: Miyaanay kugu fillayn dhibaatooyinka aad dadka u gaysatid? Habeen iyo maalin waxa aad lugaha iyo baalasha ku siddaa wasakh, markaasaad ku fariisataa cuntada korkeeda. Waxaad tahay cadawga ugu weyn ee dadku leeyahay. In ay iska kaa ilaaliyaan way wanaagsan tahay anigana waxa igu habboon in aan kaa fogaado oo aan ka tago qarmuunkaada iyo wasakhdaadaba.

12.4 Weero weyddiimeed oo diidmo ah

Sidii aynu hore ugu soo xusnayba, markii aynu si guud ahaan uga soo hadalaynay weero diidmeedyada, diidmadu lagama dhex helo oo keliya weero tebineedyada, balse waxaa loo adeegsan karaa jaadad kale oo ka mid ah weeraha. Bal haatanna aynu jeedaalino sida ay weer weyddiimeeddu u noqon karto diidmo. Tusaale ahaan aynu u qaadanno weerahan:

1) *Ma Axmed **baan** hilibka cunin?*
2) *Axmed **ma** hilibka buusan cunin?*
3) *Cali **miyaan** hadiyad keenin?*
4) *Cali hadiyad **miyuusan** keenin?*

Haddii aad u fiirsataan weeraha (1-4) waxa aad ogaanaysaan in ay ka dhasheen isugaynta weer weyddiimeed oo qiraal ah iyo mid u barbar dhiganta.

Haddii aynu tusaale ahaan u soo qaadanno weerta (1) waxay u kala dhigmaysaa weer weyddiimeed ah:

5) *Ma Axmed **baa** hilibka cunay?*

iyo diidmada u barbardhiganta oo noqonaysa:

6) *Axmed **baan** hilibka cunin*

labadaasoo markii leysu geeyey dhalay wertii koowaad

1) *Ma Axmed **baan** hilibka cunin?*

Weertan waxaa ka muuqata *ma-baa* oo qurub weyddiimeed ah oo lagu daray qurubka *-aan* ee diidmada ah iyo baaradigmaha diidmada ee falka. Weertan curiyaha diidmada iyo midka weyddiinta waxa ay diiradaynayaan yeelaha (*Axmed*), halka weerta (2) oo waxa diiradaysan uu yahay layeelaha (*hilibka*), kaasoo ah OM-ka la socda *ma-baa* weyddiimeedka iyo qurubka diidmada *-aan* (*buusan* oo ka kooban *baa* + *uu* + *aan*).

Xaaladdan waxaa la wadaaga weeraha (3) iyo (4) halkaas oo uu ku jiro qurub weyddiimeedka *miyaa* (kor fiiri bog 251) iyo qurub diidmeedka *-aan*, waxayna diiradaynayaan yeelaha weerta (3) iyo layeelaha weerta (4).

Ha ahaato dabeecadda sarfe-weereynta ee ay weerahani muujiyaan ama dhadhanka macnahooda waxaa laga wada aqoonsan karaa kuwa u barbardhigma oo ah weero weyddiimeedyo iyo weero diidmeedyada.

Weeraha aynu ilaa hadda ku soo qaadannay sharraxaaddan waa weero wata diirad magaceed, haddaba waxa aynu haatan geleynaa weero weyddiimeedyo diidmo ah oo wata diirad faleed. Tusaale:

7) *Miyaan* Axmed imaanin?
8) *Miyuusan* Axmed imaanin?
9) Axmed *miyuusan* imaanin?

Dhammaan tusaalooyinkan aynu kor ku soo qaadanay waxa weeye weero ay ku jiraan qurub weyddiimeedka *miyaa* iyo qurub diidmeedka *-aan*. Arrintan waa in aynu ka fiirsannaa, waayo waxaan og nahay in, weero weyddiimeedyada wata diirad faleedka la dhisi karo xataa iyada oo la adeegsanayo qurub weyddiimeedka *ma* (kor fiiri bog 251), iyo in caadi ahaanna qaabka diidmada ee weeraha leh diirad faleedka uu yahay *ma* (oo rugteeda ah KF-ka dhexdooda siiba falka hortiisa).

Haddaba waxaa muuqda in uu soo koobmayo siyaabihii ku suuraggeli lahaa dhismaha weer weyddiimeedda diidmada ah oo wata diirad faleed. Sidaa darteed lays ma dhexgelin karo weer weyddiimeedda ay *ma* ku jirto iyo tan diimada ah si loo dhiso weer weyddiimeed diidmo ah. Diidmaduna, marka ay la jirto weyddiimeedyada wata diirad faleedka, waxay adeegsan kartaa oo keliya qaabka *-aan* laakiin marna looma isticmaali karo *ma* (sida ay innagu soo martayba weero weyddiimeedyada diidmada ah ee wata diirad faleed).

Haddii aynu si fiican u fahamnay aragtiyooyinka iyo sharraxaadda kor ku xusan waxa aynu isla markiiba garan karnaa in weerahan soo socdaan ay yihiin kuwo jaban

10) *Miyaa Axmed **ma** imanayo
11) *Axmed **ma ma** imanayo

LAYLI

1. U beddela weero weyddiimeedyada soo socoda kuwo ah weero weyddiimeedyo diidmo ah:

    1.1 *Ma Cali baa soo noqday?*
    1.2 *Daahir miyaa buugga keenay?*

1.3 *Caasho ma macallimad baa?*

1.4 *Kumaa imanaya?*

1.5 *Miyaa Raage imanayaa?*

1.6 *Ma darsigii baad baratay?*

1.7 *Gabadhu ma shaah bay diyaarisay?*

1.8 *Warsame ma suuqa ayuu aaday?*

1.9 *Ma Cadan baa laga heesay?*

1.10 *Lo'dii miyaa la soo xareeyey?*

2. U kala qaybiya ama u kala saara weerahan soo socda afar kooxood

   A = weer tebineed qiraal ah
   B = weer tebineed diidmo ah
   C = weer weyddiimeed
   D = weer weyddiimeed diidmo ah

   2.1 *Ma Max'ed baan dugsi dhigan?*

   2.2 *Ma jecli dagaal*

   2.3 *Goormuu casharku billaabanayaa?*

   2.4 *Cali Jowhar buu aaday*

   2.5 *Faarax haddiyad miyuusan keenin?*

   2.6 *Shibis ayaan guri ka kiraystay*

   2.7 *Ma fiicna dulqaadkiisu*

   2.8 *Ma xafiiskaad ku maqnayd?*

   2.9 *Kolka dugsiyada la furo baan soo noqonayaa*

   2.10 *Ma Ibraahim baan kalluun cunin?*

   2.11 *Cilmi afadiisii ayuu hadiyad u keenay*

   2.12 *Aabbahaa miyuusan caruurtiisa tixgelin?*

   2.13 *Ii ma aadan sheegin*

   2.14 *Maxaad doonaysaa?*

   2.15 *Gurigeenna sigaar laguma cabbo*

   2.16 *Maktabadda ayaan buug ka raadinayaa*

   2.17 *Miyay Maana macallimad ahayn?*

   2.18 *Asli jimcaha wax ma barato*

   2.19 *Dulqaadku wada noolaashaha ayuu xoojiyaa*

   2.20 *Xagguu dugsigu ku yaallaa?*

   2.21 *Miyaadan dawadii qaadan?*

   2.22 *Labadii dulqaad leh ayaa guurkoodu raagaa*

2.23 *Dalkee baa adduunka ugu fiican?*
2.24 *Waalidkay been kama baran*
2.25 *Miyaadan i arag?*

3. Dib u guuriya idinkoo weyddiimaha 1-10, ee ku qoran taxanaha bidix - la raadinayaa jawaabaha ku habboon, ee ku taxan dhinaca midig.

         S   J

1. *Xaggay ka baxdaa beeyadu?*   a. *Nabadgelyada dalka ayuu ilaaliyaa*
2. *Waa maxay xareeddu?*   b. *Naftaada; dadkaaga iyo dalkaaga ayay daryeeshaa*
3. *Muxuu ciidanku qabtaa?*   c. *Waa alaabta aqalka*
4. *Dalka iyo dadka maxay u baahan yihiin?*   d. *Waa biyaha roobka*
5. *Maxay aqoontu ii tari kartaa?*   e. *16 sano ayuu arday ahaa*
6. *Xageed maanta gashay?*   f. *Waa xumbada caanaha*
7. *Waa maxay agab?*   g. *Goballada Sanaag iyo Bari bay ka baxdaa*
8. *Yaa qoray buugga?*   h. *Afgooye ayaan maalin joog u aaday*
9. *Imisa sano ayuu macallin-kaagyu wax baranaayay*   i. *Waxaa qoray niman aan aqoontoodu yarayn*
10. *Waa maxay xoor?*   j. *Labadooduba way isu baahan yihiin mana kala maarmaan*

4. Qora sheeko ama haasaawe oo ay ku jiraan ugu yaraan shan weyddiimood oo ay saddex yihiin diidmo

5. Ka soo saara weyddiimaha ku dhex jira haasaawahan una kale saara laba qaybood (A & B), idinkoo ku qoraya:

    A = Weyddiimo didmo   B = Weyddiimo caadi ah

Warsame iyo Warmooge waxay ahaayeen laba arday oo saaxiib ah oo aad isu jecel. Maalin ayaa haasaawahan dhex maray:

Warsame: *Saaxib, shalay kumaan iman ee raalli iga ahow!*
Warmooge: Waxba ma aha, saaxib.

Warsame: *Miyaadan helin waraaqda aan shalay kuu soo diray?*

Warmooge: *Haa, haseyeeshee ma xirrayn. Miyaadan xaba-gayn?*

Warsame: *Raalli ahow waan hilmaamaye. Waxaan ku weyddiinayaa, ma u noqoteen dugsigii, xalay?*

Warmooge: *Haa, haseyeeshe muu joogin barihii.*

Warsame: *Ma shalay oo dhan buusan iman? Oo maxaa heley?*

Warmooge: *Waxaa la yiri wuu bukaa oo isbitaalka ayaa la seexiyey.*

Warsame: *Saaxib, warka aad ii sheegtay aad baan uga xumahay. Maxay kula tahay haddii aynu galabta soo booqanno macallinkeenna?*

Warmooge: *Waa talo fiican. Waa in aynu galabta u tagnaa, illayn waa waalidkeenna labaade.*

12.5 Weero amareed

Weeraha amarka ah waxaa lagu gartaa qaab goonni ah oo uu falku muujiyo, waxana la adeegsadaa marka hadlaha ulajeeddadiisu ay tahay in uu dhegeystuhu qabto ficil ama wax markaa cayiman.

Weeraha jaadkan ah marna lagama dhex helo qurub diiradeed, ha noqoto mid magaceed ama mid faleed. Dabeecadda ugu muhimsan ee lagu garto waa qaabka falka oo ah amar. Qaab faleedka ka sokow weerta inteeda kale waa caadi xagga qaab naxweedka. Tusaale:

1) *Wax **cun**!*
2) *Dharkan ii **mayr**!*
3) *Ku **shub**!*

Qaabka falku waa mid aad u fudud maadaama uu badanaa la mid yahay salka falka. Amarka waxaa loo kala qaybiyaa mid ku socda hal qof iyo mid ku socda dhegeystayaal ka badan hal (yacni, qofka labaad ee keliga ah iyo qofka labaad ee wadarta ah):

4) *Keen!*
5) *Keena!*

Weero amareedyadu waxa ay xitaa noqon karaan weero diidmo, waxaana diidmada ka dhigaya qurub diidmeedka **ha**:

6) *Waxba **ha** keenin!*
7) ***Ha** soo noqonin!*

Xitaa falka weeraha amarka ah wuxuu yeeshaa baaradigme diidmo, iyada oo la adeegsanayo isla qaabkii oo aan isbeddelin oo ah *-in*. Laakiin qofka labaad ee wadarta ah waxa *-in* ku saa'idaya shaqalka *-a* oo aynu ku soo aragnay weerta (5) ee wadarta qiraalka ah. Weeraha wadarta ah ee waafaqsan (6) iyo (7) waxa ay noqonayaan:

8) *Waxba ha keenina!*
9) *Ha soo noqonina!*

LAYLI

1. Ka soo saara weerahan soo socda kuwa amarka ah:
    1.1 *Ariga ku soo celi xeradiisa*
    1.2 *Micna la'aan ha u dilina xayawaanka*
    1.3 *Garoonka ayaan isku arkaynaa*
    1.4 *Ha raacin doonta Cali*
    1.5 *Fiirso intaadan falin*
    1.6 *Intaadan afka kala qaadin hadalka miisaan*
    1.7 *Meel cidla ah baad ku hafanaysaa*
    1.8 *Baryadu ma shaqayste bay kaa dhigeysaa*
    1.9 *Haddaydaan horay u dhibtoon dheef ma helaysaan*
    1.10 *Aqoon iyo waaya aragnimo ku koriya maskaxda*
2. U beddela weerahan soo socda weero amareed:
    2.1 *Dugsiga ma aaddeen?*
    2.2 *Shaah ma cabaysaa?*
    2.3 *Ma aayahiina baad ka fekeraysaan?*
    2.4 *Adkaysi badan ma leedihiin?*
    2.5 *Adiga iyo Saynab dersi baad barataan*
    2.6 *Ma seexatay?*
    2.7 *Ma aadan xirin albaabka*
    2.8 *Hindhiso ayaad isku celisay*

12.6 Weer talo

Waxaa jira marar uu hadluhu u adeegsado weero ku dhisan falal leh qaabkii hab talo ahaa ee aan hore u soo aragnay (eeg bog 152), si uu hadalkiisii ugu muuqdo: qaab ku talin, rajo, duco iyo mararka qaarkood si amar ahaan ah, hayeeshee habkani wuxuu kaga duwan yahay midka amarka isagoo leh qaab qofeedka oo idil, iyo qurubka *ha* oo u gaar ah qofka saddexaad, halka qofka koowaad iyo kan labaad ay ka leeyihiin magacuyaalka dhimman ee yeelaha (*an*, *ad*):

1° k. **an** *kuu sheego!*
2° k. **ad** *sheegto!*
3° k.l. **ha** *u sheego!*
3° k.dh. **ha** *u sheegto!*
1° wa. **an** *sheegno!*
2° wa. **ad** *sheegtaan!*
3° wa. **ha** *sheegeen!*

Dhammaadka *-o* ee falka, dhawaaq ahaan la mid ma aha dhammaadka habka dhimman (oo isaguna leh *-o*), kaasoo leh codkac, halka midka hab talo uusan lahayn, intaa waxaa dheer in ay xitaa ku kala duwan yihiin qaabka qofka saddexaad ee wadarta ah oo kala ah: *-een* iyo *-aan*.

Xataa dhismaha hab talo waxaa laga dhigi karaa diidmo iyada oo la adeegsanayo qurubka *yaa*:

1) **Yuusan** *ila hadlin*
2) **Yaanay** *illoobin*

Weeraha (1) iyo (2) waxa ay *yaa* ku lifaaqan tahay magacuyaallada dhimman ee yeelaha, kuwaas oo isla beddela hadba qofka laga hadlayo, iyagoo wata diidmada *aan*. Qaabka falku wuu ka siman yahay dadkoo idil, wuxuu leeyahay *-in* aan isbeddelin. Waxaan ku soo gabaggabeynaynaa in weer talo, sida weer amar, aanan marna laga dhex heleyn qurub diiradeed, nooc kasta ha ahaado.

LAYLI

1. U beddela weerahan soo socda weero talo.

    1.1 *Diinsoor ayay u guureen*
    1.2 *Cadale ayuu degay*
    1.3 *Guri baynu dhisnay*
    1.4 *Moos baan ku siiyay*
    1.5 *Gabbalkii baa dhacay*
    1.6 *Dhir badan ayaanu beernay*
    1.7 *Dugsi quraan buu dhigtaa*

1.8 *Saafi soon bay billowday*
1.9 *Harar buu ku barbaaray*
1.10 *Jabuuti ayaan booqanayaa*

2. Hoosta ka xarriiqa dhammaan weeraha hab talo ah oo laga dhex helo sheekadan soo socota.

Dhugmo

Waa baa waxaa wada socdaalay afar nin oo mid fulay yahay, mid geesi yahay, mid caaqil yahay, midna kasmo iyo waaya-aragnimo isku biirsaday.

Goor ay daal, harraad iyo gaajo la ilxun yihiin ayaa afar libaax oo ay iyana ka caddahay ka hor yimaadeen.

Iyagoo naxsan, wax ay sameeyaanna garan la', ayaa fulaygii hadlay oo yiri: "An cararno".

Geesigii oo warkiisa ka diqeysan ayaa inta jalleecay yiri: "Suga, aniga ayaa afartaba dilaye".

Caaqilkii oo halista lagu jiro inuu xal u helo doonaya ayaa yiri: "Afar baan nahay, libaaxyaduna waa afar ee ninkeenba mid ha abbaaro oo ha dilo".

Waaya-araggi oo ilaa goortaas aamusnaa, ayaa saaxiibbadii jalleecay, dabadeedna libaaxyadii xaggooda u dhaqaaqay oo ku yiri: "Luddeenna iyo lafaheennu hal libaax ka badan ma baahi tiraan ee dagaallama, kiinnii adkaada ayaa na cunayee".

Libaaxyadii ayaa isla goortiiba gurxan iyo gurdan billaabay, dagaalna foodda is daray.

Nimankiina intay madaxa iskula jireen ayay baxsadeen, meeshii ay u socdeenna nabad ayay ku tageen.

3. Qora 15 weerood oo hab talo ah, ha noqdaan qiraal ama diidmo.

Raadraacyada ugu muhimsan

Abraham, R. C. & S. Warsama (1951). *The principles of Somali*. London.

Agostini, Francesco, Annarita Puglielli & Ciise M. Siyaad (1985). *Dizionario somalo-italiano*. Roma: Gangemi Editore.

Ahmed Cartan Xaange (1988). *Folkstales from Somalia*. Uppsala: Scandinavian Institute of African Studies.

Andrzejewski, B. W. (1964). *The Declension of Somali Nouns*. London: School of Oriental and African Studies.

––––– (1968). "Inflectional characteristics of the so-called weak verbs in Somali.". *African Language Studies*, 9:1-51.

––––– (1969). "Some observations on hybrid verbs in Somali". *African Language Studies*, 10:47-89.

––––– (1975). "The role of indicator particles in Somali". *Afroasiatic Linguistics*, 1/6:1-69(a).

––––– (1979). *The Case System in Somali*. London: School of Oriental and African Studies.

Bell, C. R. V. (1953). *The Somali Language*. London: Longmans.

Ciise Maxamed Siyaad (1985). *Favole Somale. Studi Somali 6*. Roma, Ministero degli Affari Esteri.

Hetzron, R. (1965). "The particle *baa* in Northern Somali". *Journal of African Languages*, 4/2:118-130.

Kenediid, Yaasiin C. (1975). *Qaamuuska af-soomaaliga*. Firenze: E. Ariani/L'arte della stampa.

Moreno, M. (1951). *Nozioni di grammatica somala*. Università di Roma, Scuola Orientale.

Panza, B. (1974). *Af soomaali - Grammatica della lingua somala*. Firenze: Le Monnier.

Puglielli, Annarita (ed.) (1981). *Sintassi della lingua Somala. Studi Somali 2*. Roma, Ministero degli Affari Esteri.

––––– (ed.) (1984). *Aspetti morfologici, lessicali e della focalizzazione. Studi Somali 5*. Roma, Ministero degli Affari Esteri.

Reinisch, L. (1903). *Die Somalie-Sprache: III Grammatik*, Band V, Teil I. Vienna: Alfred Moelder.

Saeed, John I. (1987). *Somali Reference Grammar*. Wheeton, Maryland.

Shire Jaamac Axmed (1976). *Naxwaha Af-soomaaliga*. Mogadiscio: Akademiya Dhaqanka.

Zolkovsskÿ, A. L. (1971). *Sintaksis somali*. Mosca: Nanka.

EREYFURKA

SOOMAALI	TALYAANI	INGIRIISI	MICNAHA EREYGA
aan suntanayn	*non marcato*	*unmarked*	Ereyga aan lahayn calaamad gaar ah oo ka soocaysa eryada kale ee ay isku dirta ka yihiin. Waa lidka suntane.
aan tirsamin	*non numerabile*	*uncountable*	Magacyo tilmaama wax aan la tirin karin sida, *ciidda, biyaha sonkorta* iwm.
af	*lingua*	*language*	Hadal ay bulsho u adeegsato sidii ay isku wargaarsiin lahayd, luqad.
af guud	*lingua standard*	*standard language*	Af ka dhexeeya ummad isku qaran ah, waxaana loo adeegsadaa siiba xagga warbaahinta iyo waxbarashada.
af haasawe	*linguaggio colloquiale*	*colloquial language*	Hab afeedka la adeegsado marka caadi ahaan loo haasaawayo.
af qoraal	*lingua scritta*	*written language*	Qaab afeedka la adeegsado marka wax la qorayo, kaasoo u dhow ama la xariira qaabka suugaanta. Sidaa daraaddeed wuu ka adag yahay, siiba xagga weereynta, qaabka afka ee tiraab ahaan loo adeegsado.
af tiraabeed	*lingua parlata*	*spoken language*	Qaab afeedka la adeegsado marka si caadi ah loo hadlayo.
afguri (lahjad)	*dialetto*	*dialect*	Hab afeed gaar ah oo looga hadlo degaan kooban. Lahjaddu waxay wax yar ka duwan tahay luqadda farta leh ee qaran ka wada dhexeeya.
afmaldah (sarbeeb)	*linguaggio figurativo*	*figurative language*	Hadal daboolan oo duluc ama ujeeddo kale ay ku dhex qarsoon tahay. Wuxuuna xallad u yeelaa siiba hadalka suugaanta.
alan	*sillaba*	*syllable*	Erey waxaa loo qaybin karaa xubno tiradooda la mid ah inta shaqal uu leeyahay ereygaas (sida **madax** →

			ma-dax). Xubin waliba waxaa lagu magacaabaa alan. Erey wuxuu noqon karaa hal alanle (**cir**), laba alanle (**ma-dax**), saddex alanle (**dib-ka-be**) iwm. Xusuusnaada in shaqalka dheer lagu tiriyo hal shaqal ama hal cod (**ii**, **aa** iwm.) sida shibanayaashan oo kale - **dh**, **sh**, **kh** - oo aan la kala qaybin karin.
alifba'	*alfabeto*	*alphabet*	Hab qoraal oo muujinaya dhawaaqyada ama codadka uu af leeyahay. Yacni xuruuf af lagu qoro oo ka kooban shaqallo iyo shibbaneyaal; alif.
amaah	*prestito*	*borrowing*	Erey laga soo amaahday ama asalkiisu uu ka soo jeedo af kale, sida *buug* oo laga soo amaahday af ingriisiga (*book*).
amar	*imperativo*	*imperative*	Hab faleed loo adeegsada amar farid.
amar diidmo	*imperativo negativo*	*negative imperative*	Hab faleed amar ah oo raacsan diidmo, yacni qaab faleed amraya qof in uusan ku dhaqaaqin fal (tus. *ha cunin!*).
ammin	*tempo*	*tense*	Marka laga eegayo dhanka ammin naxweedka, waxaa jira qaab faleedyo gaar ah oo waafaqsan amminka falka la sameeynayo sida **timaaddo**, **tagto** iyo **joogto** iyadoo laga ambaqaadayo waqtiga la soo saarayo hawraarta.
amminaysan	*temporale*	*temporal*	La xariira amminka.
amminno lammaanan	*tempi composti*	*compound tenses*	Waxay yihiin: **timaaddo**, **tagto**, **caadaley** iyo **shardiley** (eeg falal lammaanan).
astaamayn	*punteggiatura*	*punctuation*	Astaamo lagu kala qaybiyo hadal qoran sida: hakad, joogsi, kolmo,

			bilo, laba dhibcood iwm.
astaan	*segno*	*sign*	Curiye muhim ah oo dhisa unugga ugu yar ee hadalka. Astaan afeed baa lagu magacaabaa xiriirka ka dhexeeya macnaha (nuxurka ereyga) iyo lafdiga (qaabka ereyga).
astaan kooban	*sigla*	*sigla, acronym*	Hal erey ama in ka badan oo la soo koobo, badanaana waxaa la qaataa erey waliba xarafkiisa ugu horreeya (tus. *sh. = shilin, U.N. = United Nations*).
baab	*capitolo*	*chapter*	Qayb ka mid ah qaybo buug.
bar xiddigeed	*asterisco*	*asterisk*	Sumad (*) la hordigo hadal qaab dhismeedkiisu ama adeegsigiisuba aanu dad u cuntamaynin ama naxwa ahaan aan qummanayn.
baradigme	*paradigma*	*paradigm*	Qaab ama hab uu raaco fal marka uu isrogrogayo.
baradigme fidsan	*paradigma esteso*	*extended paradigm*	Marka diirad tilmaamuhu uusan diiradaynayn yeelaha, qaabka falku wuxuu noqonoyaa mid ballaaran ama fidsan (tus. **Saalax** salaad **buu** ku jiraa).
baradigme kooban	*paradigma ridotto*	*reduced paradigm*	Marka diirad tilmaamuhu uu diiradaynayo yeelaha, qaabka falku wuxuu noqonayaa mid kooban (tus. **Saalax baa** salaad ku ijira).
caadaley	*abituale*	*habitual*	Eeg joogto ama tagto caadaley.
caadyaal	*concreto*	*concrete*	Eeg magac caadyaal.
cayn	*genere*	*gender*	Dir naxweed ku shaqa leh in ay kala saarto labka iyo dheddigga magacyada, magacuyaallada iyo qaab faleedyada (tus. *inantu way seexatay*). Cayn dheddigeed ayay wada muujiyeen: magaca magacuyaalka iyo falkuba.
cayn dheddigeed	*genere femminile*	*feminine gender*	Cayn naxweed lid ku ah cayn laboodka (eeg cayn).

cayn labood	*genere maschile*	*masculine gender*	Cayn naxwaeed lid ku ah cayn dheddigeed (eeg cayn).
cayn naxweed	*genere grammaticale*	*grammatical gender*	Eeg cayn.
cillanaad	*astratto*	*abstract*	Eeg magac cillanaad.
cilmi-afeed	*linguistica*	*linguistics*	Daraasad cilmi ku dhisan oo u gaar ah afafka aadamiga.
cod	*suono*	*sound*	Dhawaaq ka soo baxa xubnaha codaynta.
codayn	*fonetica*	*phonetics*	Qayb ka tirsan cilmi-afeedka oo derista cododka ama dhawaaqyada afka.
codkac	*accento tonale*	*high tone*	Cod dheer oo ku dul dhaca hal shaqal oo ka mid ah ereyga. Codkacu rugo kala duwan ayuu ereyada uga dhacaa, taasna waxay keentaa in lagu kala saaro ereyo micnahoodu, siiba kuwa qoraalkoodu isku midka yahay, sida **ínan** (oo wiil ah) iyo **inán** (oo gabar ah).
curiye	*elemento*	*element*	Erey guud oo tilmaama xubin ka mid ah xubnaha uu shay ka kooban yahay, sida erey oo ah xubin ka mid ah weerta ama dibkabe oo ah xubin ka tirsan ereyga.
cutub	*unità*	*item*	Erey tilmaama curiye qaamuseed.
dahsoon	*sottinteso*	*unexpressed*	Waa marka qayb ka mid ah weerta ay dahsoon tahay sida yeelaha.
dhadhan micne	*valore semantico*	*semantic value*	Qiimaha micneed ee uu leeyahay erey ama wax ka badan.
dhalanrog	*trasformazione*	*transformation*	Falgal u beddelaya dhismaha dahsoon mid muuqda, isagoo raacaya qawaaniin.
dhammaad	*desinenza*	*ending*	Qaybta dambe ee ereyga oo ku dhaca isbeddel ama nadooc (tus. bar → baray → barayaal; cun → cunay → cunayaa).

dhammays-tire	*complementatore*	*complementary*	Curiyaha hoggaamiya weer dhamaystir ah (tus. *waxaan doonayaa in aan seexdo*). Curiyaha **in** wuxuu hoggaamiyaa weerta dhamaystirka ah (*aan seexdo*) isagoo ku xiraya weerta kale ee ka horreysa (*waxaan doonayaa*).
dhanbaal	*messaggio*	*message*	Akhbaar la isu tebiyo. Si dhambaal loo soo saaro waxaa loo baahan yahay: soo saare oo adeegsada wasiilo wax ku tebiya iyo loo soo saare.
dhawaaq	*pronuncia*	*pronounciation*	Habka ku dhawaaqidda xaraf ama erey.
dheddig	*femminile*	*feminine*	Eeg cayn dheddigeed.
dhegeyste	*ascoltatore*	*hearer*	Marka war laysu gudbinayo waxaa saldhig u ah in ay jiraan qof hadla iyo qof dhegeysta, midkaan dambe ayaa lagu magacaabaa dhegeyste.
dhexkabe	*infisso*	*infix*	Lifaaq la dhexgeliyo erey gudihiisa (tus. *waan qorayaa*; *waan qoranayaa*).
dhigaal	*trascrizione*	*transcription*	Habkastoo diiwaangeliya hawraar tiraab ah iyadoo la adeegsanayo qoraal.
far	*ortografia*	*orthography*	Hab loo qoro af.
dhismo	*struttura*	*structure*	Qaabka ay u habaysan yihiin curiyeyaal afeed (sida *foniimyada*, *ereyada*, *oraahyada*), oo ku dhisan xiriirka isdhaafsan ee ka dhexeeya curiyeyasha.
dhismo dahsoon	*struttura profonda*	*deep structure*	Qaab weereedka dahsoon oo aan weli ku dhicin isbeddel, wuxuuna ka soo horjeedaa dhismaha muuqda (eeg dhismaha muuqda).
dhismo muuqda	*struttura superficiale*	*surface structure*	Qaab weereedka muuqda, kaddib markuu ku dhaco isbeddel dhismaha dahsoon. Tus. *ninka sii socda*

			ayaan la hadlay. Dhismahaan muuqda wuxuu ka yimid dhismaha dahsoon:
			ninka [ninka baa sii socda] ayaan la hadlay.
dib u soo celinta magac-uyaalka	*ripresa pronominale*	*resumptive pronouns*	Hab weereyn oo tilmaama dib u soo celinta yeelaha ama layeelaha weerta, isagoo leh qaab magac-uyaal dhimman (tus. *Cali jimcihii buu soomay*; *Asli adiga ayay ku taqaanaa*).
dibkabe	*suffisso*	*suffix*	Lifaaq lagu dhejiyo sal magac ama fal dhammaadkiisa, yacnii dhinicii-sa midig (tus. *dukaanle baa illinka furay*).
dibkabe magaceed	*suffisso nominale*	*nominal suffix*	Waxaa jira dibkabayaal ka dhiga falalka magacyo, waxaana ka mid ah **-id**, **-in**, **-sho**, **-aan**, **-e**. Tus. *abuur + id → abuurid(da), kari + in → karin(ta), rumayso + sho → rumaysasho(da), yar + aan → yaraan(ta), bar + e → bare(ha)*.
diidmo	*negazione*	*negation*	Hab weereed ku dhisan diidmada khabarka weerta (tus. *Axmed xayawaanka* **ma** *dhibo*).
diirad	*fuoco*	*focus*	Marka uu qof hadlayo, weer kastoo ka mid ah warkiisa waxaa ka mid ah qayb uu si gaar ah u danaynayo, sidaas darteed hadluhu wuxuu adeegsadaa summad (**baa/ayaa**, **waa**) u baaqda dhegeystaha qaybtaas.
diiradayn	*focalizza-zione*	*focalization*	Marka diirad la saaraayo qayb ka mid ah weerta (eeg diirad).
diiradeeye	*focalizzatore*	*focalizer / focus marker*	Qurubyada wax diiradeeya oo kala ah: **baa/ayaa**, **waa** (eeg qurub diiradeed).
dir	*classe*	*class*	Waxaa lagu magacaabaa koox ereyo ah oo wadaaga hal ama

			dhawr dabeecadood, sida magacyada.
dir naxweed	*categoria grammaticale*	*grammatical category*	Curiyeyaasha warka oo loo qaybiyo kooxo hadba sida ay isugu eg yihiin.
dirayn	*classificare*	*classify*	Curiyeyaal loo kala saaro koox koox hadba sida ay isugu dhow yihiin naxwe ahaan.
duluc hadal	*scopo comunicativo*	*communicative aim*	Ulajeeddada uu hadluhu doonayo in uu hadalkiisi ku gudbiyo.
durkin	*spostamento*	*displacement*	Marka xubin laga durkinayo rugteeda.
erey	*parola*	*word*	Curiyaha ugu yar ee af uu leeyahay oo leh micne gaar ah, yacni waa bulukeetiga warka (tus. *qalin*, *bil*....), kelmed.
erey abuurid	*formazione delle parole*	*word formation*	Habdhac suurtaggeliya in la abuuro erey cusub, iyadoo laysku rakibayo erey iyo dibkabe ama laba erey (tus. *gar + le → garle*, *af + guri → afguri*).
ereybixin	*terminologia*	*terminology*	Wadajirka ereyo u gaar ah hal bed aqooneed ama farsamo.
ereyfur	*glossario*	*glossary*	Wadajirka ereyo u gaar ah hal bed aqooneed ama farsamo, iyadoo erey walba la qeexayo waxa uu yahay.
erey-dareen	*esclamazione*	*exclamation*	Cod muujinaya hadlaha shucuurtiisa sida yaab, naxdiin farxad iwm (tus.: *ba'a!*, *Alla hayow!*).
ereyo (qaamuus)	*lessico*	*lexicon*	Wadajirka ereyada uu leeyahay af, ama u gaarka ah qayb aqooneed; qaamuus.
ereyo lammaanan	*parole composte*	*compound words*	Erey ka kooban 2 ama in ka badan oo ereyo ah oo laysku lifaaqay (tus. *dayaxgacmeed ← dayax + gacmeed*).

faahfaahiye	*modificatore*	*modifier*	Erey ama oraah ama weer faahfaahisa xubin ka tirsan weerta (tus. *nin **dheer** ayaa yimid*).
fal	*verbo*	*verb*	Qayb ka mid ah koox naxweedda isbedbeddesha, waxayna tilmaantaa wax la sameeyo ama wax la ahaado (tus. *Guuleed wuu **yimid**; Sucaad way **kortay***).
fal aasaasi ah	*verbo principale*	*main verb*	Fal leh qaab masdar oo wata fal kale oo ka kaaliya dhinaca nadooca (tus. *wuu **seexan** karaa*). Eeg fal kaaliye.
fal diiradayn	*focalizzazione verbale*	*verbal focalization*	Marka diiraddu ay saarantahay falka.
fal gudbe	*verbo transitivo*	*transitive verb*	Waxaa lagu magacaabaa fal u baahan layeele toosan si uu u hawlgalo, sida **arag**, **cun**, **taabo** (tus. *Sabriye ayaa **tufaaxa** cunay*). Y LY F gudbe
fal magudbe	*verbo intransitivo*	*intransitive verb*	Fal aan oggolaanayn in uu si toos ah u yeesho layeele sida **soco**, **buub**, **weynow** (tus. *Ismahaan baa soo **socota**; Ismahaan baa u soo **socota** dugsiga*).
fal sifo	*verbo stativo*	*stative verb*	Waxaa jira falal aan muujinayn waxa uu qabto yeeluhu, balse muujiya xaaladda uu ku sugan yahay iyo sifadiisa. Falalkani waxay mar waliba ay ku tiirsan yihiin fal **ahaansho** (tus. *gabadhu way **wanaagsan** tahay*).
falal lammaanan	*verbo composto*	*compound verb*	Qaab faleed ka kooban masdar iyo fal falkaaliye, waxaana ka mid ah habka **timaaddada** (*waan karin doonaa*) habka **shardilayda** (*waan karin lahaa*) iyo **tagto caadaley** (*waan karin jiray*).
falanqayn	*analisi*	*analysis*	Daraasad la xariirta shay xubnihiisa oo mid mid loo baarayo; kala

			dhigdhigid; gorfayn, lafagur.
fale	*soggetto*	*subject*	Qofka ama shayga sameeya hawsha falka, ama magaca waafaqsan qaab sarfeedka falka weerta (tus. *inantu geed ayay aragtay*), yeele.
falid	*azione*	*action*	Wax qabasho, samayn, yeelid, waxayn.
falkaab	*avverbio*	*adverb*	Erey ku kordhiya faahfaahin micnaha falka. Afafka qaarkood waxay leeyihiin dibkabayaal lagu aqoonsado sida **-ly** (ingiriisiga) **-mente** (talyaaniga), haseyeeshee af soomaaligu wuxuu leeyahay falkaabyo u dhaqma dhisma ahaan sida magaca, marka laga reebo in aad u kooban, sida: **soo**, **sii**, **wada**, iwm.
falkaab jiho	*avverbio direzionale*	*directional deictic adverb*	Waa **soo** iyo **sii**, kuwaasoo rug tooda ah falka hortiisa, waxayn tilmaamaan jihada uu falku dhacayo marka laga eego rugta u ku sugan yahay hadluhu ama so saaraha weertu (tus. *Cali waa so socdaa*. Yacni jihada hadlaha ayu Cali u socdaa).
falkaaliye	*verbo ausiliare*	*auxiliary verb*	Fal loo adeegsado in uu fal kale oo qaab masdar leh ka kaaliyo xagga habka, muuqaalka, amminka, qofka, tirada iwm. Waxaa ka mid ah **jir**, **doon**, **leh**. Waxaana loo adeegsadaa ammin iyo hab go'an (tus. *kubbad buu cayaari jiray*).
faqrad	*paragrafo*	*paragraph*	Qayb kastoo ka mid ah qaybo qoraal.
farac	*derivazione*	*derivation*	Habdhac uu erey uga soo farcamo mid kale (tus. *fur + e → fure*).
fidin	*espansione*	*expansion*	Qayb weerta ka mid ah oo dhisma ahaan la fidinayo (tus. *wiil baa yimid → wiilka dheer ee Cali la*

			dhashay baa yimid).
fikrad	*ipotesi*	*hypothesis*	Aragti ku salaysan mala'awaal.
foniim	*fonema*	*phoneme*	Dhawaaq aan la kala qaybin karin oo ka mid ah dhawaaqyada ama codadka kala duwan ee af uu leeyahay. Ereyadu waxay ka dhashaan iskurakibaadda dhawaaqyadaas (tus. *dh + a + g + a + x*).
fure (kood)	*codice*	*code*	Astaan afgarad ah.
furid	*decodificazione*	*decodification*	Wax micnihiisa si qarsoodi ah loo habeeyey furid ama macnayn.
gudbe	*transitivo*	*transitive*	Eeg falgudbe.
haasaawe	*dialogo*	*dialogue*	Hadal dhex mara labo qof ama in ka badan.
hab	*modo*	*mood*	Habka uu hadluhu u soo bandhigo hawlaha (ama sifooyinka) ay falalku muujiyaan.
hab amar	*modo imperativo*	*imperative mood*	Hab faleed muujinaya ammar (tus. *seexo!*).
hab dhimman	*modo dipendente*	*dependent mood*	Hab u gaar ah weerta dhimman oo ku xiran weer kale (tus. *Ninka [**aan la hadlayo**] waa Soomaali*).
hab ebyoon	*modo indipendente*	*independent mood*	Hab hadluhu u adeegsado in uu ka warbixiyo wax jira, wuxuuna u muujiyaa falka habkii uu ku tilmaami lahaa xaqiiqdaas.
hab shardiley	*modo condizionale*	*conditional mood*	Hab faleed muujinaya hawl ku xiran shuruud (tus. *waan tegi lahaa...*).
hab talo	*modo ottativo*	*optative mood*	Hab uu hadluhu u adeegsado si waxa uu sheegayo dadka ugu gudbiyo qaab talo iwm (tus. *an seexanno*).
habdhac	*processo*	*process*	Waxaa loo adeegsadaa si loo tilmaamo ifafaale afeed oo keena isbeddel.
habdhiska kayska	*sistema di casi*	*case system*	Nidaamka uu u shaqeeyo kaysku (eeg kays).

hadal	*discorso*	*discourse*	Wax layskula hadlayo, oo iyagoo ereyo iyo weero ka kooban, afka laga sheego.
hadle	*parlante*	*speaker*	Qof soo saara weero. Qof adeegsada af..
hakad	*virgola*	*comma*	Astaan (,) muujinaysa halka looga baahan yahay hakasho gaaban, marka la akhrinayo qoraal.
hal alanle	*monosillabico*	*monosyllabic*	Erey ka kooban hal alan (tus. *san*, *ul*). Eeg alan.
halqabsi	*interiezione*	*interjection*	Curiye ku dhex jira war, isagoon xiriir la lahayn weerta inteeda kale (tus. *yacni*, *ee*, iwm.).
hawraar	*proposizione*	*proposition*	Cutub curiyeyaal oo wadajirkoodu cabbiro fikrad dhan; weer.
hogatiis	*illustrazione*	*illustration*	Sawir iyo wax u eg oo wax lagu muujiyo.
horkabe	*prefisso*	*prefix*	Lifaaq ku dhega ereyga bilowgiisa (tus. *aqaan* → *taqaan*, *yaqaan*).
horyaalayaal fudud	*preposizione semplice*	*simple preposition*	Waa marka horyaalayaashu ay keli keli yihiin (tus. *guriga ayaan ka imid*).
horyaalayaal iskudhafan	*preposizione complessa*	*complex preposition*	Waa marka horyaalayaashu ay isku dhafmaan sida **u** + **ka** → **uga** (tus. *Cumar waraaq ayuu Sucaad* **uga** *keenay Xarardheer*).
horyaale	*preposizione*	*preposition*	Curiye aan doorsoomin oo hawshiisu ay tahay in layeele dadban uu qabadsiiyo falka weerta (tus. *Safiya baa* **Salligaas** *ku tukatay*).
ikhtiyaar	*facoltativo*	*optional*	Shay adeegsigiisu aanu khasab ahayn.
isasaamayn	*assimilazione*	*assimilation*	Habdhac ay isu saameeyaan labo dhawaaq oo isku xigsada ama isu dhowaada: - **shaqalladu**, ha isu dhowaadaan ama ha yare kala fogaadaan, way isa

			saameeyaan. Dhawaaqooda ayaa is jiita oo isu ekaada (tus. *xero+ta* → *xerada*); - **shibbanayaasha** qaarkood iyaguna marka ay isku xigsadaan way isasaameeyaan (tus. *buug+ka* → *buugga*).
isburin	*contraddizione*	*contraddiction*	Fikrad ka hor imanaysa ama burinaysa mid kale, wax aan maangal ahayn. Iskhilaaf.
isku-ururid	*contrazione*	*contraction*	Qaab ka dhasha isku dheehmid labo shaqal ama cod oo isu soo dhowaada (tus. *waxa + uu* → *wuxuu*; *marka +aan* → *markaan*).
iskuxidhe	*connettivo*	*connective*	Ereyo loo adeegsado in ay isku xiraan weero (tus. *sidaa darteed*, *maadaama*, *maxaa yeelay*, iwm.).
iskuxigga ereyada	*ordine delle parole*	*word order*	Habka uu af waliba u nidaamsan yahay xagga isku xijinta ereyada weerta, siiba yeelaha, la yeelaha iyo falka (tus.: af soomaaliga = *Y LY F* af carabiga = *F Y LY* af ingsiisiga = *Y F LY*
iskuxireyaal	*parole funzionali*	*function words*	Curiyeyaal hawshoodu tahay in ay isku xiriiriyaan ereyada hadalka, waxayna u kala baxaan labo koox: **xiriiriyeyaal** iyo **horyaalayaal**.
isrogrog	*coniugazione*	*conjugation*	Nadooca ama isrogrogga ku dhaca falka, arrinkaasoo ku xiran: habka, amminka, qofka tirada, iwm. (tus. *Hibaaq way tagtay*; *Hibaaq iyo Cigaal way tageen*).
isudaran	*contrasto*	*contrast*	Labo curiye oo aan is qaban karin oo midba midka kale aan u oggolaanayn in ay iskula jiraan hal meel.
iswaafaqsanaan	*concordanza*	*concord*	Curiyeyaasha weerta oo isku waafaqa xagga caynta, tirada iwm.

			(tus. *inantu dawo ayay cabtay*; *inanku dawo ayuu cabay*).
jinsi	*sesso*	*sex*	Dabeecadaha kala duwan ee leh shakhsiyaad ama noolayaal isku dir ah (lab iyo dheddig).
joogto	*presente*	*present*	Ammin faleed tilmaama fal dhacaya isla marka la joogo oo lagu dhawaaqayo warka.
joogto caadaley	*presente abituale*	*habitual present*	Fal la caadaystay oo samayntiisu socoto markaas la joogo, ilaa waqtiga hadluhu uu soo saarayo dhambaalka (tus. *dugsi baan dhigtaa*).
joogto socota	*presente progressivo*	*progressive present*	Fal la samayn rabo ama lagu jiro hawshiisa isla markaas oo laga hadlayo (tus. *Haddaan aadayaa xafiisa*).
kaaliye	*ausiliare*	*auxiliary*	Eeg fal kaaliye.
kays	*caso*	*case*	Isbeddel sarfeed oo ku dhaca qaabka ereyada qaarkood (siiba magacyada), oo muujinaya xiriirka naxweed ee qaabkaasi uu la leeyahay weerta inteeda kale. Waxaa habdhiska kaysyada soomaaliyeed ka mid ah: *kays yeelaale*, *kays yeermo*, *kays lahaansho*.
kays lahaansho	*caso genitivo*	*genitive case*	Kays muujiya xiriir ka dhexeeya lahaha iyo shayga la leeyahay (tus. *caano lo'aad*, *xarun diineed*).
kays yeelaale	*caso nominativo*	*nominative case*	Yeelaha muujiya summad yeele (tus. *ninku shabeel buu ka naxay*).
kays yeermo	*caso vocativo*	*vocative case*	Kayska tilmaama qofka ama shayga loo jeedinayo warka ama la doonayo in loo waco, sida: *Caliyow!*, *Canabey!*
keli	*singolare*	*singular*	Waa lidka wadarta (tus. *gabar* (*keli*) *gabdho* (*wadar*)). Eeg tiro.
khabar	*predicato*	*predicate*	Curiye weerta ka tirsan oo tilmaama waxa yeelaha laga sheego

			(tus. *Saalax baabuur ayuu **keenay***).
khabar faleed	*predicato verbale*	*verb predicate*	Khabar ka kooban fal caadi ah (tus. *Maxamed baa **seexday**; Maxamed waa **tagay***).
khabar magaceed	*predicato nominale*	*nominal predicate*	Erey asalkiisu yahay magac oo gala kaalinta khabarka (tus. *Cali waa **macallin***). Haddaba magaca *macallin* wuxuu galay kaalintii khabarka, sida *Cali waa **yimid***.
kolmo	*virgolette*	*quotation mark*	Astaan qoraal (" ") oo sida badan loo adeegsado iyadoo labo labo ah oo hor iyo gadaal laga mariyo hadal, weer, erey, si loo muujiyo hadalka tooska ah, yacni sida qof afkiisa uga soo baxay (tus. *Cali wuxuu yiri: "berri baan imanayaa"*).
koox faleed	*complesso verbale*	*verbal complex*	Koox ka kooban curiyeyaal kala duwan (horyaalayaal, magacuyaallo, qurubyo iwm.) oo rugtooda weereed ay tahay falka agtiisa, dhanka bidix (tus. *wuu **igala** qaybgalay*).
ku dhashay	*innato*	*innate*	Wax dabeecad ahaan loo leeyahay, wax loo dhasho.
lab	*maschile*	*masculine*	Eeg cayn. Cayn lidkeedu yahay dheddig.
laba alanle	*bisillabico*	*bi-syllabic*	Erey ka samysan labo alan (tus. *labo* → *la + bo*) (eeg alan).
lafdi	*significante*	*significant*	Qaabka codeed ee astaan afeeddu ay leedahay, yacni ereyga qaab-kiisa.
laga hadle	*referente*	*referent*	Shay loo yeelay astaan ka hadasha ama matisha (tus. ereyga *kursi* waa astaan ka hadasha ama matisha shay afar lug leh oo lagu fariisto). Sheygaasaa ah laga hadle ee ma aha ereyga oo ah astaan.
lahaansho	*possessivo*	*possessive*	Eeg magacuyaal lahaansho.
lala hadle	*interlocutore*	*interlocutor*	Labada islahadasha midkooda.

lammaane	*composto*	*compound*	Erey ka kooban labo erey ama in ka badan oo kala duwan, yeeshana micno cusub (tus. **dhul + bare → dhulbare**).
lammaanin	*composizione di parole*	*word composition*	Ereyo laysku lammaano.
layeele	*oggetto*	*object*	Magaca ama oraah magaceedka tilmaama qofka ama shayga uu ku dhaco falka yeeluhu sameeyo (tus. *Saynab **waraaq** ayay qortay*). 　　　Y　　　LY　　　F
layeele dadban	*oggetto indiretto*	*indirect object*	Oraah magaceedka si dadban uu ugu dhaco falka yeeluhu sameeyo, wuxuuna adeegsadaa horyaale (tus. *Maslax **guriga** buu u socdaa*). 　　Y　　LY　　H　　F
layeele toosan	*oggetto diretto*	*direct object*	Oraah magaceedka sida tooska ah uu ugu dhaco falka yeeluhu sameeyo isagoon adeegsn horyaale (tus. *Faarax **moos** ayuu cunay*). 　　Y　　LY　　　F
lid (cagsi)	*contrario*	*opposite*	Labo erey oo mataana ah oo micnahoodu iska soo horjeedo sida: *dheer/gaab, weyn/yar* iwm.
lifaaq	*affisso*	*affix*	Qurub lagu kaabo erey salkiisa, si uu u beddelo qiimaha iyo waxqabadka ereygaas. Lifaaqyadu waxay u kala baxaan: **horkabe** (salka hortiisa ayuu ku lifaaqmaa), **dibkabe** (salka dhammaadkiisa) iyo **dhexkabe** (salka dhexdiisa).
lifaaq falasho	*affisso autobenefattivo*	*self benefactive affix*	Waxaa lagu magacaabaa lifaaqa **-an**, waayo marka uu falka ka dhex muuqdo lifaaqan waxaa caddaanaya in yeeluhu uu hawsha isaga isu qabanayo (tus. *anaa qaadanaya buuggan* - la mid ma ah - *anaa qaadaya buuggan*).

lifaaq yeelsiin	*affisso di "doppio causativo"*	*double causative*	Lifaaqa **-siin** wuxuu ku kordhiyaa falka micno muujiya in yeeluhu sababo in uu qof kale sameeyo falka (tus. *ayaanle ayaa wiilka socodsiinaya*).
luqad	*lingua*	*language*	Eeg af.
luuq (cilmi-afeed)	*intonazione*	*intonation*	Weer qaybaheeda kala leh luuq kala duwan (eeg luuq).
luuq (suugaan)	*melodia*	*rhythm*	Cod gaar ah oo gabayada iyo heesaha lagu qaado; cod lagu dheeraysto oo laga xareediyo.
ma doorsame	*invariabile*	*invariable*	Curiye aan ku dhacaynin isbeddel sarfeed sida: *horyaalayaasha, xiririyeyaasha, qodobbada*, iwm.
macne	*significato*	*meaning*	Micnaha astaan afeedda xambaarsan, yacnii micnaha ereyga.
madax	*testa*	*head*	Erey tilmaama magaca saldhigga u ah dhismo, sida midka oraah magaceedka.
magac	*nome*	*noun*	Erey lagu tilmaamo wax nool (dad ama xayawaan sida: *gabar, faras*), wax aan noolayn (*bir, loox*, iwm.) iyo waxyaabo muujinaya: dareen, tayo, ifafaallo, jacayl (*wanaag, isbeddel* iwm.).
magac caadyaal	*nome concreto*	*concrete noun*	Magac tilmaama waxyaabo la taaban karo sida: *buug, qalin* iwm., wuxuun ka soo horjeedaa magac cillaneed.
magac cillaneed	*nome astratto*	*abstract noun*	Magac tilmaama shay leh tayo aanay dareemi karin shanta dareemayaal sida: *jacayl, fikrad, run* iwm.
magac diiradayn	*focalizzazione nominale*	*nominal focalization*	Marka diiraddu ay saaran tahay magaca.
magac fale	*nome d'agente*	*agent noun*	Magac ka soo farcamay sal fal oo lagu daray lifaaqa **-e** (tus. *bar + e → bare*).

magac faleed	*nome verbale*	*verbal noun*	Magac ka soo farcama sal fal oo lagu daray dibkabe magaceed. Sida aas + id → **aasid** (tus. *aasid kale uma baahna*).
magac gaar	*nome proprio*	*proper noun*	Magac si gaar ah u tilmaama noole ama shay (tus. *Maandeeq, Xamar, Cali, Jubba*).
magac guud	*nome comune*	*common noun*	Magac si guud ah u tilmaama qof, xayawaan ama shay (tus. *gabar, lo', magaalo*).
magac madaxeed	*testa nominale*	*nominal head*	Magac leh curiyeyaal kale oo isaga ay faahfaahinayaan (tus. *buugga naxwaha af Soomaaliga*). Buugga baa ah magac madaxeed inta kale isaga ayay fahfaahiyaan.
magac saleed	*nome radicale*	*root*	Magac ka soo jeeda sal fal oo qaabkiisu ku jaango'an yahay midka falka sida **aas** oo mar noqda fal (tus. *si fiican u aas!*), marna noqda magac (tus. *aas fiican aan u samayno*).
magac urur	*nome collettivo*	*collective noun*	Magac tilmaama koox noole ama shay (tus. *xayn, geel, dad* iwm.).
magacuyaal	*pronome*	*pronoun*	Curiyeyaal tiro go'an oo qabta jagada magaca (tus. *aniga, na, i* iwm).
magacuyaal celis	*pronome riflessivo*	*reflexive pronoun*	Magacuyaalka **is** wuxuu muujiyaa in yeelaha iyo la yeeluhu ay isku qof yihiin (tus. **Cali waa is dhisay**).
magacuyaal ebyoon	*pronome indipendente*	*independent pronoun*	Magacuyaal keligii istaaga oo qodob yeelan kara. Waxaana ka mid ah **aniga, adiga** iwm.
magacuyaal isdhaafsi	*pronome reciproco*	*reciprocal pronoun*	Marka labo yeele ay isku samee-yaan ama isweydaarsadaan hawl isku mid ah waxaa la adeegsadaa magacuyaalka **is** (tus. **Deeqa iyo Ismahaan** *way is barteen*).
magacuyaal lahaansho	*pronome possessivo*	*possessive pronoun*	Tifaftiraha lahaanshuhu, oo bada-naa magaca raaca, keligiisi ayuu

			istaagi karaa, markaas ayuuna noqdaa magacuyaal (tus. *Kayga ayaa ugu cusub*).
magacuyaal mideeya	*pronome inclusivo*	*inclusive pronoun*	Eeg magacuyaal soocan.
magacuyaal qoflaawe	*pronome impersonale*	*impersonal pronoun*	Marka aanu caddayn ama aan la garanayn qofka ah yeelaha falka, waxaa kaalinta yeelaha gala magacuyaal qoflaawe oo ah **la** (tus. *waa la yimid*).
magacuyaal soocan	*pronome esclusivo*	*exclusive pronoun*	Magacuyaalka koowaad oo wadar ah wuxuu leeyahay labo qaab oo kala duwan: **annaga** iyo **innaga**. Midka hore waxaa lagu magacaabaa **magacuyaal soocan**, maxaa-yeeley wuxuu matilaa dadka hadlaya oo keli ah oo aanay ku jirin kuwa lala hadlayo. Midka kalese (**innaga**) wuxuu matilaa wadajirka hadlaha iyo lala hadlaha ama lala hadlayaasha, sidaas awgeed baa lagu magacaabaa **magacuyaal mideeya**.
magacuyaal tilmaame	*pronome dimostrativo*	*demonstrative pronoun*	Magacuyaal tilmaama qof ama shay rugtiisa (tus. *kan ayaa weyn*).
magacuyaal weyddiim-eed	*pronome interroga-tivo*	*interrogative pronoun*	Magacuyaal la adeegsado marka la samaynayo weyddiin, waxaan ka mid ah **yaa**.... ?, **kee**......?
masdar	*infinito*	*infinitive*	Qaab faleed aan ku dhicin isrogrog la xariira tirada, caynta iyo amminkaba. Badanaa waxaa la raaciyaa fal ka kaaliya xagga nadooca (tus. *Axmed wuu* **akhrin** *karaa*; *wiilasha way* **akhrin** *karaan*).
mawduuc	*argomento*	*topic*	Shayga laga hadlayo oo noqon kara yeele ama layeele (tus. *Shamso baa* **qoraalkaas** *qortay*).
morfiin	*morfema*	*morpheme*	Curiyaha ugu yar ee leh micne, oo aan la kala qaybin karin isagoo aan

			isbeddelin micnihii.
muuqaal	*aspetto*	*aspect*	Qaab muujinaya habdhaca falka oo la xiriira muddada dheer ama gaaban ee falku dhacayo iyo dhammaadshihiisa.
nadooc	*flessione*	*inflection*	Habdhac sarfeed oo hawshiisu tahay in salka (falka ama magaca iwm) la raaciyo kabayaal ama dhammaadyo muujinaya tirada, caynta iyo qofka.
nadooc-magaceed	*declinazione*	*declination*	Nadooca ama isbeddelka ku dhaca magac ama magacuyaal oo la xariira caynta, tirada iyo kayska (tus. *ninku wuu seexday*).
naflaawe	*inanimato*	*inanimate*	Magac tilmaama wax aan noolayn.
naxwe	*grammatica*	*grammar*	Wadajirka qawaaniinta ee afi uu leeyahay iyo sharraxaaddooda.
naxweysan	*grammaticale*	*grammatical*	Waafaqsan qawaaniinta naxwaha.
nuxur	*contenuto*	*content*	Micne.
oraah faleed	*sintagma verbale*	*verbal phrase*	Cutub ka kooban fal wata falkaaliye ama oraah magaceed (tus. *gabadhu* [*way socon kartaa*], *ninku* [*waa macallin wanaagsan*]).
oraah magaceed	*sintagma nominale*	*nominal phrase*	Cutub ka kooban magac wata tifaftire, qodob, tilmaame, faahfaahiye iwm (tus. [*Maamulaha dugsiga sare*] *ayaa ku shaqa leh arrintaas*).

qaanso	*parentesi*	*parenthesis, brackets*	Sumad loo adeegsado sidii looga sooci lahaa qayb ka mid ah hadalka ama codadka intooda kale, sababa kala duwan awgooda:
			- *Qaansooyin deriley* = {}
			  (*parentesi graffe, brackets*)
			- *Qaansooyin geesaley* = [ ]
			  (*parentesi quadre, brackets*)
			- *Qaansooyin bileed* = ( )
			  (*parentesi tonde, parenthesis*)

qaybaha hadalka	*parti del discorso*	*parts of speech*	Magac waagii hore aad loogu adeegsan jiray xagga kooxaynta ereyada, kala soocnaantooduna waxay ku salaysanayd xagga qaab naxweedyada iyo xagga micnahaba.
qeex	*definire*	*define*	Sifayn kooban oo ku saabsan shay micnihiisa.
qeexan	*definito*	*defined*	Cayiman, tifaftiran.
qeexid	*definizione*	*definition*	Eeg qeex.
qodob	*articolo*	*article*	Qurub raaca magaca si uu u cayimo. Afafka qaarkood (sida ingriisiga, talyaaniga iyo carabigaba) waxay ka hormariyaan magaca (tus. *the pen*, *la penna*, *al-qalam*), afaf kalena (sida soomaaliga) magaca ayay ka dambaysiiyaan (tus. *qalin-ka*).
qof	*persona*	*person*	Mid ka mid ah kaqaybgalayaasha warisgaarsiinta: **aniga** waa qofka 1aad oo hadlaya, **adiga** waa qofka 2aad oo ah lala hadlaha, **isaga/iyada** waa qofka 3aad oo ah laga hadlaha. Saddexdaan qof kala keliga ah mid weliba waa wadaroobaa: 1aad **annaga**, 2aad **idinka**, 3aad **iyaga**.
qurub	*particella*	*particle*	Magac caam ah oo tilmaama curiyeyaal aan lahayn micno u gaar ah marka ay keligoodu yihiin, waxayse qayb weyn ka qaataan xagga dhismaha weerta, waxaana ka mid ah: *baa*, *ayaa*, *waa*, *ma*, *ha*, *-ba*, *-na* iwm.
qurub diidmo	*particella di negazione*	*negative particle*	Qurubka **ma** markuu keligii yahay micna kuma fadhiyo, laakin markuu ku dhex jiro weer wuxuu tilmaama diidmo (tus. *ma rabo*).

qurub diiradeed	*indicatore di focus*	*focus marker*	Qurub tilmaama halka weerta ka saaran diiradda. Qurubka **baa/ayaa** wuxuu diiradeeyaa qaybta magacyada (OM), **waa**na qaybta falalka (OF) (eeg diirad).
qurub jaho	*particella direzionale*	*directional particle*	Qurubyada **soo** iyo **sii** waxay tilmaamaan jihada uu falku u dhacayo marka laga eego rugta uu ku sugan yahay hadluhu (tus. *Axmed masjidka ayuu u soo socdaa*). Markan hadluhu masjidka ayuu ku sugan yahay (eeg falkaab jaho).
qurub weyddiimeed	*particella interrogativa*	*interrogative particle*	Qurub tilmaama weyddiin (tus. *ma aragteen?*, *Daahir miyaa yimid?*).
sal	*radice*	*root*	Qaybta ereyga ee aan laga sii yarayn karin, kaddib marka laga gooyo dibkabayaasha, dhammaadyada iwm, waa qaybta xambaarsan micnaha aasaasiga ah ee ereyga (tus. *cun*, *fur*, *bar*).
sal ballaaran	*base*	*base*	Waxaa jira falal salkooda ka soo farcami kara falal kale oo cusub iyo magacyaba iyadoo lagu lifaaqayo dhammaadka salka lifaaq (tus. *mar + i → mari; bar + e → bare*).
sammi	*sinonimo*	*synonym*	Labo erey oo isku micno leh (tus. *irrid iyo illin*).
sarfe	*morfologia*	*morphology*	Daraasadda qawaaniinta ku salaysan dhismaha ereyada xagga samaysankooda iyo xagga isrogroggooda.
sarfeweereyn	*morfosintassi*	*morpho-syntax*	Marka sarfaha iyo weereyntu ay isku duuban yihiin.
shaqal	*vocale*	*vowel*	Xaraf keligii lagu dhawaaqi karo oo intii la doono la jiidi karo. Shaqalladu waxay ka dhashaan hawo soo marta marinka codka

			iyagoo aan waxba celinin (tus. *a, e, i, o, u, aa, ee* ...).
shaqal culus	*vocale arretrata*	*backward vowel*	Shaqallada soomaaliyeed iyagoo ah 10 (5 gaagaaban iyo 5 dhaadheer) ayaa haddana midkiiba uu yeelan karaa laba cod: mid **culus** sida **duul** (oo ah duullaan u bixid) iyo mid **fudud** sida **duul** (oo ah haadid).
shaqal fudud	*vocale avanzata*	*forward vowel*	Eeg shaqal culus.
shardiley	*condizionale*	*conditional*	Eeg hab shardiley.
shax geed	*albero*	*tree*	Xubnaha weerta oo lagu muujiyo qaab geed oo afkiisu hoos u jeedo.
shibbane	*consonante*	*consonant*	Xaraf kasta oo aan ahayn shaqal. Shibbane keligii lagu ma dhawaaqi karo. Waxaa la maqli karaa kolka uu shaqal weheliyo (tus. *b(a), t(a), j(a)*, iwm.).
sifayn	*descrizione*	*description*	Ka hadlid qof ama shay iyadoo la tilmaamayo dabeecadihiisa oo dhan, si fikrad kaamil ah looga haysto qofkaas ama shaygaas.
sifo	*aggettivo*	*adjective*	Guud ahaan waxaa sifo loo yaqaannaa dir faahfaahisa ama sifaysa dirta magaca, haseyeeshee waxaa jira afaf ka mid ah af-soomaaliga, oo dirta sifadu ay dhismo ahaan u dhaqanto sida falalka (eeg fal sifo).
summad	*marca*	*marker*	Calaamad wax tilmaanta sida diiradda.
summad yeele	*marca del soggetto*	*subject marker*	Summad tilmaanta yeelaha (tus. *ninku waa macallin*; *naagi waa timid*).
suntane	*marcato*	*marked*	Ereyga leh calaamad gaar ah oo ka soocaysa ereyada kale ee ay isku dabeecadda leeyihiin.
tagto	*passato*	*past*	Qaab faleed tilmaama ammin tagay.

tagto caadaley	*passato abituale*	*habitual past*	Ammin muujinaya fal la caadaystay oo dhawr jeer la sameeyey waqti ihore (tus. *mar-kaan yaraa dugsi quraan ayaan **dhigan jiray***).
tagto fudud	*passato semplice*	*simple past*	Ammin muujiya fal dhacay hal mar (tus. *shalay kalluun baan **cunay***).
tagto socota	*passato progressivo*	*progressive past tense*	Ammin muujinaya fal dhacay oo socday ilaa muddo (tus. *Nuux shalay waraaqo ayuu **qorayay***).
tarjumad	*traduzione*	*translation*	Af (A) af kale (B) ku fasirid. Labo nooc tarjumaad ayaa jirta: tarjumaad xarfeed (waa marka la raacayo qaab dhismeedka afka A oo erey erey loogu tarjumo afka B). Tarjumaad xor ah (waa marka la tarjumayo micnaha keli ah ee qoraalka afka A).
taxanaan	*sequenza*	*sequence*	Isku xigga hadalka.
tebiye	*emittente*	*speaker*	Qofka soo saara dhambaal ama war.
tifaftirane	*determinato*	*determined*	Curiyaha la tifaftiro sida **nin**kan (**nin** ayaa ah midka tifaftiran).
tifaftire	*determinante*	*determiner*	Curiye tifaftira mid kale (tus. **ninkan**, **kan** ayaa tifaftire ah).
tilmaame	*dimostrativo*	*demonstrative*	Wuxuu tilmaamaa qof ama shay rugtiisa.
timaaddo	*futuro*	*future*	Ammin faleed tilmaama fal aan weli dhicin.
tiraab	*orale*	*oral*	Hadal aan qornayn (eeg af tiraab).
tiraale	*numeri cardinali*	*cardinal numbers*	Tirooyinka cayima inta ay la egtahay tirada shayga laga hadlayo (tus. *3 buug*, *6 nin* iwm.).
tiraale jago	*numeri ordinali*	*ordinal numbers*	Tiro tilmaanta sida ay u kala sarreeyaan ama darajada ka dhexeeysa noolayaal ama ashyaa (tus. *koobaad, labaad...*).

Ereyfurka

tiro	*numero*	*number*	Koox naxweed oo waxqabadkeedu yahay in ay tilmaanto cadad dad, xayawaan iyo shay oo giddigooda ah tirsamayaal (tus. *kow, labo qof*). Tirada lidka isku ah waa keli iyo wadar (mid/dhawr).
tirsame	*numerabile*	*countable*	Magac oggolaada in uu noqdo wadar, wuxuuna tilmaamaa wax tirsama (tus. *buug, qalin, qof* iwm.).
toon	*tono*	*tone*	Marka shay lagu dhawaaqayo codku wuxuu noqon karaa mid dheer ama mid gaaban ama mid dhex-dhexaad ah.
wadar	*plurale*	*plural*	Erey tilmaama wax ka kooban tiro mid ka badan. Waa lidka keliga (tus. *erey = keli, ereyo = wadar*).
weer	*frase*	*sentence*	Ereyo taxan oo micne buuxa leh, yacni wadajirka khabarka iyo mawaadiicdiisa
weer aasaasi ah	*frase principale*	*main sentence*	Marka dhawr weerood laysku dhafo, midda keligeeda istaagi karta baa aasaasi ah, inta kalena, oo ah weero dhimman, ayada ayay kaalinayaan.
weer adag (ballaaran)	*frase complessa*	*complex sentence*	Weer ballaaran oo aan ka koobnayn keliya yeele iyo khabar.
weer amar	*frase imperativa*	*imperative sentence*	Weer falkeeda qaab gaar ah leh oo loo adeegsado si dhegeystaha amar loo siyo (tus. *cun miro*).
weer caddayn	*frase dichiarativa*	*declarative sentence*	Qaab weereed oo ka soo horjeeda weer amar, weer weyddiimeed, iwm. Waxaa kaloo la oran karaa weer tebineed.
weer dhammaystir	*frase complemento*	*complement sentence*	Weer dhimman oo dhammaystirta akhbaarta falka (ama khabarka), waxayna matashaa hal oraah magaceed oo layeele ah.

weer dhimman	*frase dipendente*	dependent sentence	Weer aan keligeed istaagi karin oo ku xiran weer kale. Waxayna noqon kartaa weer faahfaahineed ama weer dhammaystir.
weer diidmo	*frase negativa*	negative sentence	Weer leh qaab ama curiye muujinaya diidmo (tus. *hilib ma cuno*).
weer ebyoon	*frase indipendente*	independent sentence	Weer keligeeda istaagi karta iyadoon ku xirnayn weer kale.
weer faahfaahineed	*frase relativa*	relative sentence	Weer dhimman oo faahfaahisa magac ama OM ka tirsan weerta aasaasiga ah.
weer faahfaahineed oo dheeraad ah	*frase relativa appositiva*	appositive relative sentence	Weer faahfaahineed oo ku kordhinaysa magac madaxeedka cayiman faahfaahin dheeraad ah (tus. *maamulihii oo caraysan ayaa yimid*).
weer faahfaahineed oo kooban	*frase relativa restrittiva*	restrictive relative sentence	Weer faahfaahineed oo siinaysa magac madaxeedka aan cayinnayn faahfaahi lagu aqoonsado (tus. *nin kuu digay kuma dilin*).
weer fudud	*frase semplice*	simple sentence	Weer gaaban oo ka kooban hal khabar iyo mawaadiicdiisa (tus. *Cali baa yimid*).
weer jaban	*frase agrammaticale*	ungrammatical sentence	Weer aan wada raacsanayn qawaaniinta naxwaha.
weer qiraal	*frase affermativa*	affirmative sentence	Weer wax qiraysa, waxayna lid ku tahay weer diidmo, yacni weer kasta oo aan ahayn diidmo.
weer qumman	*frase grammaticale*	grammatical sentence	Weer waafaqsan qawaaniinta naxwaha.
weer talo	*frase ottativa*	optative sentence	Weer falkeed ku dhisan qaabka hab talo. Eeg hab talo.
weer tebineed	*frase dichiarativa*	declarative sentence	Eeg weer caddayn.

weer weyddii-meed	*frase interrogativa*	*interrogative sentence*	Weer muujinaysa ama xambaarsan weyddiin ama su'aal (tus. *aaway Cali?*).
weereyn	*sintassi*	*syntax*	Qayb ka mid ah cilmi-afeedka oo ku shaqa leh qawaaniinta isku dhafta curiyeyaasha, yacni samay-sanka weerta.
xadaf	*elisione*	*shortening*	Goyn shaqal ka mid ah erey (tus. *garab + o → garbo*).
xaraf	*lettera*	*letter*	Mid kasta oo astaamaha alifba'da ka mid ah.
xeer (qaacido)	*regola*	*rule*	Qaaciddooyin ama nidaamyo la raaco si loo sameeyo weeraha.
xeerre	*regolare*	*regular*	Erey guud oo tilmaama erey dhaqankiisu waafaqsan yahay dabeecadda caadiga ah ee ay leeyihiin dirta uu ka tirsan yahay.
xiriir	*relazione*	*relation*	Isku xirnaanta laba erey oo ku salaysan hab naxweed.
xiriiriye	*congiunzione*	*conjunction*	Curiyeyaal aan isbeddeleyn oo loo adeegsado xiriirin labo erey ama labo koox erey oo weer iskula jira amaba labo weerood oo kala madax bannaan (tus. *Sahal iyo Malyuun waa walaalo*).
xubin	*costituente*	*constituent*	Curiye kasta oo ka tirsan dhismo weereed.
yeele dahsoon	*passivo*	*passive*	Qaab faleed gaar ah oo la adeegsado marka yeeluhu maqan yahay, oo kaalintiisi sarfe-weereyn uu la wareeego layeeluhu (tus. *Albaabku wuu xirmay*).
yeele	*soggetto*	*subject*	Eeg fale.